DU MÊME AUTEUR

L'AMÉRIQUE DANS LA PEAU. *Les corps du président américain*, Armand Colin, 2012.

KENNEDY, UNE VIE EN CLAIR-OBSCUR, Armand Colin, 2013.

BILL ET HILLARY CLINTON. LE MARIAGE DE L'AMOUR ET DU POUVOIR, Tallandier, 2014.

« JE SUIS TON PÈRE. » LA SAGA STAR WARS, L'AMÉRIQUE ET SES DÉMONS, Naïve, 2016

LITTLE ROCK, 1957, Tallandier, 2018; 10/18, 2019.

PUTZI

THOMAS SNÉGAROFF

PUTZI

nrf

GALLIMARD

PROLOGUE

David n'avait jamais rencontré de nazi.

Ses jambes le soutenaient mollement et il tenait ferme le bras que lui offrait sa compagne, Judith, qui l'accompagnait pour ce long voyage.

Le taxi les avait déposés au bout de la rue. Il fallait longer l'Isar, ce fleuve impétueux qui disparaît dans le Danube. David s'arrêta un instant afin de retrouver son calme. C'est là qu'avaient été jetées, de nuit pour ne pas attirer les curieux, les cendres des dignitaires nazis exécutés à l'issue du procès de Nuremberg. Et celles de Göring, qui s'était suicidé. L'homme chez qui ils se rendaient en ce matin de janvier 1973 avait été son ami, disait-on.

Le froid était vif; leurs pas s'imprimaient dans la neige. Les rares oiseaux et les arbres décharnés, bouleaux, frênes, saules et peupliers argentés, les regardaient passer, insensibles à l'angoisse qui les traversait. Ils longèrent une majestueuse demeure blanche, qui avait appartenu à Thomas Mann, puis la maison d'Ernst Hanfstaengl se dressa devant eux.

« Nous y sommes », lâcha David.

Judith sonna. Ils étaient attendus.

L'homme qui leur ouvrit était d'une taille exceptionnelle. Avec son large front et sa mâchoire proéminente, il paraissait jailli du crayon de Tomi Ungerer, le dessinateur de monstres. Oui, c'est cela, c'était le géant de Zéralda, le long nez en moins. De ce physique atypique se dégageait cependant une harmonie certaine. Ou plutôt, et cela bouleversa David qui ne s'y attendait pas, une douceur, celle-là même qui avait pu séduire les femmes qui s'étaient abandonnées dans ses bras.

« Chers amis, je vous attendais ! » Lorsqu'il se mit à parler, ce ne furent pas les mots qui frappèrent David, mais sa voix, pareille à une caresse. Et ce rire suraigu, féminin, qui semblait droit sorti d'un autre corps que le sien. Rien ne survient jamais comme on l'avait imaginé.

Je n'ai pas rencontré Ernst Hanfstaengl, disparu alors que je venais de naître, au milieu des années 1970. Je m'accroche aux souvenirs que David Marwell partage avec moi quarante ans plus tard, dans le salon de sa grande maison de la banlieue de Washington. Un chat beige à la queue coupée se frotte contre ma jambe.

Quand l'épaisse main d'Hanfstaengl enserra la sienne, David fut surpris par son propre calme. Ce n'était qu'un homme qui le saluait. L'angoisse qui le rongeait depuis l'aéroport s'était évaporée. Il songea à son oncle, de l'autre côté de l'Atlantique, qui lui avait conseillé de briser la mâchoire de ce salaud de nazi. Face au vieil homme, l'idée lui sembla plus inappropriée encore.

« Mon jeune ami, appelez-moi Putzi, lança Hanfstaengl alors qu'ils étaient toujours dans l'entrée. Tout le monde m'appelle ainsi depuis l'enfance. Hanfstaengl, ça doit être trop compliqué. J'ai traîné toute ma vie ce surnom qu'une domestique m'a donné quand je devais avoir deux ans... Putzi, ça veut dire "petit bonhomme" en dialecte bavarois. J'ai longtemps trouvé ça grotesque. Je mesure deux mètres ! Quand on me voit, on ne se dit quand même pas "Tiens, voilà le petit bonhomme", si ? Enfin... J'ai fini par m'y faire. Appelez-moi Putzi. »

Une telle rencontre était risquée, David le savait. Les hommes de cette espèce ont un pouvoir de séduction dangereux. *Le Transport de A. H.* de George Steiner paraîtrait quelques années plus tard, en 1981. Dans ce roman, Hitler est vivant, il n'est pas mort à Berlin en 1945. Il se terre dans les forêts d'Amazonie. De jeunes Juifs sont chargés de le ramener en Israël pour le confronter à la justice des hommes. Le vieillard incarne une menace ; il a séduit des millions de personnes. « Ne le regardez pas, ne lui parlez pas. Contentez-vous de nous le livrer... » Mais les jeunes le regardent, lui parlent, et succombent.

Putzi posa d'abord ses yeux sur David, puis s'attarda sur Judith.

Elle était belle sans le vouloir. Lorsqu'on la complimentait, elle faisait mine de ne pas entendre. Les antisémites de la première moitié du XXe siècle n'étaient pas venus à bout de cette vieille croyance selon laquelle les femmes juives étaient belles parce qu'elles avaient échappé, comme l'écrit Chateaubriand, « à la malédiction de leurs pères, de leurs maris, de leurs frères » en ne se mêlant pas à la foule qui avait insulté et flagellé Jésus. Leur beauté, reflet du divin, était magnifiée, et jurait avec la laideur physique, donc morale, des hommes juifs – aux pieds de diables, aux nez crochus, aux yeux globuleux et aux lèvres épaisses.

Ce qu'il restait de cette fascination pour les femmes juives n'avait toutefois pas empêché qu'on les gaze et qu'on les brûle. David se demanda si le regard que Putzi posait sur sa fiancée était ainsi mêlé d'attirance et d'effroi.

Putzi serra la main de Judith et lui tapota la joue, comme l'aurait fait un grand-père. Il était alors dans sa quatre-vingt-septième année. Mais ce n'était pas le genre d'homme qui se rétracte en attendant la mort. « Alors, il paraît que vous voulez faire un film sur moi ? » lança-t-il d'une voix tonitruante, en leur ouvrant les bras. Une autre voix s'éleva depuis le salon : « Mais laisse-les donc entrer, papa ! » C'était Egon, son fils, avec qui David avait organisé ce rendez-vous munichois. Putzi laissa le couple s'engouffrer dans le salon.

Face à moi, David Marwell ne se souvient que des piles de livres, d'un fatras de papiers, de bibelots, et, bien sûr, d'un piano noir, dont il ne sait plus s'il était droit ou à queue. Lors d'une première rencontre, l'esprit se concentre souvent sur l'essentiel, comme si la nouveauté empêchait les sens de dépasser le seuil de l'alerte. Si David était venu une seconde fois, il aurait sans doute pu faire une description complète des lieux et même des odeurs. Mais il n'est jamais revenu. Je ne suis moi-même jamais entré dans cette maison de Pienzenauerstrasse, au cœur d'Herzogpark, quartier résidentiel et chic de Munich, et je n'ai trouvé nulle description de la résidence des Hanfstaengl. En me tordant le cou depuis le trottoir, je n'ai pu deviner, au-dessus des hautes balustrades de bois blanc, qu'une baie vitrée dont je suppose qu'elle donne sur un vestibule. Elle est en retrait de la rue, à l'abri des passants indiscrets.

À David et Judith qui, ne sachant quoi dire, le

complimentèrent sur sa maison, Egon raconta que sa famille s'y était installée au début de l'année 1924, profitant de l'infortune d'amis américains qui l'avaient fait construire trois ans plus tôt. La mort soudaine du propriétaire, le peintre Walter Goldbeck, avait conduit son épouse Ruth à la céder à bon prix, avant de se consoler dans les bras d'un comte avec qui elle avait fréquenté, sur la Riviera, Francis Scott Fitzgerald et Zelda.

Dans les années 1920, la maison de Putzi n'était pas, comme aujourd'hui, cachée par des immeubles modernes et plutôt laids. Même si je soupçonne la famille d'avoir vendu une partie du terrain, son propriétaire est toujours un Hanfstaengl. Lire ce nom sur la sonnette a quelque chose d'irréel. Comme une brusque intrusion du passé dans le présent.

David observait la pièce. Pour la deuxième fois de la journée, ses yeux se posaient au même endroit que ceux d'Adolf Hitler. La première, c'était à l'aéroport de Munich où il avait atterri le matin même. Celui-ci avait été inauguré en octobre 1939 en lieu et place du vieux champ qui ne cadrait pas avec les ambitions des nazis, lesquels avaient fait de Munich la capitale officieuse de leur mouvement. En novembre, Hitler avait été l'un des premiers passagers à emprunter ce nouvel aéroport qui, à la fin de la guerre, serait épargné par les Alliés, soucieux de préserver des infrastructures de qualité en vue de reconstruire l'Allemagne.

Mais, dans la maison de Putzi, c'était différent. Il s'agissait d'un lieu intime, où Hitler avait été heureux.

Comme pour se protéger de ces pensées parasites, David se concentra sur son objectif. Il n'était pas sur les traces d'Hitler, mais sur celles de Putzi. Convaincre ce vieillard de raconter sa vie face à une caméra ne serait pas une mince affaire. L'idée remontait à plusieurs mois : à l'université, lors d'un cours sur le cinéma de propagande hitlérienne, le nom d'Hanfstaengl avait surgi. Ce que savait le jeune homme tenait en quelques pages lues à la bibliothèque : Putzi, moitié allemand, moitié américain, avait été l'ami d'Hitler puis l'informateur du président des États-Unis Franklin Delano Roosevelt.

Ces modestes données furent pour David la futaie signalant au promeneur l'entrée d'une vaste et dense forêt. Ce qu'il lut lui parut aussitôt receler un mystère, de ceux qui vous interdisent de faire demi-tour. Telle l'empreinte sur le sable découverte par Robinson Crusoé; une empreinte de pied qui n'est pas la sienne, et qui le plonge dans un abîme de pensées confuses et des mois d'errance spirituelle. La trace d'une présence passée. Le signe que l'île n'est pas déserte. Un dédale.

Je m'apprête à m'y perdre à mon tour.

L'empreinte d'Ernst Hanfstaengl s'efface, le temps fait son œuvre, cette immense plage soumise au sac et au ressac de la mémoire.

En s'asseyant dans son fauteuil, le vieil homme laissa échapper un soupir de douleur. Sentant le regard des deux jeunes gens posé sur lui, il leur rappela qu'il était né en 1887, l'année où le Parlement britannique avait fait passer une loi imposant aux Allemands d'indiquer *made in Germany* sur tous les produits qu'ils exportaient vers le Royaume-Uni. Dans un rire, il précisa que les Anglais avaient non seulement continué à acheter des produits allemands, mais en avaient même acheté davantage, les considérant de meilleure qualité. «Je suis *made in Germany*, ajouta-t-il, c'est pour ça que les Anglais m'aiment autant!» Il était exalté. Et si David n'avait parfaitement compris l'allemand, il n'aurait pu suivre le cheminement de cette pensée mêlant avec vivacité deux langues, sans compter les locutions latines et grecques.

«Je leur joue quelque chose, Egon?» Putzi interrogea son fils pour la forme. Sans attendre sa réponse, il s'installa devant le clavier de son Steinway et entonna *Home on the Range*. «J'ai connu Franklin Delano Roosevelt à Harvard. Il adorait ce morceau!» Voir un vieillard jouer de la musique est toujours surprenant. Le geste est moins sûr et l'attitude moins souple, mais le son n'a pas d'âge. « Et puis, j'ai travaillé pour lui, pendant la guerre ! Oui, oui ! Il paraît que je suis le seul être humain à avoir travaillé directement pour Hitler et pour Roosevelt... Vous le savez ? Ça va vous coûter cher, ce film, très cher ! » David esquissa un sourire tandis que la mélodie résonnait dans le salon.

Puis, sans laisser au jeune Américain le temps de reprendre son souffle, Putzi enchaîna avec le prélude de *Lohengrin* de Wagner, un air prisé d'Adolf Hitler, qui y puisait son énergie. C'est en tout cas ce que le pianiste confia à David et Judith avant de s'interrompre brusquement. « Je ne joue plus aussi bien qu'avant, décréta-t-il. Egon, apporte-nous de l'alcool, il est l'heure de boire. » On servit un verre de schnaps à chacun, puis un autre, malgré la réticence de Judith.

Putzi reprit son monologue : « J'ai connu tant d'hommes. Churchill, Coolidge, Roosevelt, Taft... Ils auraient dû le tuer d'une balle. » Il parlait d'Hitler, dont il avait été l'ami. Manifestement, il n'en tirait ni gloire ni honte.

Putzi confia qu'Hitler avait passé beaucoup de temps dans cette maison, dès la fin de l'année 1924. Il y avait trouvé un havre, une famille. Egon parut gêné ; dans un anglais impeccable, il prit la parole : « David, vous lirez peut-être qu'Hitler fut mon parrain. Ce sont des foutaises. Oui, je me souviens de lui à la maison. Mais la vérité, c'est que j'ai combattu l'Allemagne nazie, un uniforme de l'armée américaine sur le dos. Je suis comme mon père, américain et allemand. » Puis, il acheva, pour lui-même plus encore que pour son interlocuteur : « J'enseigne l'histoire européenne et américaine au Brooklyn College de New York. Mes étudiants sont pour la plupart des Juifs. L'histoire du siècle est si complexe... »

La fatigue du voyage, le décalage horaire, l'émotion et les deux verres de schnaps bus trop vite plongèrent David et Judith dans un océan cotonneux. Ils étaient au spectacle. Putzi était un tourbillon, le genre d'homme qui vous embarque dans son univers. *Larger than life*, me résumerait David. Un fleuve qui sort de son lit et fertilise les berges.

Plus tard, père et fils entamèrent un long débat sur le pouvoir de séduction d'Hitler. Comme au théâtre, ils devisaient faussement, jetant des coups d'œil au couple de jeunes Juifs américains installés devant eux. De toute évidence, ils avaient déjà eu cette conversation. Leur compagnonnage de plus d'un demi-siècle avait résisté aux déchirures de l'Histoire.

— On m'a souvent demandé ce qui fascinait autant les foules chez Hitler…, lança Egon.

— Les gens avaient faim, ils étaient humiliés, l'interrompit Putzi.

— *Nein, nein, nein*, c'est moi qui ai la parole, monsieur ! Et je pense que j'ai un très bon argument pour faire comprendre tout ça aux jeunes gens d'aujourd'hui, qui vont dans les discothèques, qui écoutent les Beatles, et autres choses du même style. (Egon scrutait David et Judith, dont il supposait, à juste titre, qu'ils appartenaient à cette jeunesse.) Ça les emporte sans réserve, ça les rend dingues. Eh bien, Hitler, c'était pareil ! Son engagement total, sa mise à nu en public, ça faisait le même effet. Sauf que dans un cas, c'est une énergie sexuelle, dans l'autre, une excitation pour un programme politique. Je veux dire par là…

Putzi l'interrompit à nouveau, et s'adressa à David et Judith, médusés : « Vous devez savoir une chose, une chose que beaucoup ignorent, j'en ai parlé avec Mussolini en personne. (David retint sa respiration.) Il y a des tas de gens susceptibles d'emporter un public, mais Hitler avait le don d'immédiatement... (Il claqua des mains, ce qui fit sursauter Judith.) Voilà, il était le docteur, il pouvait soigner les fous, les malheureux, tous ceux qui avaient faim... Ils l'idolâtraient. Il a gagné avec un petit journal contre toute la presse. Et sa voix, et sa personnalité, la manière dont il a soutenu les anciens soldats, qui avaient combattu pendant quatre ans et qui étaient rentrés chez eux comme des mendiants. Ils ont vu en lui un chef. Il était "le Soldat inconnu". C'est une chose effroyable. »

On but encore quelques schnaps. Putzi se remit au piano, puis s'arrêta encore. Hitler avait voulu sa mort. Il avait même tenté de le faire disparaître. Le vieillard n'avait pas envie de revenir sur cette histoire. Il sortit de sa bibliothèque la version anglaise de ses Mémoires. « Vous la lirez vous-même. »

Putzi demanda à David beaucoup trop d'argent pour accepter de faire le film. Egon posa sa main sur le bras de son père afin de le ramener à la raison. « Une telle somme est insensée, papa... » Putzi se défendit mollement. Il semblait avoir perdu l'énergie qui l'animait quelques instants plus tôt. L'entrevue touchait à sa fin. On allait se revoir, prendre le temps d'avancer sur un *synopsis*. Putzi se plut à employer ce terme. Lui aussi avait, il est vrai, tenté sa chance dans le cinéma en Allemagne durant l'entre-deux-guerres. Revenant sur cet épisode, il s'anima : « C'est la faute de Goebbels ! Il a tout gâché. Sans lui, tout aurait été différent... Et je ne parle pas que de cinéma. »

Avant de prendre congé des deux jeunes gens, Putzi

désigna un tableau, un paysage américain : « C'est chargé d'Histoire, ici, vous savez. Du côté de ma mère, les Sedgwick, des Américains du Connecticut, nous avons des héros de la guerre d'Indépendance et de la guerre civile. » Puis il se tourna vers un autre tableau, des montagnes enneigées : « Et là, c'est le côté de mon père, les Hanfstaengl, de purs Bavarois. Il y a une Hanfstaenglstrasse à Munich... » Il leur tendit une main fatiguée. Il lui fallait se reposer. Judith fut frappée par la douceur de son regard.

Au moment de refermer la porte, Putzi se pencha vers David, chuchotant presque : « Mon cher, je ne suis qu'un modéré, croyez-moi, pendant toutes ces années, j'ai tout fait pour ramener Hitler à la raison, l'apaiser, le détourner de ses mauvais démons – ces fous furieux incultes qui ne rêvaient que de destruction... Ils ont gagné la bataille, ils ont même tenté de m'assassiner, avec une mise en scène d'une odieuse perversité. Alors je me suis enfui, et me voilà. »

On promit de se revoir.

Pour repartir, David et Judith empruntèrent le même chemin qu'à l'aller. Il avait à nouveau neigé ; les traces qu'ils avaient laissées en venant avaient disparu.

La rencontre n'avait ressemblé à rien de ce qu'ils avaient envisagé. Ils s'étaient imaginé un vieillard peut-être incapable de mettre de l'ordre dans ses souvenirs. Ils avaient rencontré une tornade, un homme-ouragan. Mais ce n'était pas cette vitalité qui bouleversait David. C'était autre chose, qu'il ne parvint à formuler que bien plus tard : Putzi lui avait plu. Il l'avait séduit. Par ses rires, son humour, sa musique. La façon dont il parlait à son fils, cette manière de passer d'une langue à l'autre. Il avait du charme. Oui, c'est cela, Putzi l'avait charmé. Aux États-Unis, des mois plus tard, David écrivit ces mots sur la première page du synopsis qui ne deviendrait jamais un film : « C'est l'histoire d'un homme qui fut l'ami d'un monstre et qui demeura charmant. »

FRATERNITÉ

D'un geste souple, Putzi se saisit de son pardessus et de son chapeau, puis ouvrit la porte. Un courant d'air glacial s'engouffra dans la maison. Il laissa son ami passer devant lui le temps de refermer ; celui-ci descendit les marches et s'engagea sur le chemin de graviers menant à l'extérieur de la propriété. En quelques foulées alertes, Putzi le rattrapa et lui posa la main sur l'épaule en signe de fraternité.

L'année 1924 s'achevait. Pour la première fois, Hitler rendait visite aux Hanfstaengl dans leur nouvelle maison. Quelques jours plus tôt, il avait été libéré de la prison de Landsberg où il n'avait purgé qu'une infime partie de la peine à laquelle il avait été condamné après le piteux échec du putsch de la Brasserie, les 8 et 9 novembre 1923. Et il bouillonnait. Que lui importait la liberté s'il n'avait pas le droit de prendre la parole en public ? Le putsch et le procès lui avaient assuré dans tout le pays une solide notoriété dont il ne pouvait rien faire.

À peine libéré, il s'était rendu chez les Hanfstaengl. Putzi, l'un de ses fidèles, avait réussi à prendre la fuite après le fiasco du putsch manqué. Avec quelques autres fugitifs, dont Hermann Esser, l'un des plus anciens compagnons d'Hitler, il avait franchi la frontière autrichienne et trouvé refuge à Salzbourg. Craignant d'être arrêté s'il tentait de revenir en Allemagne, Putzi avait passé quelques semaines loin de son foyer, avant de franchir la frontière à la veille de Noël. Caché à Munich, il avait appris que les charges contre lui avaient été abandonnées. Il en fut à la fois soulagé et déprimé. N'en valait-il pas la peine ?

La visite d'Hitler le comblait. C'est lui que le Führer avait choisi, et non l'un des incultes qui gravitaient autour de lui. Putzi les haïssait, et plus encore la confiance qu'Hitler leur accordait. Lorsque Alfred Rosenberg avait été nommé à la tête du mouvement nazi par intérim, Putzi avait failli rompre avec Hitler pour de bon.

Il n'était pas dupe. Il savait que son ami n'était pas venu uniquement pour lui : il nourrissait une passion pour Helene, son épouse. C'était grâce à elle que le Führer était devenu, depuis leur première rencontre en janvier 1923, l'un des invités les plus réguliers des Hanfstaengl, qui le recevaient dans leur modeste appartement de Gentzstrasse, à Munich. Après un meeting qu'Hitler avait tenu au cirque Krone de Munich, Putzi lui avait présenté sa femme. Les yeux plantés dans ceux d'Helene, le Führer avait accepté l'invitation à dîner.

L'appartement des Hanfstaengl était devenu un foyer de substitution. Il y passait de longues soirées à deviser sur les affaires du monde avec Putzi, à monologuer sur la renaissance de l'Empire allemand, ou encore à jouer avec le petit Egon qu'il aimait prendre sur ses genoux pour raconter ses souvenirs de la Première Guerre mondiale en imitant le bruit des canons, ce qui effrayait et amusait le garçon. Et il jetait des regards furtifs en direction de cette « belle

Américaine» qui se déplaçait avec grâce dans son impeccable intérieur.

Putzi n'était pas jaloux. Il avait vite compris qu'Hitler serait incapable de céder à la tentation : les contacts physiques le dégoûtaient. Le voir effleurer de ses lèvres la main d'Helene ou s'interdire, l'été venant, de se baigner dans la Baltique ou quelque lac de Bavière lui avait suffi à se faire une religion sur la pudeur paralysante d'Hitler. Cet homme pourrait rester seul avec Helene, lui faire les promesses d'un amant plein de désir, sans qu'il se passe jamais rien de charnel. Des années plus tard, après avoir, malgré tout, cherché à lui trouver une femme, Putzi confierait à quelques amis : «Hitler est asexuel.»

Mais là n'était pas la seule raison de son absence de jalousie. Le fait est que Putzi n'aimait pas cette femme, épousée en toute hâte en 1920 parce que, à son âge, il fallait bien se marier.

Il avait alors trente-deux ans et passait son temps à rêvasser derrière le comptoir de L'Académie de l'Art, une petite boutique qu'il avait ouverte à New York à la fin de la guerre, en face du Carnegie Hall. C'était ce qu'il restait du rêve américain de son père. Pas grand-chose; quelques lithographies ayant miraculeusement échappé aux autorités américaines, qui avaient saisi les biens des Allemands et des Germano-Américains.

Dans cette boutique, les visiteurs étaient si rares que Putzi remarqua sans peine la jeune femme blonde qui se présenta un jour de décembre 1919. Elle avait l'avantage d'être la fille unique d'un homme d'affaires de Brême émigré aux États-Unis. Sur les rares photos que l'on trouve d'elle, son visage est quelconque, joli mais sans mystère.

Quelques dîners plus tard, Putzi se fiança avec Helene Niemeyer, chacun pensant secrètement avoir fait une bonne affaire. Entre eux, il ne fut jamais question d'amour. Pour Putzi, les vraies amours s'étaient achevées dans les cris, les larmes et la promesse de ne plus jamais se revoir. Djuna Barnes, adorée et presque épousée, c'était la vie d'avant, la vie bohème, le New York brumeux, littéraire et nocturne des années 1910 : «*It's sex o'clock in America*», écrivait la presse de l'époque.

Sur le pont de Brooklyn, un soir de 1914, il avait entrevu la possibilité d'un destin. Les sources ne disent pas si la guerre avait déjà commencé de l'autre côté de l'Atlantique. Putzi avait d'abord aperçu une ombre, sur le pont mal éclairé. Je les imagine marchant dans la même direction, elle quittant Greenwich Village où elle s'était installée l'année précédente, lui sa belle boutique de la Cinquième Avenue. Qu'allaient-ils faire de l'autre côté du pont balayé par le vent ? Peut-être quelques virées dans les bars de Brooklyn.

Une fine silhouette dissimulée sous une longue cape noire, une veste d'homme à carreaux ouverte sur une chemise blanche au large col, un turban recouvrant une coupe à la garçonne, des lèvres d'un rouge foncé et des joues creusées ne nuisant pas à l'harmonie d'un visage dont les yeux trahissaient une profonde tristesse : cette ombre à l'élégance raffinée charriait tout un monde. Putzi en avait été charmé. Le nom de Djuna Barnes n'ornait encore aucun journal, aucun livre. Putzi avait fait à la jeune femme une cour effrénée, et lui avait promis de l'exposer dans sa boutique – elle réalisait des croquis, mais hésitait encore entre dessin et littérature. À force de la côtoyer, il s'était lié à un petit aréopage d'admirateurs de Djuna. Ce monde était fascinant. Un jeune écrivain sans le sou, Edmund Wilson, un dramaturge dont le talent était déjà reconnu, Eugene O'Neill, une sublime actrice, Mary Pyne, qui bien qu'en couple avec le poète Harry Kemp eut sans doute une relation amoureuse avec Djuna. Et bien d'autres encore, que j'imagine surpris par ce marchand d'art à la taille hors norme et au nom allemand. Lui, au moins, avait de l'argent. Et qu'il était drôle ! Avec lui, on passait ses soirées à danser, à rire et à boire. Il jouait du piano avec grâce, et se lançait dans des sketches hilarants : d'une voix fluette, il imitait telle actrice à la mode, puis d'un coup, tonitruant, Teddy Roosevelt à la chasse aux éléphants !

La guerre semblait loin. Putzi crut trouver son destin dans les volutes de Greenwich Village. Il menait une vie de pygmalion américain, au côté de Djuna qui publia son premier livre en 1915. Ce fut un succès modeste, mais elle commençait à exister. À l'insistance de Putzi, ils se fiancèrent. Il était fantasque, et ses mains sublimes. Des mains de pianiste, longues et puissantes. Putzi aima Djuna, comme il n'aima sans doute plus jamais, au point de lui pardonner ses nuits auprès d'autres corps, l'alcool et la drogue qui font perdre la tête.

Mais la guerre emporta tout sur son passage. En 1917, saisi par un soudain patriotisme, Putzi annonça à Djuna qu'il n'épouserait qu'une Allemande. La rupture fut si violente que la jeune femme songea au suicide. Plus tard, elle y consacra une scène du *Bois de la nuit*, finalement coupée par l'éditeur. Putzi avait failli être un héros de roman. Quand le livre sortit, en 1936, il n'avait pas oublié Djuna, qu'il n'avait cessé de revoir à Paris et à Londres. Et il n'avait pas non plus abandonné l'espoir d'être un jour un héros.

Avant Helene, il y avait eu aussi Mary Foote, une peintre de dix ans son aînée, qui exerça sur lui une brève mais intense fascination. Elle fut le calme après la tempête. Manifestement, les artistes l'attiraient. Quant à Helene, ce fut un choix d'adulte, raisonnable. Avec elle, Putzi fit le deuil de la passion. Il pouvait s'imaginer un avenir. Un an après leur mariage, leur fils Egon était né. Est-ce ainsi que les hommes vivent ? Putzi s'en persuada. Le ménage était triste, et après quelques mois, même si les apparences restaient sauves en société, aucun des deux ne fit plus semblant d'être heureux à la maison. Au bout d'un moment, Helene ne reprochait même plus à Putzi ses sorties nocturnes, qui s'achevaient sûrement dans d'autres draps. Il s'en inquiéta au début, puis s'en accommoda.

À en croire Helene, qui aimait beaucoup Hitler, celui-ci lui devait la vie.

Durant la nuit du 8 au 9 novembre 1923, le putsch avait échoué. Les conjurés n'avaient pris le pouvoir que dans la brasserie : ils n'iraient pas plus loin. L'armée et la police ne se rallieraient pas à leur folle aventure.

Putzi avait eu pour mission d'informer les journalistes étrangers : quelque chose d'important allait se passer à la Bürgerbraükeller, une brasserie de Munich. Les rares journalistes américains qu'il avait convaincus de venir, dont Larry Rue du *Chicago Tribune* et H.R. Knickerbocker du *Baltimore Sun*, n'avaient pu que mesurer à quel point ce coup d'État était piteux.

Dans la nuit munichoise, le défilé auquel participèrent, outre Hitler, Lunderdorff, Scheubner-Richter, Göring et bon nombre d'aspirants de l'école d'infanterie était celui de morts-vivants. Quatorze putschistes et quatre policiers périrent au cours d'un échange de coups de feu. Putzi, lui, était bien à l'abri : ce ne serait pas la dernière fois qu'il resterait au bord de l'Histoire. Alors qu'il était sur le point de les rejoindre, il avait appris que la police avait fait feu sur ses camarades. Le nazi Scheubner-Richter avait été tué. Dans sa chute, il avait emporté Hitler, lui sauvant peut-être la vie. Hagard et souffrant, l'épaule démise, celui-ci était parvenu à s'enfuir par une rue latérale, où par chance il était tombé sur le docteur Walter Schultze, un S.A., qui l'avait jeté dans une voiture.

Cette voiture prit la direction de Garmisch, au sud. Destination : l'Autriche. Mais le village d'Uffing se trouvait sur le chemin et Hitler se souvint que Putzi et sa sœur Erna y avaient acquis quelques mois plus tôt une résidence secondaire – une belle maison traditionnelle, située non loin de la ferme que leur mère possédait et du lac Staffelsee sur lequel se reflètent en hiver les monts enneigés des Alpes bavaroises.

C'est à la porte de cette maison qu'il sonna vers sept heures du matin. Helene dormait d'un sommeil profond; sa deuxième grossesse l'épuisait. Lorsqu'elle se réveilla enfin, elle s'imagina qu'on lui apportait des nouvelles de son mari. La vue d'Hitler la surprit, son teint cadavérique l'effraya. Deux hommes l'accompagnaient, un médecin et un infirmier. Ils étaient agités et jetaient des coups d'œil derrière eux. « Vite, madame, ouvrez la porte, nous sommes sans doute suivis. » Elle se rendit compte qu'Hitler souffrait; le médecin n'était pas parvenu à lui remettre son épaule en place.

Après s'être reposé un moment, Hitler décida qu'il était temps de repartir vers l'Autriche. Mais il était trop tard. La mère de Putzi téléphona. La police était là. Elle venait de fouiller sa maison, et ne tarderait pas à frapper à leur porte. C'en était fini. Hitler, livide, flottait dans le peignoir de Putzi qu'Helene lui avait prêté. Selon elle, il se saisit alors de son pistolet, bien décidé à se faire exploser la cervelle.

D'un geste rapide, elle lui arracha l'arme des mains, la cacha dans un pot de farine, puis blâma Hitler d'avoir songé à abandonner la lutte et les camarades qui croyaient en lui. « Vous sortirez de prison en héros ! » insista-t-elle.

Après s'être ressaisi, Hitler dicta ses instructions pour ses plus proches collaborateurs. Quelques instants plus tard, le lieutenant de police Rudolf Belleville lui passa les menottes sans qu'il opposât la moindre résistance.

Sur le pas de la porte, les bras croisés pour se protéger du froid, Helene regarda Hitler s'éloigner, le cœur battant, fière de lui avoir sauvé la vie.

L'Histoire lui en serait reconnaissante, se dit-elle.

Un peu plus d'un an plus tard, sur cet étroit chemin blanchi par une fine couche de neige, Hitler et Putzi devisaient. La neige étouffait les voix et le bruit des pas. Putzi avait attendu, pour sortir, que la petite Hertha se fût endormie. Le choix du prénom de la fillette, quelques mois auparavant, avait donné lieu à une grave crise au sein du couple. Helene lui avait tenu tête : « Tous les prénoms des Hanfstaengl commencent toujours par la lettre E, Edgar, Ernst, Erna, Egon... J'en ai assez de cette tradition familiale ! Moi aussi j'ai mon mot à dire, Putzi ! Et si on donnait à cette enfant un prénom commençant par un H ?... » À force de cris, d'arguments et de larmes, Putzi s'était avoué vaincu. L'enfant s'appellerait Hertha, avec un H, le H d'« Helene ». Il se consola en y voyant aussi le H d'« Hanfstaengl », et secrètement celui d'« Hitler ». Par la suite, il y verrait surtout une malédiction.

Hertha dormait, Noël 1924 approchait, et Hitler et Putzi s'éloignaient de cette maison, où un demi-siècle plus tard un couple de jeunes Juifs américains se présenterait.

Hitler vivait une période de latence. Il était libre, mais son parti avait été dissous. Comme il le confia à Putzi ce jour-là, le putsch raté lui avait appris que l'heure n'était plus aux coups d'État, que la force était entre les mains du gouvernement en place, et qu'il fallait donc parvenir au pouvoir par les urnes. Ces certitudes, dont il pressentait qu'elles seraient d'une importance capitale pour l'avenir, émergeaient dans un océan de perplexité.

Être apprécié d'un homme que l'on admire est un bonheur qui tient à ce point du miracle que l'on craint à chaque instant de le perdre. À cette époque, Putzi était l'élu, et il était prêt à tout pour prolonger cette félicité. Il admirait Hitler et savait parfaitement ce que celui-ci attendait de lui, à commencer par des connexions dans la haute société munichoise, que seule une vieille famille pouvait offrir. Putzi présenta Hitler à de grandes lignées, les Bechstein, fabricants de pianos, et les Bruckmann, notamment Elsa, aristocrate roumaine qui à son tour introduisit le Führer auprès des industriels allemands, sans qui rien n'aurait été possible.

Cette haute société était séduite par les discours d'Hitler, son charisme, sa fausse modestie. Il les rencontrait le plus souvent dans une tenue bavaroise traditionnelle, qu'il portait également devant les photographes qui immortalisèrent son séjour dans la prison de Landsberg. Ils croyaient en la sincérité de cet homme incarnant une nation qu'ils espéraient voir renaître. Ils oubliaient qu'ils étaient à l'origine de la disparition des valeurs qu'Hitler prétendait restaurer.

Sans Putzi, le Führer n'aurait pas connu la même ascension.

Putzi savait aussi qu'Hitler avait un impérieux besoin d'argent. En mars 1923, Max Amann, le sergent d'Hitler pendant la guerre, était venu lui demander une somme importante afin de remettre à flot l'organe de presse du mouvement, le *Völkischer Beobachter.* C'était le prix de deux rotatives. Helene s'y était opposée de toutes ses forces ; ils avaient besoin de cet argent pour acheter la grande maison de Munich promise par son mari. Mais le désir de plaire à Hitler fut plus fort que les lamentations de son épouse. Un accès de colère mit fin aux querelles ; Putzi hurla que cet argent était le sien, et qu'il en ferait ce que bon lui semblait.

Mille dollars. La somme était astronomique, d'autant qu'elle était libellée en dollars, ce qui, dans le contexte inflationniste d'alors, lui donnait d'autant plus de valeur. Seule Helene fut agacée qu'Amann n'ait pas remboursé cette somme au début du mois de mai comme il s'y était engagé. Putzi accorda de bonne grâce un nouveau délai jusqu'au début de l'année 1924. Il récupéra alors son argent, en revendant sa créance, déduite d'un quart de sa valeur, à Christian Weber, l'un des premiers compagnons politiques d'Hitler, qui affirma plus tard que le Führer, homme de parole, la lui avait remboursée.

Le *Völkischer Beobachter* connut grâce à cet argent une seconde vie. Putzi prit pleinement part à cette renaissance : c'est lui qui trouva un sous-titre dont il était très fier (« Travail et pain »), ainsi qu'un maquettiste. Le journal put paraître quotidiennement. Hitler, qui depuis des mois se lamentait de n'avoir, pour se faire connaître, qu'un pauvre hebdomadaire de quatre pages imprimé sur un papier de médiocre qualité, était ravi. Mais, tout en ayant conscience du sacrifice consenti par Putzi, non seulement il ne lui confia pas la direction éditoriale du journal, mais il lui préféra l'un de ses ennemis intimes, Rosenberg.

Cette humiliation affecta profondément Putzi. Pour la première fois, il éprouva l'ingratitude du Führer. Comment celui-ci pouvait-il être attiré par des hommes aussi médiocres ? Que leur trouvait-il ? Son regard glissa sur les étagères de sa bibliothèque et les tableaux qui recouvraient les murs de son bureau. « Ces brutes ne seront jamais comme moi ; elles ne lui permettront jamais de prendre le pouvoir », songea-t-il. Il tut ses pensées. Helene en aurait profité pour remettre sur le tapis l'argent perdu.

Il ne regrettait pas son prêt. Bien des années plus tard, en se remémorant cette époque, Putzi se plairait à penser que le succès du parti nazi devait beaucoup à la nouvelle formule du *Völkischer Beobachter* – il se vendait à trente mille exemplaires à la veille du putsch –, laquelle devait tout à sa boutique d'art située de l'autre côté de l'Atlantique. C'est en effet en vendant ses parts à un certain Friedrich Denks qu'il avait pu amasser l'argent prêté à Max Amann. Ironie du sort : cet argent provenait pour l'essentiel de la vente d'un art que les nazis allaient bientôt qualifier de « dégénéré ». Putzi ne portait pas dans son cœur les cubistes ou l'œuvre de Juifs comme Chagall, mais il ne comprit jamais le rejet par Hitler des expressionnistes. Pourquoi s'attaquer à de bons Allemands, Kirchner, Beckmann ou pire encore Nolde, qui avait pris sa carte du parti nazi en 1933, mais fut déchu en raison du dégoût que ses œuvres inspiraient à Rosenberg ?

Putzi apprendrait à apprécier l'ironie des choses.

L'argent lui avait permis de se rapprocher d'Hitler, au point que celui-ci lui proposa de l'accompagner à Berlin au printemps 1923. Malgré son désintérêt pour les automobiles, il fut heureux de s'asseoir, cuisse contre cuisse, à côté du Führer, et de rouler en direction de la capitale. Les deux hommes rendirent visite à quelques soutiens du parti et passèrent un moment au Luna Park de la ville, où Putzi retrouva l'innocence de sa jeunesse américaine. Au milieu des attractions électriques et des odeurs de barbe à papa, pourtant, il fut déçu : Hitler ne partageait pas son enthousiasme. Celui-ci détesta Berlin, ville de tous les vices. Le jazz, la sexualité débridée, les scènes où se trémoussaient des danseuses américaines aux jambes fines, tout cela le dégoûtait. Il n'y voyait que la décadence morale de l'Allemagne. Le pays était en train de devenir les «États-Unis d'Europe».

Les deux hommes s'arrêtèrent aussi dans plusieurs musées de la ville où Putzi fit l'étalage de sa grande culture. Devant les toiles, il dominait Hitler de son savoir. Il brillait, et le savait. L'autre s'agaçait, marmonnait et, préférant de loin le silence aux leçons, s'éloigna. Dans une autre salle, Putzi le retrouva la mine défaite devant des œuvres de ses contemporains, comme si, après avoir été recalé deux fois à l'examen d'entrée de l'académie des Beaux-Arts de Vienne, il en voulait à ces artistes de vivre de leur art tandis que le sien gisait dans la frustration.

Ce voyage avait été décevant. Putzi avait échoué à se muer en mentor. L'art et l'Amérique, ce qu'il aimait plus que tout, ne suscitaient chez Hitler qu'agacement et rejet. Le retour en voiture fut glacial. Putzi n'osait plus dire un mot à son camarade, qui passa l'essentiel du voyage à regarder défiler le paysage.

Mais, par la suite, un nom les rassembla : Wagner.

Le Führer sauta de la voiture qui l'avait conduit à Wahnfried. Il leva les yeux sur l'inscription que Wagner avait fait graver sur cette demeure construite pour sa famille au début des années 1870 à Bayreuth :

Hier wo mein Wähnen Frieden fand – Wahnfried – sei dieses Haus von mir benannt.

Ici où mes illusions trouvèrent la paix – *Wahnfried* («paix des illusions») – ainsi je nomme cette maison.

Putzi se tenait en retrait, soucieux de ne pas troubler l'instant.

Winifred, la belle-fille de Richard Wagner, alla au-devant de ses convives. Elle portait une robe ample qui masquait les effets de ses quatre grossesses en autant d'années. Siegfried, son mari de près de trente ans son aîné, resta sur le perron, laissant à sa jeune épouse le soin d'accueillir les deux hommes.

Elle adressa à Putzi un signe de la main, mais toute son attention se portait sur Hitler, qu'elle considérait comme le sauveur de l'Allemagne. Elle avait fait sa connaissance, ainsi que celle de Putzi, à Munich, quelques semaines plus tôt, et les avait conviés à Wahnfried. Elle leur présenta Siegfried tandis que leur petite fille, la blonde Friedelind, observait de loin l'homme dont sa mère parlait sans cesse.

Putzi et Siegfried se saluèrent froidement. Les deux hommes s'étaient rencontrés en novembre de l'année précédente, lors d'une soirée de charité organisée à Vienne. Vexé de se retrouver à l'autre bout de la table, Putzi avait consenti de mauvaise grâce à lâcher quelques rentenmark pour financer le festival de Bayreuth. Siegfried lui avait paru distant, prétentieux et cassant, une impression qui ne disparut pas lorsqu'ils se retrouvèrent à Wahnfried.

Seul le souffle du vent dans les arbres et le chant des oiseaux vinrent troubler leur silence : Hitler et Putzi se recueillirent longuement au fond du jardin, devant la tombe du grand homme.

Dans les archives de Bavière, où sommeillent celles de Putzi – des boîtes, des articles de journaux, tout un fatras de documents accumulés au cours d'une longue existence –, figure une sobre note de sa main :

> 1923.
> Visite tombe Wagner.
> Nous avons vu les pièces à l'intérieur de Wahnfried.

Cette rencontre eut lieu dans le plus grand des secrets : Siegfried ne tenait pas à s'afficher publiquement avec un homme aussi sulfureux au moment où il tentait d'arracher aux autorités bavaroises le droit de relancer le festival de Bayreuth, en sommeil depuis la Grande Guerre. D'autant plus qu'Hitler leur confia, alors qu'ils étaient tranquillement installés dans le jardin, qu'il préparait un coup d'État.

C'est autour du piano que Putzi et Hitler scellèrent leur passion commune pour Wagner. Quelques semaines après la visite à Wahnfried eut lieu le mariage d'Hermann Esser, l'un des compagnons d'Hitler en charge de la propagande du parti. Putzi comptait naturellement parmi les invités. Après le dîner, chez Heinrich Hoffmann qui accueillait la cérémonie, Putzi se mit au piano et, dans l'euphorie de l'instant, fit résonner des marches qu'il avait composées pour encourager l'équipe de football de l'université Harvard. Hitler ne l'avait jamais vu jouer. Il ignorait même qu'il fût pianiste. Son étonnement laissa bien vite place à l'excitation. « Harvard, Harvard, Harvard, rah, rah, rah ! » hurla Putzi ; puis, se tournant vers Hitler : « C'est cela qu'il faudrait pour galvaniser vos foules de supporters ! » Le Führer, tapant des mains, surexcité, s'imagina des milliers d'hommes suivant le rythme, presque sexuel, d'une marche militaire, scandant son nom ou, mieux encore, éructant ce cri primal. « Harvard, Harvard, Harvard » deviendrait « *Sieg Heil, Sieg Heil, Sieg Heil* ».

Plus tard, dans le calme de la nuit profonde, Putzi joua du Wagner et, pour la première fois, le miracle eut lieu. Hitler, qui bavardait avec quelques compagnons, se tut soudain, comme aspiré par la musique et le jeu du pianiste. Quelque chose se passait. « Encore, Hanfstaengl, jouez encore, pour le Führer ! » Il aurait joué toute la nuit. Et celle d'après, et encore celle d'après, pour lui faire plaisir. Mais il s'agissait moins de plaisir que d'énergie : en écoutant Wagner, Hitler semblait se régénérer.

Wagner avait toujours fait partie de la vie de Putzi. Et, indirectement, de celle de sa famille. Sur les bords du lac de Starnberg où se baignaient les riches munichois en villégiature, et où, quelques années plus tôt, Louis II de Bavière s'était noyé, Putzi, âgé de six ans à peine, avait appris par cœur la marche nuptiale de *Lohengrin* qu'il pouvait chanter durant des heures. Bientôt, il sut s'accompagner au piano ; ses parents disaient avec fierté qu'il était devenu « wagnérien ».

Son père toutefois n'aimait pas le compositeur. En 1909, il avait vendu aux enchères et sans scrupule vingt-cinq lettres adressées par Wagner à l'arrière-grand-père maternel de Putzi, le collectionneur Ferdinand Heine. Ce geste avait stupéfié le jeune homme qui en eut vent alors qu'il était sur le point d'être diplômé d'Harvard. Il ne comprit que des années plus tard pourquoi le souvenir de Wagner était insupportable à son père.

Quant à Hitler, il avait découvert le compositeur à l'âge de douze ans, en assistant à une représentation de *Lohengrin* à Linz. C'était en 1901. Trois ans plus tard, à Vienne, où il avait réussi à faire venir son ami August Kubizek pour qu'il y suive des études de musique, Hitler s'était jeté corps et âme dans l'œuvre wagnérienne. Les deux jeunes hommes, inséparables, passaient l'essentiel de leur temps à écouter, parler, écrire Wagner. Ils avaient assisté à des dizaines de représentations de *Lohengrin*, du *Crépuscule des dieux* et de *Tristan*.

Hitler se rêvait Wagner. Pendant des jours et des nuits, il avait essayé d'achever un opéra esquissé par le maître, *Wieland le Forgeron*. Mais il se rêvait aussi Louis II, mécène épris de Wagner, qui avait comme lui découvert l'œuvre du compositeur à l'adolescence en assistant à une représentation de *Lohengrin*. Prince-architecte, Louis II avait promis à Wagner de donner un écrin à ses inspirations : ce fut le Bayreuther Festspielhaus, le palais des festivals de Bayreuth. Le jeune Adolf, lui, avait beaucoup fréquenté le Landestheater de Linz, dont il crayonnait les plans dans l'espoir fou de construire à son tour un théâtre. Peut-être, aussi, Hitler cherchait-il en Kubizek, comme plus tard en Putzi, une relation semblable à celle qui avait uni, dans ses fantasmes, Louis II à Wagner. Non que Kubizek et Putzi pussent jamais prétendre à un tel génie. Mais ils étaient musiciens, et avaient ce talent qui fascinait Hitler parce qu'il en était dénué.

Ces émotions enfouies remontèrent du passé lorsque Hitler entendit jouer Putzi.

Dès lors, il ne cessa de l'implorer de jouer du Wagner, ce qui valut à Putzi le surnom réducteur mais vendeur de «pianiste d'Hitler». Il lui arrivait fréquemment d'être appelé, de toute urgence, de jour comme de nuit, pour jouer telle ou telle mélodie wagnérienne. Les autres le savaient. Et haïssaient ce pouvoir magique. Hitler était possédé par Wagner, et, par ricochet, par Putzi. «Hanfstaengl, au piano ! Hanfstaengl, un air pour Hitler ! Hanfstaengl, *Lohengrin* ! Hanfstaengl, Hanfstaengl, Hanfstaengl ! Putzi, Putzi, Putzi ! »

Le premier cercle du Führer s'inquiétait de cette relation qui devenait exclusive. Il n'y en avait plus que pour cet Américain de malheur ! Excédé, Franz von Treuberg, un jeune nazi qui bientôt quitterait le mouvement, écrivit à Hitler en juillet 1923 : «J'ai personnellement observé qu'Hanfstaengl apparaît de plus en plus auprès de vous… » La lettre se poursuivait par une attaque en règle de Putzi qu'il qualifiait de «pitre» et, pire encore, d'Allemand «impur», incapable de mener une conversation sans y intégrer de l'anglais et de l'argot américain. Cet homme «ne sait même pas applaudir avec la simplicité des Allemands. Il frappe sa canne sur le sol, avec indécence. Et il parle comme un Juif, avec les mains». En plus, il n'avait même pas fait la guerre.

Mais Putzi offrait à Hitler de l'argent, des relations, un foyer, la douceur d'Helene et, plus que tout, l'énergie de Wagner.

En septembre 1923, Putzi fut convoqué par Hitler, de retour d'un nouveau voyage à Bayreuth où il s'était cette fois rendu seul. Le Führer lui raconta, exalté, sa rencontre avec Houston Stewart Chamberlain. Ce vieil homme malade, aujourd'hui s'exprimant avec tant de difficulté que sa femme devait lire sur ses lèvres et répéter pour l'auditoire les mots de son époux, avait publié, en 1895, une biographie de Richard Wagner, découverte par Hitler sur le tard, et qui l'avait considérablement marqué. En 1922, Putzi avait remarqué ce livre sur les étagères du petit appartement qu'Hitler occupait alors.

Houston Stewart Chamberlain avait grandi dans une famille aristocratique britannique. Orphelin de mère à l'âge d'un an, il avait été envoyé auprès de sa grand-mère en France où il avait passé l'essentiel de sa jeunesse, au point de s'éloigner de la patrie familiale. À l'adolescence, il fut accueilli en Allemagne, où un précepteur zélé lui transmit une passion pour la culture germanique qui s'enracina d'autant plus profondément dans le cœur de Chamberlain que celui-ci était vide de tout attachement. Puis il fit la rencontre décisive de Wagner : la conversion eut lieu à

Bayreuth, où il se rendit en juillet 1882 afin d'assister à la création de *Parsifal.* Un an plus tard, il entama l'écriture du portrait du compositeur qui impressionna tant Hitler. Il avait su mettre en mots ce que le Führer lui-même ressentait en écoutant cette musique.

Hitler voyait en Chamberlain un génie, l'annonciateur, à travers l'œuvre de Wagner, d'une nouvelle ère. Et Chamberlain reconnut en Hitler le messie, celui qui allait régénérer la race pure, la race aryenne, « en éliminant peu à peu, soigneusement, tous les spécimens de qualité inférieure », comme il l'écrivit dans *La Genèse du XIXe siècle*, paru en 1899. Cette idée de race pure, Chamberlain la tenait des travaux du théoricien de l'inégalité des races Arthur de Gobineau, qui avait fréquenté Wagner à la fin de sa vie, en Italie ; celle de régénération par le sang, il la tenait directement de l'œuvre du compositeur.

Tout comme Winifred, la belle-fille de Wagner, et Cosima, la vieille épouse du maître, Chamberlain voyait en Hitler le héros wagnérien par excellence, parti de rien, animé par la seule force de sa volonté. Il était l'unique, l'ultime espoir, l'homme susceptible de parachever « la grande solution » évoquée par Wagner dans un texte tardif, « Héroïsme et christianisme » (1881), que Chamberlain reprit dans *La Genèse du XIXe siècle.* La régénération de la race allemande devait passer par l'élimination des Juifs. Wagner l'avait formulé sans ambiguïté : « On pourra arriver un jour à un résultat certain quand il n'y aura plus de Juifs. » Hitler pouvait être l'homme providentiel dont rêvait le compositeur. Tel le Siegfried de l'opéra, il s'emparerait du glaive. Wagner écrit encore : « Notre mission n'est pas de rechercher la personne. Elle nous est donnée du Ciel ou non. Notre mission, c'est de dresser le glaive nécessaire.

Notre mission est de donner au dictateur, quand il arrivera, un peuple suffisamment mûr pour lui ! Peuple allemand, réveille-toi ! Ce jour est arrivé ! »

Hitler était revenu de Bayreuth avec la certitude d'être l'élu.

Houston Stewart Chamberlain et Winifred avaient enraciné en lui la certitude que le maître de Bayreuth l'appelait d'outre-tombe à accomplir son œuvre de régénération de la race allemande.

Quand il prit congé d'Hitler, Putzi se rendit à l'évidence : en lui jouant du Wagner, il jouait avec le feu.

Cela faisait deux ans que Putzi était revenu en Allemagne. Le 5 juillet 1921, l'*Amerika* l'avait débarqué, avec Helene et leur bébé Egon, sur le quai du port de Brême. Putzi, qui allait sur ses trente-cinq ans et vivait depuis seize ans aux États-Unis, s'était rendu compte ce jour-là qu'il ne connaissait plus son pays natal. Il n'y avait pas remis les pieds depuis la mort de son père Edgar en 1910. Apprenant que celui-ci était mourant, Putzi avait sauté dans le premier paquebot et était arrivé juste à temps pour assister à ses derniers instants. L'homme qu'il avait le plus aimé au monde s'était éteint. Il tenta, en vain, de retenir ses larmes. Des années auparavant, alors qu'il n'était encore qu'un jeune garçon, sur un bateau entre Hambourg et New York, une vieille passagère lui avait demandé ce qu'il voulait faire plus tard. Du haut de ses rêves d'enfant, avec fierté, il avait répondu : «Je suis un homme d'art, madame, issu d'une famille d'artistes et de marchands d'art, et je deviendrai ce que mon grand-père et mon père étaient avant moi.» Mais Putzi n'était pas le fils aîné, ce qui à cette époque était un handicap majeur. Après l'héritier désigné, Edgar, qui avait l'honneur de porter le prénom de leur père, un nouvel enfant était né chaque année dans la famille : Egon d'abord, puis Erna – la seule fille Hanfstaengl –, Putzi, et enfin Erwin, le petit dernier. Heureusement, la musique offrait à Putzi une place particulière dans le cœur de son père. «Tant que tu sais jouer du piano, ça m'est égal que tu sois maladroit avec tes mains», lui répétait-il souvent. Ce traitement de faveur déplaisait fortement à l'aîné, qui se voulait le seul héritier des affaires florissantes des Hanfstaengl. Putzi avait un allié en la personne d'Egon, qui prenait toujours la défense de son jeune frère en proie aux colères jalouses de l'aîné. Dans la maison, il n'était pas rare que l'habituelle quiétude fût interrompue par des cris et des coups que s'échangeaient les garçons. La corpulence de Putzi lui permettait de résister le temps qu'Egon intervienne pour repousser Edgar, tandis qu'Erwin pleurnichait et qu'Erna vaquait à ses occupations.

En 1910, à la mort du père, Edgar s'imposa naturellement comme le nouveau chef de famille. Jamais il n'aurait été envisageable que leur mère, Katharine, se remariât un jour. Putzi ne fut pas oublié pour autant. Cinq ans plus tôt, son père, déjà malade et affaibli, avait confié à Edgar la direction des affaires à Munich, et envoyé Putzi à Harvard, avec l'ambition de lui confier la succursale Hanfstaengl lancée dans les années 1880 à New York : une magnifique boutique sur la Cinquième Avenue, qui peinait à prendre son envol.

Avec le temps et la distance, l'Allemagne était devenue pour Putzi le territoire empreint de nostalgie de l'enfance. Avec l'éloignement, même Edgar était redevenu un frère aimé. Les étés au lac, les promenades à vélo, les tartes aux myrtilles, l'odeur des champs et les montagnes enneigées :

ces souvenirs heureux l'accompagneraient éternellement. Sur une photographie retrouvée dans les archives de Putzi, tous les enfants posent fièrement, les vélos contre le mur de la villa de Niederpöcking, « forteresse paradisiaque », de retour d'une promenade jusqu'au lac de Starnberg, dont les eaux sont transparentes.

Sur le campus d'Harvard, pour s'endormir, Putzi égrenait les noms des petits bateaux du lac, *Grenouille*, *Escargot*, *Viking*, *Désirée*, *La Vague* et son préféré, *Bajazzo*, acquis en 1902 et qu'Edgar essayait sans cesse de lui voler. Quand leur père intervenait afin de le rendre à Putzi, le frère aîné rigolait : « De toute façon, ce bateau au nom de clown ne peut appartenir qu'à un clown ! » De l'autre côté de l'Atlantique, cette pensée faisait désormais sourire Putzi. Et quand la nostalgie était trop forte, il apaisait son mal du pays dans l'une de ces brasseries allemandes que les frères Wirth avaient ouvertes à Boston : il y noyait sa peine dans des bières et vins allemands, et comblait son appétit hors norme de soupes de lentilles, de harengs, de sardines et de saucisses de Francfort. Il lui arrivait souvent de fermer les yeux et de s'imaginer en famille, autour de la table en bouleau de la salle à manger de Niederpöcking, son père jouant de la cithare et yodlant de bon cœur. Rouvrir les yeux lui faisait mal.

En cette année 1921, le pays qu'il s'apprêtait à revoir était un monde de désolation, de ruines et d'incertitudes. Il l'avait lu dans les journaux de New York. Née des débris de la défaite militaire, la république de Weimar peinait à s'enraciner. On l'accusait de tous les maux, dont le pire : l'humiliation contenue dans chaque phrase du traité de Versailles. Un coup de couteau dans le dos. Deux des frères de Putzi étaient morts à la guerre alors qu'il était aux États-Unis. Il ne retrouverait à Munich que sa mère Katharine, son frère aîné Edgar et sa sœur Erna – l'adolescente qu'il avait laissée serait désormais une femme.

Putzi était ravi de revenir en Allemagne.

Dans un geste hérité de sa superstitieuse enfance, il posa d'abord le pied droit sur le quai du port de Brême, et quand il vit plus tard, aux abords de Munich, un champ fraîchement labouré, il s'y allongea et le couvrit de baisers. Helene sourit. Peut-être seraient-ils heureux ici.

Mais, arrivé à Munich, il fut rapidement dégrisé en apprenant qu'Edgar n'avait aucune intention de lui accorder une place dans l'entreprise familiale, qui s'était diversifiée avec la publication de livres d'art illustrés. Leur père n'était plus là pour soutenir Putzi, et leur mère n'en avait pas le courage. Les rivalités enfantines demeurent toujours.

Putzi et Helene passèrent les premiers mois à s'habituer à cette nouvelle vie. Leur nom donnait accès à toutes les mondanités munichoises. On s'arrachait ces Américains revenus au pays. *Comment est New York ? Les gratte-ciel, racontez-nous ! Et les cabarets ?* Cela amusait beaucoup Putzi qui se souvenait qu'en arrivant en Amérique tout le monde lui avait demandé s'il connaissait personnellement l'empereur, si les femmes allemandes étaient vraiment très grosses, si les officiers prussiens poussaient celles-ci lorsqu'ils les croisaient sur les trottoirs et si les enfants buvaient dans les verres à bière de leurs parents. Putzi en profita pour se lier à une galerie d'aristocrates qui haïssaient plus que tout cette « république » – ils prononçaient le mot avec une moue de dégoût – entraînant le pays au chaos.

À dire vrai, cette soudaine notoriété lui plaisait. Il en avait déjà éprouvé le vertige à Harvard.

En 1906, alors qu'il se reposait après quelques heures d'aviron sur la berge de la Charles River qui traverse Boston, Putzi, qui n'avait pas vingt ans, avait entendu des cris venant du fleuve. Apercevant un rameur en perdition, dont le canoë était emporté par le courant, il avait sauté dans un bateau, et à la force des bras s'était hissé à la hauteur du malheureux. Il avait plongé dans l'eau glaciale pour le remonter à bord, sous les applaudissements nourris des spectateurs. Les heures passées à bord du *Bajazzo* à faire la course avec ses frères n'avaient pas été vaines. Le lendemain, le *Boston Herald* avait titré : «Hanfstaengl, le héros d'Harvard». Putzi avait découpé l'article pour l'envoyer à ses parents, espérant ainsi contrebalancer la médiocrité de ses résultats académiques. Sur le campus, il était devenu une célébrité : le président Theodore Roosevelt, qui s'y connaissait en courage, l'avait même invité à la Maison-Blanche.

Putzi n'avait pas vingt ans quand il prit goût à la lumière du pouvoir.

La douceur de sa nouvelle vie se fracassa bientôt sur la grande Histoire.

Dix mois après son retour à Munich, Putzi apprit l'assassinat de Matthias Erzberger, le leader du Parti catholique du centre et symbole de l'infâme trahison du traité de Versailles. Ce meurtre le rendit perplexe. L'Allemagne dont il avait tant rêvé était-elle vouée au chaos et à l'anarchie ? La désunion était partout, dans son pays comme dans sa propre famille. Tout s'effilochait. Putzi, dont l'identité était traversée par une fracture atlantique – son père était allemand, sa mère américaine – et qui avait espéré refaire corps avec lui-même en retournant en Allemagne, était perdu.

C'est alors que survint un événement en apparence anodin, attesté par les archives, mais dont la portée paraît aujourd'hui hautement symbolique. Putzi perdit ses lunettes. Il les chercha sans relâche : dans le petit appartement familial d'abord, chez des amis ensuite, puis dans les recoins des cafés de Schwabing qui lui rappelaient tant le New York bohème, et dans les tramways bleus qui faisaient si vite le tour de la ville. Mais ses lunettes avaient disparu.

Lui qui aimait tant se plonger dans les livres d'histoire, et qui avait entrepris d'étudier la vie de Louis II de Bavière et celle de Benjamin Thompson, était désormais à l'arrêt.

Son intérêt pour ces personnages ne devait rien au hasard. Putzi voyait notamment dans le parcours de Benjamin Thompson un horizon rêvé. Né à Woburn dans le Massachusetts en 1753, Thompson avait pris parti pour les loyalistes au moment de la guerre d'Indépendance, tant et si bien qu'à la fin du conflit, en 1783, il était resté en Europe où il se trouvait. Ayant gagné la confiance du Grand Électeur de Bavière, Charles Théodore, il s'installa à Munich où il trouva un emploi et reçut un titre de noblesse. Le comte se mit au service du despote éclairé, à qui il offrit son énergie et son intelligence. Il modernisa l'armée, inventa nombre de procédés destinés à limiter les dépenses de combustibles, éradiqua la mendicité à Munich grâce à un plan qui le rendit célèbre dans toute l'Europe, et imposa l'idée que la moralisation de la société bavaroise ne saurait être envisagée qu'à condition que la population fût nourrie, habillée et chauffée. À la mort de l'Électeur, il se fixa en France où il épousa en 1804 Marie-Anne Pierrette Paulze, la veuve de Lavoisier, et rassembla ses préceptes mêlant chimie et économie politique dans une série d'essais remarqués, très appréciés de Putzi, qui se voyait comme un intellectuel. Mais l'itinéraire d'un émigré venu en Europe, non seulement pour faire le bien, mais pour marquer l'Histoire, l'attirait encore plus.

Putzi, lui, craignait de passer à côté de son destin, de n'être de l'Histoire que le spectateur, comme cela arrive aux héritiers d'illustres lignées qui vivent dans l'ombre portée d'un passé glorieux. Katharine, sa mère, née Sedgwick-Heine, était issue d'une très grande famille de la Nouvelle-Angleterre, qui comptait dans ses rangs deux généraux de la guerre de Sécession, dont l'un a toujours sa statue à West Point et l'autre, le grand-père de Putzi, porta le cercueil de Lincoln assassiné et devint, dans les années 1860, consul des États-Unis à Paris. Les Hanfstaengl étaient quant à eux l'une des illustres familles de Bavière. Frantz, le grand-père de Putzi, avait été un pionnier de la photographie, fixant pour l'éternité les visages de trois empereurs et de tout ce que la cour comptait de personnages importants à l'époque, oubliés aujourd'hui. Le fils avait poursuivi l'activité du père en la modernisant. Richard Wagner, Franz Liszt et Richard Strauss étaient des invités réguliers de la villa familiale de Liebigstrasse qu'Edgar avait fait construire à grands frais dans les années 1880.

Ayant profité dans sa jeunesse de la douceur de l'héritage, Putzi, devenu adulte, mesura le gouffre qui se présentait devant ses pas. Le confort laissa place à un sentiment de panique.

Autour de lui, tout était flou.

Putzi dut se résoudre à faire l'acquisition d'une nouvelle paire de lunettes. Il souffrait de myopie depuis l'enfance, même si, par coquetterie sans doute, il ne porte jamais de lunettes sur les photographies. Dans les années 1920, la mode était aux montures fines, mais les amoureux d'un chic suranné préféraient les pince-nez : c'est l'un de ces modèles que Putzi se choisit avec soin dans l'une des boutiques du centre-ville. Quand il passa chercher sa commande et qu'il chaussa sa nouvelle paire, il n'en revint pas. Tout était d'une netteté hallucinante. C'était un miracle. Ses lunettes perdues n'étaient pas à sa vue, et dans ce magasin, pour la première fois, le monde s'imprima sur sa rétine tel qu'il était réellement.

S'adapter à l'explosion de détails qui s'offrait désormais à lui demanda plusieurs jours. C'est à ce moment-là qu'il reçut l'appel d'un vieux copain d'Harvard, qui lui demanda de guider dans le dédale munichois un certain Truman Smith, un attaché militaire américain, en poste à l'ambassade des États-Unis à Berlin depuis deux ans comme conseiller diplomatique. Il arriverait à Munich le 15 novembre 1922 pour analyser, à la demande de l'ambassadeur Alanson B. Houghton, ce Parti national-socialiste des travailleurs allemands dont on commençait à parler à Berlin.

À l'époque, les cercles diplomatiques occidentaux se partageaient en deux catégories. D'un côté, les plus nombreux, ceux qui n'avaient jamais entendu parler d'Hitler. Et de l'autre, ceux qui voyaient en lui un fou sans éducation et sans avenir. Tant d'ambitieux prenaient publiquement la parole dans l'Allemagne du début des années 1920 que s'arrêter sur cet Autrichien paraissait une perte de temps.

Tel n'était pas l'avis de l'ambassadeur Houghton, qui suivait de près la montée en puissance de Mussolini en Italie et craignait un embrasement fasciste de l'Europe. Contrairement à beaucoup, il n'avait été surpris ni par le déferlement des Chemises noires à Naples le 24 octobre 1922, ni par la marche sur Rome quelques jours plus tard, ni enfin que le roi Victor-Emmanuel III demande à Mussolini de former un gouvernement. Il s'y attendait. Peu de temps avant de signer son ordre de mission à Truman Smith, Houghton écrivit dans son journal : « Quelque chose se prépare actuellement en Bavière et personne ne semble savoir ce que c'est. Peut-être que ça ne débouchera sur rien de précis. Mais nous ne pouvons nous permettre de courir le moindre danger. »

Putzi, qui n'était à Munich que depuis dix-sept mois, accueillit son hôte avec chaleur, même s'il fut un peu surpris que Truman Smith le dépasse de quelques centimètres. Il le toisa, aussi, comme avaient coutume de le faire les diplômés d'Harvard s'adressant à ceux de Yale. Smith avait d'autres contacts en ville, si bien que Putzi passa finalement moins de temps avec lui qu'avec son épouse,

Kay, qui était du voyage. Il lui fit visiter la cathédrale Notre-Dame et lui offrit une gravure représentant l'intérieur de l'édifice, qu'il trouva dans la boutique familiale. Putzi ne se contentait pas d'être urbain ; les jolies femmes étaient des proies qu'il lui fallait séduire, voire posséder. Kay était belle mais fidèle, au grand dam de son guide.

En quelques jours, Truman Smith en sut plus que Putzi sur la vie politique bavaroise. L'essentiel, il le tirait d'un entretien, organisé dès son arrivée à Munich, avec le jeune consul américain Robert Murphy. Après cela, il multiplia les rencontres à un rythme effréné, en les résumant aussitôt dans le petit carnet qu'il avait en permanence dans la poche de son imperméable. Surtout, il s'approcha du cercle d'Hitler : Scheubner-Richter et Rosenberg, puis Ludendorff lui ouvrirent leurs portes. Il lui restait à écouter l'homme pour qui il était venu passer une semaine dans le sud de l'Allemagne.

« Ce matin, j'ai rencontré la personne la plus incroyable… » Lunettes sur le nez, Putzi, qui finissait de mastiquer son morceau de bœuf, s'enquit de l'identité du personnage auquel il était fait allusion. « Adolf Hitler ! » lâcha Smith. On s'attendrait ici à ce que Putzi réagisse, qu'il tapote l'épaule de son convive avec condescendance : « Eh bien, vous en avez mis du temps, à arriver jusqu'à Hitler, cher ami ! Cela dit, ça ne m'étonne qu'à moitié de la part d'un diplômé de Yale… » Mais il n'en fut rien. « Hitler ? Vous devez vous tromper, fit Putzi. Vous devez vouloir dire Hilpert, le nationaliste – ce qui m'étonne, dans la mesure où je ne lui ai jamais rien trouvé d'exceptionnel. » Truman Smith tenait la revanche de Yale sur Harvard. Il s'agissait bien d'Hitler, et non d'Hilpert, et Putzi ferait bien d'aller l'écouter à son tour pour prendre la mesure du personnage. «Il va parler ce soir, il y a des affiches un peu partout en ville.» Putzi n'en avait vu aucune. Smith poursuivit : «On dit qu'il a fait installer des pancartes "Interdit aux Juifs", mais il est surtout convaincant quand il parle de l'honneur perdu des Allemands, des droits des travailleurs de la nouvelle société qu'il promet une fois au pouvoir.» Et comme son interlocuteur ne semblait pas réagir, Smith acheva : «J'ai l'impression qu'il va jouer un rôle important en Allemagne et, que ça vous plaise ou pas, il sait ce qu'il veut.» Il fit un parallèle avec l'Italie fasciste : selon lui, ce qui se passait en Bavière autour d'Hitler était de même nature.

Un doute cependant. Contrairement à ce qu'affirme Putzi dans ses Mémoires écrits dans les années 1950, je découvre dans ses archives personnelles qu'à cette date le nom d'Hitler ne lui était pas inconnu. Dans une chemise rouge, parmi les articles qu'il avait lus, annotés et recopiés, deux papiers du *Vorwärts* et un du *Times* de Londres voient en Hitler un nouveau Mussolini, plusieurs semaines avant que Putzi ne rencontre Smith. À quoi jouait-il? Voulait-il flatter Smith en feignant l'ignorance? Masquer son intérêt naissant pour un homme que l'ambassade envisageait avec méfiance? Ou bien dire au monde que sa relation avec Hitler devait tout au hasard?

Putzi, dont la curiosité était piquée, assista à un meeting du Führer le soir même. Smith avait une accréditation mais ne pouvait s'y rendre; il devait retourner à Berlin séance tenante. Hitler allait prendre la parole dans une célèbre brasserie de Munich, le Salvator Keller, qui pouvait accueillir trois à quatre mille personnes. «Allez-y, Putzi! Vous allez voir ce que vous allez voir!»

Ce soir-là, le 21 novembre 1922, lorsque Putzi descendit de l'imposante bicyclette Swift qui avait appartenu à son père et sur laquelle il se déplaçait d'un bout à l'autre de la ville, il remarqua l'agitation de la brasserie. Il n'était que dix-neuf heures, et pourtant elle était bondée. Une foule coude à coude, bières posées sur les rangées de tables collées les unes aux autres. À y regarder de plus près, l'auditoire était composé de jeunes hommes vêtus à la mode bavaroise traditionnelle, c'est-à-dire avec le *lederhosen*, pantalon en peau de chèvre plus ou moins court, les *hosenträger*, bretelles vertes agrémentées de fleurs colorées, une chemise blanche ou à carreaux, de lourdes chaussettes de laine montant jusqu'au genou, et les *haferlschuhe*, chaussures sombres de cuir solide, à la pointe renforcée et aux semelles clouées. Putzi remarqua également la présence d'hommes en uniforme paramilitaire qui paraissaient assurer l'ordre pendant la soirée. Il l'ignorait encore, mais il avait devant lui des membres de la *Sturmabteilung*, la S.A., qui ne portaient pas encore de chemises brunes. Ils étaient déjà lourdement armés et farouchement anticommunistes. Il fut surpris par le nombre important de femmes, en général absentes de ce genre de meeting politique qui sentait la testostérone.

Putzi portait quant à lui un costume sombre des plus classiques, ce qui le distinguait de cette masse uniforme. Après avoir salué quelques hommes qu'il ne connaissait pas, il s'installa à la table réservée à la presse. Il échangea brièvement avec Cyril Brown, le seul journaliste américain présent, dont il avait lu avec avidité les papiers durant la guerre. Encouragé par les compliments de Putzi, le journaliste se lança dans un long monologue. Il avait couvert tout le conflit depuis l'Allemagne, d'abord pour le

New York Times, jusqu'en 1916, puis pour le *New York World*, jusqu'en 1918. Parfaitement bilingue, et d'un culot monstre, il était parvenu à déjouer les pièges de la propagande et à informer le plus fidèlement possible les lecteurs américains. Après l'entrée en guerre de son pays, en 1917, il n'avait plus été libre d'écrire ce qu'il voulait. En 1921, il avait à nouveau rejoint la rédaction du *New York Times* en tant que correspondant permanent à Berlin. Et c'est à ce titre qu'il avait commencé à s'intéresser au Parti national-socialiste des travailleurs allemands, fondé en 1920, mais dont Hitler ne prit totalement le contrôle qu'un an plus tard. Cyril Brown était diplômé de Yale, ce qui arracha un léger sourire à Putzi, qui se retint de le taquiner, et se contenta de lui demander s'il connaissait Truman Smith.

Cyril Brown brûlait de confier à Putzi qu'il venait de faire découvrir Hitler aux lecteurs de son journal. Bien caché en page 21 de l'édition du *New York Times* du 21 novembre 1922, un article était consacré à « La nouvelle idole populaire qui monte », dont le nom n'avait encore jamais été imprimé dans les colonnes du prestigieux quotidien. À quelques heures de distance, Putzi et le peuple américain découvrirent le même jour l'existence d'Hitler – c'est du moins ce que veut la légende.

La clameur monta, Brown se tut. Le grand homme arrivait.

Soudain, des hurlements et des drapeaux s'élevèrent. Une croix gammée, le svastika, noire sur un rond blanc, au centre d'un champ rouge. Le symbole du parti nazi qui ornait les drapeaux avait été, disait-on, choisi par Hitler lui-même. La croix gammée symbolisait la race aryenne, le blanc le nationalisme et le rouge le socialisme. Certains l'arboraient sur des brassards, mais ils étaient encore rares.

Même si la table réservée à la presse était à proximité de l'estrade, Putzi ne vit pas tout de suite Hitler. L'orateur, de petite taille, était noyé dans la foule. Mais lorsqu'il escalada les quelques marches et arriva sur l'estrade, il parut immense, surplombant une vague enthousiaste. Il portait des bottes, un costume sombre, un gilet en cuir et une chemise blanche au col semi-rigide. Hitler jaugea l'assistance qui, comme par magie, se tut.

Il prit son inspiration. Des milliers de regards convergèrent vers un même point, au même moment : les lèvres du Führer, prêtes à s'ouvrir pour articuler la première syllabe de son discours.

Je n'ai pas retrouvé le discours qu'Hitler prononça ce jour-là et qui changea le cours de l'existence de Putzi. Les entrailles d'Internet, des archives et des bibliothèques sont restées muettes. La scène s'est figée. Arrêt sur image. Hitler sur le point de parler et Putzi, bouche bée, visage relevé. Je peux me promener dans cette salle, m'attarder sur la présence discrète de policiers en alerte, compte tenu des débordements qui avaient conduit une première fois Hitler en prison peu de temps avant. Mais il m'est impossible de remettre tout ce monde en mouvement. Nulle transcription intégrale du discours d'Hitler du 21 novembre 1922. La documentation m'impose le silence, ou l'hypothèse.

J'ai retrouvé en revanche un discours du 18 septembre. Deux mois plus tôt, à Munich, dans une autre brasserie, Hitler s'était déchaîné contre les Juifs. En lisant ses mots, je l'entends hurler : « En Allemagne, nous en sommes réduits à cela : soixante millions de personnes ont leur destin entre les mains de quelques dizaines de banquiers juifs ! Cela n'est possible que parce que notre civilisation a été judaïsée... » Et plus loin, dans le silence glacial d'une salle prête à exploser de colère et de jouissance : « Aucun salut n'adviendra avant que le porteur de la désunion, le Juif, n'ait été rendu impuissant... Nous exigeons l'expulsion immédiate de tous les Juifs entrés en Allemagne depuis 1914, ainsi que de tous ceux qui, grâce à des entourloupes boursières ou d'autres transactions, se sont enrichis. »

Les discours de cette époque sont remplis d'une haine viscérale, largement nourrie des longues discussions avec Feodor Vinberg, un Russe blanc qui, très exactement à cette période, avait convaincu Hitler que la Russie bolchevique était un État juif. Fut-ce une telle harangue qui impressionna tant Putzi ce soir-là ?

Essoufflé, la mèche retombant sur son front transpirant, Hitler descendit de l'estrade sous les bravos virils des hommes et les œillades enamourées des femmes de l'assistance. Il se dirigea vers la table des journalistes. Cela faisait un bon moment qu'il avait compris leur importance. Les murs de la brasserie avaient des oreilles, et ces oreilles, il fallait les séduire.

En le regardant approcher, Putzi était comme hypnotisé. En l'écoutant, il l'avait déjà mentalement classé parmi les plus grands orateurs qu'il lui avait été donné d'entendre, aux côtés des présidents Theodore Roosevelt et Thomas Woodrow Wilson, ainsi que du sénateur aveugle de l'Oklahoma Thomas Gore. En musicien, il fut impressionné par l'infatigable voix de baryton d'Hitler. «Je ne suis qu'un tambour», avait confié celui-ci, dans un accès de fausse modestie, à l'écrivain Arthur Moeller van den Bruck en juin de cette année-là. Mais le tambour d'Hitler n'avait rien de celui d'Oskar Matzerath, le héros du roman de Günter Grass : le son qu'il produisait ne soignait ni ne détournait des souffrances ; bien au contraire, il s'en nourrissait, s'en repaissait, s'y lovait. Le tambour d'Hitler installait une proximité séductrice, Freud l'avait expliqué un an plus tôt dans *Psychologie des foules et analyse du moi*; il s'adressait à tous et à chacun. Chaque coup de tambour frappait juste, au bon endroit. Pam, pam, pam, pam, pam, pam, faisait le tambour d'Hitler. À chaque coup, il s'enfonçait un peu plus loin dans l'âme de celui qui l'écoutait. Tel était son génie.

Putzi tendit à l'orateur du soir une main pleine de gratitude. Il lui transmit le bon souvenir de Truman Smith, qui s'excusait d'avoir dû rentrer à Berlin, puis lui confia, sans lui lâcher la main : «J'ai été très impressionné par votre discours.» Et d'ajouter : «Je suis d'accord avec quatre-vingt-quinze pour cent de ce que vous avez dit. J'aimerais beaucoup parler avec vous un autre jour, plus au calme.» Hitler esquissa un sourire et répliqua qu'il était persuadé qu'ils se mettraient d'accord sur les cinq pour cent restants. Personne ne raconta jamais cette scène, sinon Putzi lui-même dans ses Mémoires. Faut-il croire sur parole un ancien nazi qui se ménage ainsi une porte de sortie, cinq pour cent?

Putzi rajusta ses nouvelles lunettes; le flou de son existence s'était bel et bien dissipé. Le tambour d'Hitler avait frappé à un certain endroit de son âme, vide et froid comme la mort, humide et brûlant comme la culpabilité. Cet endroit portait un nom, Hanfstaengl. Et un prénom : Egon.

Egon avait hérité de la délicatesse de leur mère et de la beauté féminine de leur père – tout ce dont Putzi était privé. Il avait le talent et le courage qui manquaient à son jeune frère. Et il le protégeait d'Edgar, l'aîné qui voulait être aimé sans partage. Putzi regardait Egon comme un idéal qu'il ne pourrait jamais atteindre.

Quand Putzi avait développé l'entreprise familiale à New York, Egon s'en chargeait à Londres, où il vivait au 16 Pall Mall East, non loin de Trafalgar Square et de la National Gallery. Remarquablement introduit dans le monde de l'art, dont il faisait commerce comme l'ensemble de sa famille depuis plusieurs générations, Egon avait servi de guide à Edvard Munch lorsque le peintre norvégien, en avril 1913, s'était rendu à Londres pour la première fois. Il n'imaginait pas qu'un peu plus d'un an plus tard il ferait ses bagages et retrouverait l'Allemagne, où son devoir l'attendrait. Bien que de mère américaine, Egon était un homme valide de moins de quarante-cinq ans et n'eut donc pas le choix : il prit le chemin de Munich au début du mois d'août 1914 pour y rejoindre son régiment d'infanterie bavarois. Il suivit dans les moindres détails ce que les historiens appelleraient bientôt « la marche à la guerre », en considérant que l'Allemagne était dans son bon droit.

Jusqu'alors cantonné à son rôle de marchand d'art, Egon avait adoré son service militaire et, à trente ans, c'est avec enthousiasme qu'il s'engagea dans une guerre qui ne fut d'abord qu'une suite de batailles victorieuses promettant un triomphe rapide.

Le corps d'armée bavarois où il fut enrôlé était puissant. Son chef, le général Xylander, imposait le respect. Egon était fier de construire à son tour un bout de l'histoire de son pays, et plus encore de la Bavière.

Quand Putzi apprit la mort de leur tout jeune frère Erwin, terrassé par une fièvre typhoïde dans les premiers jours du conflit, il prit conscience de la réalité de la guerre et se mit à trembler en pensant à Egon. *Ce n'est pas un lieu pour toi, la guerre. Ta place est dans les musées. À mes côtés.* Il s'informait autant qu'il le pouvait. Chaque matin et chaque soir, installé dans un fauteuil en cuir du Harvard Club qu'il fréquentait avec assiduité, parfois dans les bras de Djuna, il dévorait deux ou trois quotidiens qui relataient tant bien que mal la situation militaire en Europe.

Le 12 août 1914, à peine incorporé sous les drapeaux, Egon entra victorieux avec son régiment dans Badonviller, village de Meurthe-et-Moselle qui tomba aux mains allemandes après cinq heures de combats. Les Bavarois se livrèrent à des exactions. Après avoir pillé ce qui pouvait l'être, ils incendièrent l'église du village ainsi que quatre-vingt-quatre maisons sur les quatre cents que comptait la commune. Le plaisir de pénétrer en France se manifesta par un immense brasier qui illuminait, je l'imagine, le visage d'Egon Hanfstaengl. Quelques civils innocents furent tués, d'autres envoyés comme otages à Strasbourg. Le lendemain, Badonviller finissait à peine de se consumer qu'il fallait déjà reprendre la marche en avant. Les promenades d'Egon dans les longs couloirs de marbre du British Museum au bras d'Edvard Munch devaient lui sembler loin.

Dans un bar de Brooklyn à l'ambiance feutrée, Putzi, penché sur son journal, leva la tête et fit signe au serveur : « Un Bloody Mary, s'il vous plaît. » Les nouvelles du front étaient confuses. De nombreux soldats tombaient chaque jour. Des milliers. Mais les troupes allemandes avançaient vite. La guerre pouvait encore être gagnée rapidement. Chez Putzi, le sentiment d'impuissance n'avait pas encore cédé la place à la culpabilité.

Le régiment d'Egon avançait comme un train dans la nuit. Le 14 août, il combattit victorieusement le long de la Vezouze. Quelques jours plus tard, il s'élança en direction de Sarrebourg pour faire face à une offensive française que l'état-major avait pressentie. Le 18 août, Egon et ses camarades parvinrent à bloquer les corps de cavalerie français au nord-est de Sarrebourg. Le lendemain soir, à l'issue de la bataille de Morhange, la vallée de la Meuse était à nouveau allemande. Comme l'état-major voulait une victoire totale et définitive, la décision fut prise de lancer les armées dans une zone dénuée de fortifications, une trouée, entre les camps retranchés de Toul au nord et d'Épinal au sud.

La trouée dite des Charmes offrait aux troupes allemandes la perspective de déborder les armées françaises par l'est, et de les encercler. Ainsi fait, la messe eût été dite. Envoyé, avec d'autres, dans la trouée des Charmes, le régiment d'Egon tomba sur un os : ce qu'il restait de la IIe armée du général de Castelnau, qui avait l'avantage de connaître la région comme sa poche. Après trois jours de combats, le Kronprinz de Bavière dut se résoudre à ordonner la retraite de son armée.

Le rêve parisien d'Egon s'éloignait ; il pensait avec regret au Louvre. La guerre allait durer, les amis tomber. Et peut-être ne reverrait-il plus jamais Londres, ou pis, Munich. Son régiment se dirigea vers Nancy. Le mois de septembre s'était invité, et avec lui les premiers froids d'un hiver qui s'annonçait terrible. Après les combats d'août, la IIe armée française s'était repliée sur les hauteurs de la capitale des ducs de Lorraine. D'environ huit kilomètres de long pour trois de large, la butte naturelle, dite « Grand Couronné », offrait, à un peu plus de quatre cents mètres d'altitude, une position stratégique enviable pour protéger la ville. Pendant une dizaine de jours, entre le 4 et le 13 septembre, les offensives allemandes se brisèrent sur la défense française. Les Allemands finirent même par lâcher Pont-à-Mousson et Lunéville, repris par les Français sans combattre. Progressivement, le front se fixait. Au mouvement succédait la position. Egon l'ignorait, mais le plus palpitant de sa guerre était passé.

Il y eut cependant quelques jours d'intenses déplacements que les historiens appelèrent plus tard « la course à la mer ». Dans un surprenant mouvement mimétique, les adversaires tentèrent de prendre à revers l'aile située le plus au nord, afin de l'encercler, le fantasme ultime de tout haut gradé. À force, les armées remontèrent vers la frontière belge et les rivages de la mer du Nord. Le régiment d'Egon ne quitta plus la Somme. Aux combats autour de Saint-Quentin entre le 6 et le 10 octobre succéda une très longue phase de guerre de positions, à nouveau dans la Somme.

En janvier 1915, l'ordre vint de très haut. Le général Erich von Falkenhayn, chef d'état-major allemand, exigea que l'on construisît dans la région un réseau dense de tranchées. Pendant plusieurs mois, le régiment d'Egon y consacra l'essentiel de son temps. On les creusa, ces tranchées, et on s'y terra. Comme des rats.

Parce qu'il était lieutenant de réserve, Egon, qui avait une soixantaine d'hommes sous ses ordres, avait droit à un peu plus de confort que le simple soldat. Mais il lui manquait quelque chose que son grade et son éducation ne pouvaient lui offrir. Un prénom. Un prénom à murmurer, un prénom auquel penser, pour se donner du courage et se projeter dans le monde d'après. Un prénom, un visage, la promesse de baisers. De cela, Egon était privé. Il était monté seul au front. Seul, il mourut à Montauban-de-Picardie, dans la Somme, le lundi 3 mai 1915, frappé par un obus lancé à l'aveugle par un ennemi qui ne sut jamais qu'il avait tué un homme.

Ce matin-là, Putzi se réveilla tard. Il s'étira. Il avait trop bu la veille. Il avait rejoint Djuna dans l'une de ces soirées qu'elle aimait tant. Il lui avait fallu traverser Manhattan et le pont de Brooklyn. Il n'avait été question lors de cette fête que de littérature, de musique et de drogue. La guerre paraissait si loin : on n'en avait pas parlé. Djuna était le seul prénom qu'il avait en tête en se levant. Il l'aimait, mais une fois de plus il avait passé la nuit seul. L'aimerait-elle un jour? «Heureusement que la boutique n'ouvre qu'à quatorze heures le lundi», se dit-il en regardant sa montre.

On enterra Egon au cimetière de Longueval, où un an plus tard se déclencherait la bataille de la Somme. Sa guerre fut brève : moins d'un an. Même pas le temps de voir les États-Unis entrer dans la danse en avril 1917. Même pas le luxe de s'offrir un cas de conscience, de combattre le pays de sa mère dans le camp de son père : son corps était déjà enseveli sous quelques mètres cubes de terre fraîche. On le déplacerait, plus tard, lorsque furent regroupés dans un petit nombre de cimetières allemands les soldats tombés pour la patrie.

Cinq jours après la mort de son frère dont il n'avait pas encore été prévenu, Putzi découvrit dans la presse qu'un paquebot britannique, le *Lusitania*, avait été torpillé par un sous-marin allemand embusqué en mer d'Irlande. Les mots qu'il lut résonnaient dans sa tête. « L'Allemagne est devenue folle... crime absolu... massacre... bassesse... » Le 7 mai 1915 en début d'après-midi, le navire avait sombré en quinze minutes, emportant dans les eaux glaciales mille deux cent soixante personnes, et, parmi elles, cent vingt-huit citoyens américains.

Putzi se sentit mal. Le débat sur la neutralité violée des États-Unis remettait sur le tapis la nécessité d'une entrée dans le conflit. L'ancien président Theodore Roosevelt lança des appels à la guerre. S'il avait été au pouvoir, cela n'aurait pas tardé : il n'était pas une mauviette, lui. Comme en 1898, il aurait pris les armes, et les casques à pointe auraient vu de quoi étaient capables les vrais Américains. Heureusement, le président Wilson paraissait attaché à l'isolationnisme historique de son pays. Putzi s'accrochait à ce fragile espoir.

Tout tanguait autour de lui. Dans les jours qui suivirent le drame, la presse allemande martela, en écho aux propos de l'état-major, que le *Lusitania* transportait des armes à destination des Britanniques, et que le paquebot avait coulé si rapidement parce que la cargaison, bourrée de milliers d'obus, avait explosé. Ces considérations dépassaient Putzi, qui souhaitait par-dessus tout que le pays de sa mère n'entrât pas en guerre contre celui de son père. Il accueillit donc avec grand soulagement l'annonce faite le 9 mai par l'Allemagne : celle-ci revenait officiellement sur la déclaration du 4 mai selon laquelle «les eaux entourant la Grande-Bretagne et l'Irlande, la Manche comprise, étaient déclarées zones de guerre». Les navires sous pavillon neutre pourraient à nouveau sillonner ces mers sans risquer d'être coulés par des sous-marins allemands. Le répit ne durerait pas; mais, pour l'heure, la paix intérieure de Putzi était préservée.

Il ne pouvait en revanche ignorer que la situation des Allemands aux États-Unis devenait de plus en plus inconfortable. Jusque-là, Putzi n'avait jamais eu le sentiment qu'il était en danger en Amérique. Les Germano-Américains exprimaient publiquement et sans gêne leur attachement à leur pays d'origine. L'apprentissage de la langue allemande dans les lycées américains avait même connu un âge d'or au début de la guerre. Mais c'était terminé. Il lui faudrait bientôt avoir honte de ce qui le rendait fier. Tout se télescopait.

Après le torpillage du *Lusitania*, il ne lui fallut pas longtemps pour se rendre compte qu'il n'était plus le bienvenu. Il était un habitué du Harvard Club, réservé aux étudiants et aux diplômés, et situé à proximité de sa galerie de la Cinquième Avenue. Il y rencontrait des amis et surtout y entretenait de puissants réseaux; avant la guerre, c'est là par exemple qu'il avait fait la connaissance de Franklin Delano Roosevelt, qui trois décennies plus tard laverait son honneur. Mais un soir, à l'heure des cocktails, l'ambiance virile et feutrée du lieu fut mise à mal par des cris et des lancers de chaises. Putzi fut frappé au visage, et chassé du club comme s'il l'eût été du pays. Sa place n'était plus parmi eux. Il était trop allemand et pas assez américain. On lui reprochait désormais les propos qu'il avait tenus au club juste avant le début du conflit et qui, à l'époque, avaient suscité un certain intérêt. Ce devait être en juillet 1914. Penché sur une carte de l'Europe déployée sur une table, il avait déclaré d'une voix prophétique que l'armée allemande allait traverser la Belgique – son doigt avait alors fait mine d'effacer ce petit pays –, puis prendre Paris, avant d'imposer la paix, selon ses termes, à la Russie tsariste. La guerre serait courte, terminée en six semaines. Nul ne savait s'il fallait le prendre au sérieux – Putzi plaisantait tout le temps –, mais son ton assuré et la précision de ses prédictions avaient impressionné son auditoire. Un an plus tard, la musique avait changé. Putzi n'amusait ni n'impressionnait plus personne. Il gênait.

Putzi apprit la mort d'Egon en mai 1915, alors qu'il était avec sa mère, venue aux États-Unis pour y donner une conférence à l'invitation de l'East Prussian Relief Fund, qui œuvrait dans le pays à lever des fonds à destination de l'Allemagne. L'intérieur de sa chair le brûla. La douleur était physique. Il pleura longuement dans les bras de sa mère. La culpabilité le dévorait. Qu'avait-il fait pendant que ses frères avaient pris en main leur destin ? Il avait continué de vivre comme avant, installé dans de moelleux fauteuils, sirotant des cocktails en lisant les nouvelles de l'Europe. Il n'était qu'un pleutre. Edgar, au moins, avait une bonne raison d'échapper à la guerre. Il était le patron de l'entreprise familiale. Mais lui, Putzi, qui était-il pour se soustraire à son sort ? Le privilège de vivre aurait pu devenir un fardeau s'il n'avait, bientôt, trouvé la voie d'un possible destin.

Il était hanté par le souvenir du 4 avril 1913 : ce jour-là, certain qu'une guerre se profilait, il s'était rendu, minable, au consulat général allemand de New York afin d'y quémander une prolongation du congé militaire obtenu en quittant l'Allemagne. Sans cela, en tant que réserviste de l'armée allemande, il aurait été immédiatement appelé sous les drapeaux en août 1914. Il avait préféré le doux confort du Harvard Club, son whisky et ses cigares, à la boue de la Somme.

S'il avait été enrôlé, Putzi serait mort, à coup sûr. L'unité qu'il aurait dû rejoindre s'était engagée dans le nord de la France avant d'aller combattre en Italie, en Serbie, à Verdun, où la division fut massacrée ; ce qu'il en restait acheva son chemin de croix en Roumanie, puis en Italie à nouveau. Oui, Putzi serait mort, comme ceux qu'il aurait connus dans la curieuse et solide fraternité qu'offre la guerre. Les fantômes peuplèrent ses nuits, ombres sans vie planant au-dessus de son corps désespérément vivant. Et parmi eux, Egon, dont Ernst ne pouvait soutenir le regard vide.

« Il n'a pas un caractère belliqueux, mais si la guerre venait à se déclarer entre l'Allemagne et les États-Unis, il serait préférable qu'il soit interné en raison de sa capacité de mener des hommes » : c'est ainsi que les autorités américaines, dans un rapport, parlaient de Putzi en février 1917. Parce qu'il était né en Allemagne et réserviste de l'armée allemande, il fut particulièrement surveillé. On fouilla dans son passé, cherchant les indices d'un attachement coupable à sa patrie de naissance. De vagues connaissances du Harvard Club racontèrent l'avoir vu exulter à l'annonce de la disparition du *Lusitania*. C'était faux. Mais l'heure était moins à la recherche de la vérité qu'à celle d'ennemis. Pourtant, l'Amérique n'était pas encore en guerre contre l'Allemagne.

En avril 1917, le pays déclara la guerre aux puissances de l'Axe pour défendre l'idéal démocratique, la « civilisation » contre la *Kultur*, le droit contre la force. Putzi devint officiellement un ennemi de l'intérieur, un danger potentiel qu'il fallait surveiller comme le lait sur le feu. À la fin du mois de mai 1917, Nicholas Roosevelt, cousin germain de l'ancien président américain, évoqua Putzi en ces termes dans un autre rapport : «Ernst Hanfstaengl est quelqu'un de très intelligent et de capable, et presque un fanatique supporter de la nation de son père. Il est violemment antiaméricain.»

En juin 1917, la loi de 1798 sur les étrangers et la sédition, vieille et controversée, retrouva un lustre que l'on croyait à jamais perdu. Le vote de la loi sur l'espionnage, taillée sur mesure contre les périls du temps, fit de Putzi un «hors-la-loi». Désormais, chacun des Germano-Américains présents sur le territoire national serait un espion potentiel, traître à la patrie qui l'avait accueilli. La grande et généreuse démocratie, dernier espoir de l'humanité, se mit dès le mois de mai à recenser ceux dont la langue maternelle était l'allemand. Selon les chiffres de 1910, plus de neuf millions de citoyens américains étaient concernés. Des enquêtes minutieuses furent menées car l'on craignait une révolte interne, fomentée par les centaines de milliers de réservistes de l'armée allemande demeurés aux États-Unis depuis le début du conflit.

Putzi échappa à l'internement grâce à l'intervention de Franklin Delano Roosevelt, qui n'était alors que secrétaire adjoint à la Marine. Les deux hommes n'étaient pas amis, mais ils avaient fréquenté les mêmes lieux huppés de New York. Et ils se recroiseraient.

La haine est aveugle et stupide. La germanophobie s'en prit au nom des rues, des plats, des villes : Berlin, dans le Michigan, devint «Marne». Dans les salles de concerts, Berlioz remplaça Wagner. On s'attaqua aux hommes, aussi. Il ne faisait pas bon parler allemand. Si Putzi ne manquait ni d'argent ni d'amis, sa situation n'en était pas pour autant confortable. Il échappa à la détention que connurent des milliers de Germano-Américains, mais ne put éviter la fermeture de la boutique de la Cinquième Avenue, victime de la loi sur le commerce avec l'ennemi votée par le Congrès en octobre 1917. Alors que la guerre allait bientôt s'achever en Europe, il rapatria son stock dans ses bureaux de la Quarante-Deuxième Rue. En juin 1919, après une vente aux enchères imposée par les autorités, il ne restait presque plus rien de l'affaire familiale aux États-Unis. Juste de quoi ouvrir la petite boutique en face du Carnegie Hall. Le nom de Putzi ne brillerait pas en Amérique. Le rêve de son père avait disparu. Envolé.

Putzi en était meurtri. Il n'avait pas été à la hauteur.

L'idée de retourner en Allemagne fit son chemin. Au fond, à part quelques amis encore fidèles, peu de chose le retenait dans ce pays qui lui avait repris tout ce qu'il avait gagné. Jamais, pourtant, son cœur ne céda à la haine de l'Amérique. Il continua à l'aimer comme, parfois, on continue à aimer une femme qui nous a trahi. À travers elle, c'est soi qu'on aime, un moment de sa jeunesse, la photographie poussiéreuse d'un temps perdu pour toujours.

Oui, l'avenir de Putzi serait allemand. Il n'avait plus rien à faire en Amérique. Et, quitte à marcher sur des ruines, autant le faire là où il pouvait nourrir l'espoir de reconstruire quelque chose.

Le 21 novembre 1922, dans cette brasserie bondée où Putzi l'entendit pour la première fois, Hitler frappa juste. Pas un crochet de boxeur qui laisse son adversaire K.-O. – plutôt un coup qui éveille, salvateur, et donne l'impression de tout remettre à sa place.

Déjà, la présence de nombreux soldats en uniforme avait provoqué un curieux élan d'enthousiasme chez Putzi, qui se sentait à la fois exclu et attiré par cette fraternité héritée des combats partagés et de l'humiliation de la défaite. Egon avait été l'un d'eux. Si la mort l'avait épargné, il aurait pu être là, à écouter, nourri d'espoir, Adolf Hitler.

Depuis son retour en Allemagne, Putzi avait rencontré de nombreux soldats qui avaient connu les mêmes champs de bataille que son frère. À leur contact, il avait mesuré l'abîme qui désormais, et pour toujours, le séparerait d'Egon et des autres. Ce n'était pas la mort. C'était pire. L'expérience sublime de la guerre, que Putzi ne pouvait qu'imaginer. Il était passé à côté de l'Histoire.

Entendre Hitler évoquer la guerre provoqua en lui une déflagration.

Il vit Egon. Non qu'Hitler lui ressemblât, mais ils

avaient quelque chose de semblable dans le regard. Des yeux rêveurs et déterminés. Quelque chose de familier.

Son frère était là. Il revenait d'entre les morts et lui offrait un destin.

Tout était encore bien confus quand il rentra chez lui ce soir-là. Il arrive souvent, au réveil, qu'on fasse son deuil de l'enthousiasme de la veille. Le sommeil fait le tri, déchire les illusions. Mais pas ce matin-là. À peine réveillé, Putzi se jeta sur la presse pour y lire le compte rendu de la soirée, comme pour s'assurer qu'il n'avait pas rêvé. Il tourna en vain les pages des quelques journaux qu'il avait reçus. Rien. Personne n'avait jugé bon de rapporter l'événement de la veille au Salvator Keller. Putzi vacilla. Cette soirée n'était pas le fruit de son imagination, il le savait bien ; mais peut-être avait-il, sous le coup de l'émotion, exagéré l'importance de ce moment. Peut-être que les journalistes présents la veille, qui avaient regagné leurs rédactions et jugé bon de ne pas y consacrer la moindre ligne, avaient raison. Hitler n'était pas le seul brillant orateur de la ville. Putzi eut tout de même la satisfaction de lire le long article que Cyril Brown avait consacré à Hitler dans le *New York Times*. « Hitler est pris au sérieux par tous les Bavarois... » C'est peu de le dire, songea-t-il. « Réveil patriotique... » « Dons indéniables comme orateur et organisateur... » Je n'aurais pas écrit autre chose ! « Tumulte enthousiaste... » « Un homme du peuple en héros du peuple... » Putzi souriait sans s'en rendre compte. « Antisémitisme pas aussi sincère et violent qu'il n'y paraît... »

Il prit son manteau, son chapeau, et glissa dans sa sacoche l'article qu'il venait de découper. C'était la preuve qu'il n'avait pas rêvé. Hitler existait – et Egon aussi, à travers lui. Il se rendit dans les bureaux du *Völkischer Beobachter*, le journal du parti nazi que Max Amann, rencontré la veille, dirigeait. Amann n'ignorait rien de la fortune et des réseaux de la famille Hanfstaengl. C'est ainsi que Putzi entra dans le petit monde du national-socialisme.

Quand il pénétra dans le vieil immeuble munichois où se fabriquait le modeste journal, il eut le sentiment qu'enfin sa vie commençait.

POUVOIRS

En cette matinée de décembre 1924, Hitler et Putzi marchaient à pas lents sur le chemin enneigé, laissant, sur leur droite, l'Isar. Ils croisèrent quelques habitants d'Herzogpark, dont, peut-être, un petit homme portant une moustache et un chapeau. Celui-ci promenait son chien chaque jour, pour s'aérer l'esprit avant d'écrire. Sa vaste maison blanche se dressait à une centaine de mètres de celle des Hanfstaengl, plus proche encore du fleuve.

Putzi avait connu cet homme bien avant d'emménager dans son voisinage.

C'était en juillet 1902. Il avait quinze ans, et si le temps n'avait pas gommé cet épisode de sa mémoire, c'est que son père était habituellement un modèle de tempérance et n'élevait pour ainsi dire jamais la voix.

Toute la famille vivait alors à Munich, mais les Hanfstaengl au complet, père, mère, fils et fille, prenaient leurs quartiers d'été dans le sud de la Bavière, au bord des lacs. Putzi conservait un souvenir très précis de son père franchissant la porte de la villa, la revue viennoise *Die Zeit* à la main, dans laquelle se trouvait l'objet de son courroux : une courte nouvelle au titre latin, *Gladius Dei.* Son père hurlait : «Le salaud ! Le salaud ! Ce Thomas Mann, quel salaud !» Edgar Hanfstaengl attendait cette publication depuis des mois. En novembre de l'année précédente, l'écrivain avait lu en public sa nouvelle à l'Akademisch-Dramatischer Verein. Aussitôt, comme un vol d'étourneaux dans un ciel sans nuage, la rumeur s'était propagée, parvenant jusqu'aux oreilles d'Edgar : le grand écrivain se moquait de lui, Hanfstaengl, et de son métier, marchand d'art. Mais mieux valait patienter jusqu'à la publication du texte pour se faire une religion, se dit-il sagement.

«On ne m'avait pas menti !» hurla-t-il en découvrant le texte. La maisonnée se concentra sur les quelques pages que le père tenait pour diffamantes, un scandale qui n'allait pas en rester là. «Croyez-moi les enfants, c'en est trop !» Les mots «procès» et «justice» furent prononcés pendant plusieurs semaines, accompagnés d'insultes qu'en d'autres temps on n'entendait jamais chez les Hanfstaengl.

«Il n'est même pas de Munich», fulminait Edgar, ce qui sonnait déjà comme une sentence définitive. Qu'un homme de la Hanse, originaire de Lübeck, mette ainsi en scène la ville qui l'avait accueilli avec générosité au début des années 1890 était un scandale, quel que fût par ailleurs le talent de l'écrivain – Thomas Mann avait publié en 1901 son roman *Les Buddenbrook*, qui l'avait propulsé parmi les auteurs les plus prometteurs de sa génération. Tout l'été, la revue demeura posée sur la table de la salle à manger, ouverte à la page de la honte. Chaque invité y avait droit. «C'est insensé, non ?»

Le portrait que Mann faisait des Hanfstaengl constituait le cœur de l'outrage. Il n'était que trop facile de deviner qui se cachait derrière les traits de Blüthenzweig, propriétaire d'un magasin d'art dans le quartier des galeristes de Munich. Ce Blüthenzweig, qui expose des reproductions de la Renaissance florentine, n'est guidé que par la recherche du profit. L'ascèse morale incarnée par le personnage de Hieronymus renforce la superficialité du marchand d'art qui n'a d'intérêt que pour le client. La critique de Munich, ville de la sensualité plus que de l'intellect en ce tournant de siècle, et les comptes que réglait Thomas Mann avec son frère Heinrich, adepte du Renaissancisme, échappèrent complètement à Edgar Hanfstaengl, qui faillit s'étouffer en remarquant que l'auteur, de surcroît, avait fait de lui un marchand au nom juif. « Moi, un Juif ! Au secours, les enfants ! »

Pourtant, la colère d'Edgar retomba quand, de retour à Munich, il constata que personne ne lui parlait de cette nouvelle et, surtout, que son chiffre d'affaires ne souffrit d'aucune conséquence fâcheuse. Quant à Putzi, il acheva cet été de son adolescence avec la certitude qu'être traité de Juif était la pire des choses. Il n'en fut pas choqué. Tout le monde ou presque était alors antisémite.

À la fin de l'année 1924, Thomas Mann était un homme comblé. Pendant qu'Hitler croupissait à Landsberg, il avait achevé *La Montagne magique*, commencé à la veille de la Première Guerre mondiale. Le roman était sorti en octobre et avait connu un succès immédiat. Ce matin de décembre, alors qu'il promenait son chien le long de l'Isar, il venait d'apprendre que les vingt mille exemplaires tirés initialement étaient épuisés et que l'éditeur venait d'en réimprimer dix mille.

À en croire son biographe, l'un des plus grands connaisseurs de son œuvre, le théologien allemand Hermann

Kurzke, Thomas Mann avait entendu parler d'Hitler dès 1921. À l'été, c'est-à-dire au moment où Hitler prit le contrôle du parti nazi, Thomas Mann évoqua en effet dans un court texte sur la question juive cette « absurde croix gammée ». Et son fils Klaus, très tôt, sentit le péril de la barbarie. En cet hiver 1924, les deux hommes avaient emprunté des voies irréconciliables. Hitler avait entrepris son chemin vers le racialisme, nourri notamment des travaux de Madison Grant, et Thomas Mann le sien, inspiré par la lecture de Walt Whitman, vers la démocratie et l'attachement à la république.

Alors peut-être se croisèrent-ils, sûrement se croisèrent-ils, sur le chemin blanchi par la neige qui longe l'Isar. Mais s'ils se saluèrent, ce fut de loin, car chacun savait ce qu'il reprochait à l'autre. Des chiens de faïence. Quelques années plus tard, Thomas Mann quitterait définitivement la villa qu'il aimait tant, chassé par le petit homme chétif qui aujourd'hui sortait de prison et se promenait avec ce grand gaillard de Putzi.

Alors qu'il devisait avec Putzi, Hitler était agité. Il venait d'achever une première version de *Mein Kampf* et mesurait l'importance qu'aurait cet ouvrage pour le devenir de son mouvement. Putzi était l'un des seuls à l'avoir lu. Son avis importait – rares étaient les lettrés dans l'entourage d'Hitler. Sans compter que son argent avait, au cours de l'année écoulée, renfloué l'imprimerie sans laquelle le projet serait mort-né.

Putzi avait suivi toutes les étapes de la rédaction de ce texte écrit en prison, et qui ne devait au départ compter qu'une soixantaine de pages rédigées par Hitler pour se défendre lors de son procès. Mais, au mois d'avril 1924, les éditeurs avaient proposé d'aller plus loin, d'intégrer des éléments biographiques, d'en faire un vrai livre dans lequel il se présenterait au peuple allemand et exposerait ses idées.

Sa cellule s'était peu à peu transformée en bureau, où livres et papiers s'entassaient à un rythme effréné. Hitler avait pu compter sur l'aide de quelques amis emprisonnés comme lui, à l'image de Rudolf Hess et d'Emil Maurice, son chauffeur. Mais aussi de Putzi, qui lui avait rendu visite à plusieurs reprises en prison. Egon accompagnait son père et appréciait oncle Adolf, même si les longues discussions entre adultes finissaient par l'ennuyer. Les deux hommes avaient beaucoup parlé du texte qu'Hitler était en train d'écrire.

Ainsi, en cette fin d'année 1924, quand Putzi découvrit la première version complète de *Mein Kampf*, rien de ce qu'il lut ne le surprit. Et surtout pas les références à Wagner, omniprésentes.

Dans sa cellule de Landsberg, Hitler avait en sa possession les livres d'Houston Chamberlain, et le papier sur lequel il écrivit *Mein Kampf* lui venait de Winifred Wagner. Winnie lui avait aussi envoyé de l'argent, des habits neufs, de la nourriture. Elle était fascinée par Hitler, peut-être même amoureuse. Le 1er janvier 1924, elle confiait à son amie Helena Boy : « Aucun homme n'a jamais joué un si grand rôle pour nous que cet Hitler – il doit avoir une telle personnalité... Sinon comment pourrait-on expliquer une telle admiration et un tel dévouement pour lui ? »

Comme Richard Wagner jouissait alors d'un grand prestige aux États-Unis, Winifred avait eu l'idée d'y organiser une série de concerts afin de renflouer les caisses de la famille qui, sans être ruinée, avait besoin de fonds pour la réouverture programmée du festival de Bayreuth, après une dizaine d'années d'interruption. Siegfried, qui s'apprêtait à en prendre la direction, n'avait rien trouvé à y redire. Dans l'esprit de Winifred, ce voyage était aussi (surtout ?) le moyen de lever des fonds pour le parti nazi, qui avait été officiellement dissous en janvier 1924 et peinait à survivre en l'absence de son leader emprisonné. Putzi avait été meurtri d'apprendre que, en vue de cette tournée,

Siegfried lui avait préféré Kurt Lüdecke, le chef de la S.A., comme pourvoyeur de fonds.

Attendant son procès, et passablement déprimé, Hitler avait vu dans ce voyage américain un motif d'espoir. Le 4 janvier, il avait écrit à Kurt Lüdecke qu'il comptait sur lui pour «faire de la publicité pour les intérêts du mouvement de liberté allemand en Amérique du Nord, et aussi rassembler des moyens financiers».

Hitler comptait plus précisément sur un Américain richissime et qui partageait avec lui un antisémitisme viscéral. On ignore aujourd'hui encore si Henry Ford, le fondateur de la marque automobile, finança le parti nazi. Deux versions s'opposent : celle de Lüdecke, selon lequel son entrevue avec Ford à Dearborn dans le Michigan tourna court, et celle de Winifred, qui confia en 1977 que Ford avait, dès 1922, soutenu le parti d'Adolf Hitler. Ce que l'on sait, c'est qu'à la fin de l'année 1922, et au cours de l'année suivante au moins, un grand portrait d'Henry Ford trônait dans le bureau du Führer. Putzi y voyait la possibilité que se réalise son rêve : une alliance entre les États-Unis et l'Allemagne nazie. Henry Ford, président; Adolf Hitler, chancelier; et Putzi, au milieu sur la photo, incarnation naturelle de cette alliance – les journalistes adoreraient cette histoire. Pour résumer : à bas les rouges, à bas les Juifs, qui sont souvent les mêmes.

Les écrits antisémites d'Henry Ford jonchaient la table basse de l'antichambre d'Hitler. On y trouvait notamment *The International Jew*, réunissant un florilège d'articles publiés dans le journal que le patron avait acquis en 1919, le *Dearborn Independent*. Il est peu probable que Putzi, encore aux États-Unis à l'époque et qui dévorait la presse, soit passé à côté de cet hebdomadaire tiré à plusieurs centaines de milliers d'exemplaires. Dès le mois de mai 1920, et durant quatre-vingt-onze semaines, chaque édition fut largement consacrée à la conspiration des Juifs : « Les Juifs contrôlent tout en Amérique ». Entré au service d'Henry Ford en tant que secrétaire personnel en 1911, Ernest Gustav Liebold, probablement un espion allemand, poussa son patron au pacifisme, afin d'éviter l'entrée en guerre contre son pays de cœur, et dans ce but lui montra l'ennemi, le banquier juif, celui à qui profitaient les conflits. En 1919, Liebold rencontra un certain Boris Brasol, un Russe blanc qui avait fui une position enviable dans la Russie impériale, nourrissant une haine irrépressible envers les bolcheviques. Prêt à tout pour retrouver sa patrie, et ayant eu vent de l'antisémitisme d'Henry Ford, Brasol confia à Liebold un texte d'une centaine de pages, traduit par Nathalie de Bogory, une Américaine fille d'un migrant russe. *Les Protocoles des Sages de Sion* déclenchèrent l'enthousiasme de Ford. La preuve était là, devant eux. Le complot juif ! La domination juive ! La finance ! Le pouvoir ! Il fallait les éliminer. Le *Dearborn Independent* se chargea de faire connaître ce texte irréfutable aux Américains.

Dans les archives de Putzi figure un article du *New York Times* en date du 29 octobre 1922, soit trois semaines avant sa rencontre avec Hitler. Putzi a soigneusement découpé l'article et l'a collé sur une feuille blanche. Il a souligné le passage dans lequel Henry Ford se défend d'être antisémite tout en accusant les Juifs d'être responsables des difficultés économiques du monde.

Dans *Mein Kampf*, les références aux *Protocoles des Sages de Sion* sont nombreuses. Et quand, en 1930, quelqu'un oserait dire au Führer qu'il s'agissait d'un faux grotesque, celui-ci répondrait par un syllogisme : les Juifs étant par nature des menteurs, s'ils affirment que le document est un faux, c'est donc qu'il s'agit d'un vrai.

Putzi rassura Hitler. *Mein Kampf* était un grand texte.

À l'intersection des deux mondes, Putzi croyait sincèrement que la revanche de l'Allemagne sur la France et le destin volé de la Première Guerre ne pouvaient trouver leur heureux dénouement que dans une alliance avec les États-Unis.

Lors de ses premières conversations sérieuses avec Hitler au cours de l'année 1923, en dehors de la musique et de Wagner, Putzi lui avait fait part à plusieurs reprises de son point de vue. L'Allemagne n'avait été vaincue qu'en raison de l'entrée en guerre des États-Unis et de leur extraordinaire capacité à mobiliser, en très peu de temps, un arsenal humain et matériel inégalable. Hitler accueillait avec scepticisme ces considérations géopolitiques. Si l'autre côté de l'Atlantique l'attirait – et pas uniquement pour les productions de Walt Disney, l'argent et les idées d'Henry Ford ou l'activisme du Ku Klux Klan, qui était alors à son apogée –, sa naïveté et son inculture dès qu'il s'agissait d'aborder les questions internationales déprimaient Putzi. S'agissant des États-Unis, Hitler, tel un enfant, l'interrogeait sur les gratte-ciel qui sortaient de terre et le travail à la chaîne dont on parlait de plus en plus en Allemagne.

Les deux volumes de *Mein Kampf*, écrits en 1924 et 1925, témoignent pourtant d'une connaissance fine de la politique américaine. Quelqu'un a bien dû apprendre des choses à Hitler. Dans ses Mémoires, Putzi ne cache pas qu'il tenta à plusieurs reprises de convaincre le Führer qu'une alliance entre les deux pays n'était pas inenvisageable, et qu'il fallait maintenir de bonnes relations avec les États-Unis. Quand il lut *Mein Kampf*, et plus encore le second volume, il pensa d'abord qu'il avait gagné la bataille. Sa bataille. L'Amérique était partout. Il s'arrêta sur ces mots : « Il y a, à notre époque, un pays où l'on peut observer au moins de timides tentatives inspirées par une meilleure conception du rôle de l'État. Ce n'est pas, naturellement, notre république allemande modèle ; ce sont les États-Unis d'Amérique, qui s'efforcent d'obéir, au moins en partie, aux conseils de la raison. En refusant l'accès de leur territoire aux migrants dont la santé est mauvaise, en excluant du droit à la naturalisation les représentants de certaines races, ils se rapprochent un peu de la conception raciste du rôle de l'État. » L'Amérique comme modèle ! Putzi n'en crut pas ses yeux. Ses arguments n'avaient pas été vains. L'Immigration Act de 1924, ils en avaient souvent parlé ensemble. Oh, il n'était pas le seul, certes, mais il se plaisait à y voir sa patte.

La loi de 1924, dite loi Johnson-Reed, du nom des deux élus du Congrès qui la façonnèrent, avait drastiquement limité l'immigration en provenance d'Europe méridionale et orientale. La xénophobie à l'égard de ces populations n'était pas nouvelle en Amérique. Le président Theodore Roosevelt avait en son temps exprimé son inquiétude devant les vagues de migrants venus d'Italie qui allaient pervertir la race – supérieure selon lui – des Anglo-Saxons.

La loi de 1924 ciblait particulièrement les Juifs. Son vote fut une simple formalité tant l'opinion publique était favorable à son application.

Or, en sous-main, un homme avait joué un rôle essentiel dans l'élaboration de cette loi. Madison Grant était alors vice-président de l'Immigration Restriction League, une organisation fondée en 1894 par trois brillants diplômés d'Harvard, deux juristes et un climatologue, qui luttaient pour la préservation des W.A.S.P. menacés par le flot continu de migrants venus des « mauvais coins » de l'Europe. L'essentiel de l'apport de Grant avait été théorique. En 1916, cet avocat diplômé de Yale et de Columbia, à l'imposante moustache et à l'élégance raffinée, avait publié un essai à l'immense retentissement. *Le Déclin de la grande race ou les Bases raciales de l'histoire européenne* était un appel à la purification de la race par l'élimination des « enfants déficients », par la « stérilisation des adultes sans valeur pour la communauté », car « les lois de la nature requièrent l'élimination des sujets inaptes ». Au fond, écrivait Grant, « seuls méritent de vivre ceux qui peuvent être utiles à la race ». Fin lecteur de Gobineau et de Chamberlain, il déclinait pour son pays les thèses racialistes européennes. Si l'eugénisme était une voie, le contrôle des flux migratoires en était une autre, plus facile à imposer à court terme. L'essai de Madison Grant devint le livre de chevet d'une large partie de la classe politique américaine, qui embrassa l'essentiel de la thèse du déclin de la « grande race nordique ».

À l'époque, Putzi vivait à New York, et le grand lecteur qu'il était n'aurait pu passer à côté de ce texte susceptible d'apaiser ses tourments d'homme déchiré entre deux patries sur le point de se faire la guerre. On l'imagine, gonflant le torse devant son miroir, fier d'être, en tant que fils d'une Américaine et d'un Allemand, un parfait spécimen de cette «grande race nordique».

Hitler découvrit l'essai de Madison Grant dès la publication de sa traduction allemande en 1925. Il est possible que Putzi ait été à l'origine de cette lecture, soit qu'il ait suggéré à l'éditeur Julius Friedrich Lehmann de faire traduire ce texte, soit qu'il en ait parlé au Führer lorsque celui-ci était détenu à Landsberg et que l'essai n'était encore disponible qu'en anglais. Quoi qu'il en soit, Hitler se fendit aussitôt d'un mot de remerciement à Madison Grant : ce livre était devenu sa bible.

Derrière le pianiste, derrière le clown que l'entourage d'Hitler dépeignait, derrière l'homme de bien qui fit tout pour dompter la bête, ainsi que Putzi se définit dans ses Mémoires, se cacherait un idéologue de l'ombre, un grand marionnettiste. Mais l'ombre est si dense qu'elle l'a fait disparaître dans l'infinie noirceur des temps. David Marwell en a fait l'expérience avant moi : Putzi bouge sans cesse, et nous file entre les doigts.

Malgré les haussements d'épaules qu'Hitler lui opposait dès qu'il évoquait une nécessaire alliance avec les États-Unis, Putzi espérait ne pas œuvrer en vain. L'argument purement stratégique – l'Allemagne avait perdu la guerre parce que l'Amérique était entrée dans le conflit en 1917 – avait fait mouche. Mais Putzi savait qu'il n'emporterait la partie que s'il parvenait à convaincre Hitler que la défense de la «grande race nordique» ne pouvait passer que par un rapprochement diplomatique avec Washington, une fois les nazis au pouvoir.

En avril 1926, il apprit avec satisfaction que le Führer,

dans un discours public, avait évoqué «les travaux d'un chercheur américain» et une loi qui avait permis d'interdire l'entrée des Juifs polonais sur le territoire américain. La suite du discours lui donna le sentiment d'avoir gagné la partie. Le Führer regrettait que la Première Guerre mondiale ait été une guerre civile, une «boucherie mutuelle entre Nordiques». Puis il se fit plus précis encore, et Putzi cria victoire en découvrant ces mots : «Tout ce puissant matériel humain que nous avons vu du côté américain pendant la guerre mondiale, croyez-moi, des mères allemandes l'avaient largement mis au monde, des pères allemands l'avaient engendré, et moins de cinquante ans plus tard, vingt ans plus tard, même, ou moins encore, nous nous sommes heurtés comme des ennemis dans une lutte pour la survie, voire pour notre simple existence. C'est la malédiction la plus horrible...»

L'idée d'une alliance entre l'Allemagne et les États-Unis n'apparaissait pas si saugrenue à qui connaissait l'impact des théories racistes outre-Atlantique. À ses détracteurs, qui jugeaient contre nature l'alliance entre une démocratie et une dictature en puissance, Putzi opposait un argument imparable : «Heureusement que la diplomatie n'est pas une affaire de nature, elle est même précisément contre nature, c'est ainsi qu'elle a toujours été pensée et pratiquée. Et c'est tant mieux, sinon nous serions en guerre non pas souvent, mais tout le temps!»

Si la chose n'avait pas été secrète et inconnue de lui, au début des années 1920, Putzi, en bon rhétoricien, aurait également pu s'en servir afin d'achever de convaincre Hitler : alors qu'à Berlin les communistes allemands rêvaient tout haut d'une révolution, l'Armée rouge, à l'abri des regards, collaborait étroitement avec la Reichswehr, l'armée de la république de Weimar. Lorsque Walther Rathenau et Gueorgui Tchitcherine signèrent le traité de Rapallo le 16 avril 1922, personne ne sut qu'outre le renoncement aux réparations de guerre et le rétablissement des relations diplomatiques et commerciales, les deux pays se lançaient dans une coopération militaire. Ils avaient tout à y gagner. La nouvelle Russie profitait du savoir-faire allemand pour se doter d'une industrie d'armement moderne, tandis que l'Allemagne, privée d'armée par l'humiliant traité de Versailles, se donnait les moyens de continuer à former des pilotes – ils furent plus de cent vingt entre 1924 et 1933 – sur la base aérienne soviétique de Lipetsk, à quatre cents kilomètres au sud de Moscou. Si Putzi avait su cela, nul doute qu'il en aurait fait auprès d'Hitler un argument de poids en faveur du rapprochement avec les États-Unis.

Cependant, malgré tous les arguments stratégiques et de bon sens, Hitler résista. Le nationalisme, chez lui, était trop fort. Les États-Unis restaient des ennemis. Au fond, selon lui, il fallait les imiter pour les vaincre, et non pour construire une vaste alliance civilisationnelle.

Putzi, qui avait voulu croire le contraire, dut s'y résoudre : il avait perdu la bataille.

Hitler refusait de suivre ses conseils géopolitiques. Il refusait aussi d'apprendre l'anglais et de raser sa petite moustache, que Putzi trouvait ridicule : « Si elle n'est pas à la mode aujourd'hui, affirmait le Führer avec orgueil, elle le sera demain, parce que je la porterai ! » Il ruminait une vieille rumeur, la fameuse légende de Muhlenberg, selon laquelle, à une voix près, les États-Unis auraient pu se donner l'allemand comme langue officielle en 1794. Mais il n'allait pas jusqu'à suivre les recommandations de Putzi, qui entamerait bientôt sa traversée du désert nazi.

Était-ce une malédiction ? Pourquoi son destin lui résistait-il ainsi ? Pourquoi fallait-il qu'il y ait toujours un salaud, un Rosenberg ou le Führer en personne, pour le sortir du cadre ? Peut-être, et la pensée le fit rire jaune, que les Hanfstaengl étaient voués à passer à côté de l'Histoire. À rester du côté de celui qui prend la photographie. Hors champ. Spectateurs. De père en fils, le sort se répétait.

Edgar Hanfstaengl, le père de Putzi, était mort en 1910, à soixante-huit ans. On pleura beaucoup cet époux fidèle et ce père aimant.

En triant ses affaires, sa fille Erna découvrit son secret. Dans ce fatras d'une vie, la jeune femme tomba sur un petit coffre qu'elle n'avait jamais vu. Putzi, le frère dont elle était le plus proche, était en Amérique ; s'il avait été là, peut-être l'auraient-ils ouvert ensemble.

En ouvrant le coffre, Erna reconnut tout de suite, sur l'enveloppe qu'elle y trouva, la fine écriture que son père avait perdue à la fin de sa vie dans le tremblement de la maladie : « Lettres de la princesse Sophie Charlotte, à brûler à ma mort ». Elle fut saisie de stupeur, puis se hâta de décacheter l'enveloppe, peu épaisse, qui contenait la mystérieuse correspondance. Elle n'avait jamais entendu parler d'une quelconque princesse parmi les intimes de son père. Elle se doutait qu'il avait eu une vie avant de se marier ; comme Putzi, c'est à un âge avancé qu'il s'était résolu à prendre une femme : son célibat mettait en péril l'héritage familial. Mais, de la première vie de son père, Erna ignorait tout.

Elle tenta de se rassurer. Elle n'était pas en train de désobéir à l'injonction paternelle : Edgar ordonnait de brûler les lettres, non de ne pas les lire.

D'une main tremblante, elle ouvrit l'enveloppe et en sortit cinq lettres. Elles étaient rangées dans l'ordre chronologique : la première datait du 23 juillet, la dernière du 10 septembre. Cette correspondance avait duré le temps d'un été – l'été 1867. Erna calcula l'âge qu'avait alors son père. Vingt-cinq ans, exactement son âge à elle ! Elle en fut bouleversée. Vingt-cinq ans, le bel âge pour être aimé, songea-t-elle encore – car il s'agissait de lettres d'amour, cela ne faisait aucun doute. Plus tout à fait un amour adolescent, à l'absolu fantasmé ; pas encore un amour adulte, par la raison guidée. Son père avait-il relu ces lettres dans le silence d'une maison vide ? Qu'importe, il les avait gardées toute sa vie et n'avait pas voulu les brûler lui-même...

Elle retint son souffle et commença sa lecture par la lettre du 23 juillet.

Cher ami,

Que j'ai été heureuse lorsque N. m'a transmis votre lettre précieuse à mon cœur. Il n'y a pas d'espoir pour nous. Que nous reste-t-il ? Le renoncement. Je regarde l'avenir avec effroi, le jour de mes fiançailles flotte comme une ombre noire devant mon âme, j'aimerais fuir ce destin. Pourquoi a-t-il fallu que je te connaisse, maintenant que ma liberté est entravée par des chaînes ? Je t'aime tant, mon Edgar, quand tu es près de moi je ne peux te dire à quel point ton image chérie est ancrée profondément en mon cœur, si fort, alors que j'ai tant de devoirs envers mon pauvre roi ! Je tiens à vous assurer que vos écrits seront bien gardés, le monde ne doit jamais savoir ce qui se passe entre nous, ne doit jamais vous juger sans affection.

Prenez soin de vous. Prends soin de toi, mon Edgar – je viens demain quelques heures en ville pour affaires. Pourrais-tu venir au Palais à 5 h 30, s'il te plaît pas plus tôt, parce que, jusqu'à cette heure, il y aura des gens avec moi. Je reviendrai ici avec le dernier train. Ce sera bref, mais nous devons nous en contenter. Ta Sophie Charlotte. Ne m'oublie pas.

Le cœur d'Erna se serra.

Son père avait donc vécu une histoire d'amour impossible avec une mystérieuse princesse, Sophie Charlotte, qui devait épouser un roi ! Elle les imaginait en train de gagner quelques minutes sur le destin qui les éloignerait à jamais – un baiser volé, un regard échangé, l'effleurement d'une étole…

L'allusion au « Palais » ne la sortit guère du brouillard dans lequel elle était plongée. Il y avait eu tant de châteaux et de palais dans la jeunesse d'Edgar. Avec son propre père, il avait travaillé au service des rois de Bavière, Louis Ier, puis Louis II. À l'été 1867, le second était sur le trône depuis trois ans. Peut-être était-ce à lui que la princesse Sophie Charlotte faisait allusion dans la lettre ? Edgar était alors tout juste de retour de Chine, où il avait passé sept ans comme conseiller financier pour un grossiste en thé.

Erna apprit dans la lettre suivante, envoyée quatre jours après la première, que les deux amants avaient l'habitude de se retrouver à Hochschloss, où ils étaient « si souvent tous les deux ». L'histoire avait donc commencé avant l'été. Quant à Hochschloss, elle en avait souvent entendu parler : c'était le manoir que son grand-père Frantz avait acquis près de Pähl, à une quarantaine de kilomètres au sud-ouest de Munich, non loin du lac Ammer. Edgar en avait hérité et l'avait conservé quelque temps, avant de le vendre à la fin des années 1870. Il l'évoquait souvent, ainsi que les baignades estivales dans le lac où l'on pouvait voir se refléter les Alpes. Tout aussi souvent devait-il aussi penser à la princesse Sophie Charlotte. Erna fut soulagée en s'avisant que sa mère n'y avait jamais mis les pieds, Edgar l'ayant vendu peu de temps avant leur mariage.

À la fin du mois de juillet 1867, Edgar dut se montrer agacé par les distances que prenait la princesse. C'est certainement ce que s'imagina Erna en lisant cette lettre, déchirante, datée du 2 août.

Mon très cher ami,

J'écris ces lignes le cœur lourd, car tout ce que m'a raconté Toni m'a profondément troublée. Pourquoi, Edgar, avez-vous si mal compris mon comportement ? N'est-ce pas par amour que j'ai brimé mes sentiments passionnés ? Ô Edgar, avant tout, je vous en supplie, revenez vite, je suis prête à vous voir à toute heure – certainement, lorsque nous serons à nouveau ensemble, cela ira mieux. Vous ne devez jamais, jamais, douter de mon fidèle amour. J'ai souffert, ces jours-ci, de manière inqualifiable, et ni Toni ni Nathalie n'ont la moindre idée de comment je me sens. Je ne peux tout vous dire par écrit, mon cœur est si plein, comme s'il devait exploser. Je ne peux continuer. Ô Edgar, pourquoi êtes-vous parti aujourd'hui, alors que vous me savez ici ? Prenez soin de vous ! Mon seul souhait est que vous reveniez vite, et, si tu m'aimes, sois calme et sensé jusqu'à ce que nous nous revoyions. Votre Sophie Charlotte pour toujours. S'il te plaît, quelques lignes, je t'aime si fort.

La lettre suivante, datée du 14 août, eut raison de sa résistance. Ils allaient être séparés définitivement, un supplice pour des amants.

Prends soin de toi, mon tout ! Oh, si mes chaudes larmes pouvaient amollir le dur destin... Je ne peux plus jamais, jamais, être tienne ! J'aimerais mourir dans tes bras, et que mon nom dépérisse, que le monde oublie qu'une femme de roi bavarois vécut. Je t'embrasse mille fois, ne m'oublie pas. Oh, si tu savais...

Amollir le dur destin... Dans l'ultime lettre, en date du 10 septembre, la princesse semblait effrayée à l'idée que quelqu'un la découvrît. Erna frissonna. Elle était peut-être bien la seule, en dehors de son père et de la princesse, à avoir jamais lu ces lettres. Troublée par cette pensée, elle s'empressa de tout remettre en place. Comme sa mère était encore vivante et qu'il n'était pas question qu'elle lût cette correspondance, Erna l'emporta chez elle, sans accomplir la volonté de son père. Elle ne brûla pas immédiatement ces lettres, mais dissimula longtemps leur existence à ses frères. Elle avait le sentiment de partager enfin un secret avec son père, d'avoir enfin une place à part dans cette famille où les garçons étaient rois. Enfant, au lac, elle n'avait jamais le droit de monter sur un bateau ; elle devait se contenter de les regarder faire la course. *Non, Erna, ce n'est pas convenable pour une jeune fille. Apprendre les techniques de la lithographie ? Erna, chérie, c'est une plaisanterie ?...*

Toute sa vie, Erna conserva précieusement ces lettres découvertes quatre ans avant la guerre. Je ne sais si elle les lui montra mais, un jour, elle évoqua avec Putzi l'amour de jeunesse de leur père. Il y fait une brève allusion dans ses

Mémoires, en revisitant le passé comme à son habitude, et en attribuant à son père le beau rôle : «Edgar était l'un des hommes les plus séduisants de son époque ; et je crains fort qu'il ait été la cause directe de la rupture des fiançailles de Louis II de Bavière et de sa ravissante cousine Sophie Charlotte, duchesse en Bavière, qui devint par la suite duchesse d'Alençon par son mariage avec un petit-fils de Louis-Philippe.»

Sophie Charlotte n'était autre que la princesse Sophie Charlotte August von Wittelsbach, la plus jeune sœur de Sissi, l'impératrice d'Autriche, qu'il est difficile d'imaginer autrement que sous les traits de Romy Schneider. Et le roi était bien Louis II de Bavière – à la surprise de ceux qui se désespéraient de ce roi sans épouse, et au grand bonheur de Ludovica et de Maximilien, duchesse et duc de Bavière : leurs quatre autres filles, déjà mariées, étaient respectivement comtesse, princesse, reine et impératrice, et ils ne pouvaient espérer meilleur parti pour la dernière. Sophie Charlotte, dont le caractère et la beauté rappelaient ceux de Sissi, était une romantique. Elle n'épouserait qu'un homme qu'elle aimait, et qui l'aimait. Le prince de Wurtemberg et l'archiduc de Louis Victor se pâmaient devant la gracieuse jeune fille de dix-sept ans qui ne leur accordait pas même un regard.

Quant à Louis II, c'était un mystère pour toute la cour. Personne ne le sentit jamais intéressé par une femme, si ce n'est Sissi, dans laquelle il se reconnaissait, et qu'il désirait parce qu'elle était inatteignable. Luchino Visconti – au cinéma tout est possible – leur fit échanger un baiser, qui n'exista que dans ses fantasmes. Car le cœur du jeune roi était pris par «le plus diabolique des hommes sur terre, un homme qui pourrait corrompre son corps et son âme», selon les termes du baron von Pfordten, désespéré de voir Wagner, toujours Wagner, partout Wagner.

Comme le serait Adolf Hitler, Louis II avait été saisi par le génie de Wagner alors qu'il assistait, adolescent, à une représentation de *Lohengrin*. Les larmes remplies d'émerveillement que le prince héritier versa ce soir-là furent de celles qui déterminent un destin. Il se fit la promesse, intime, inavouable, qu'il ferait venir Richard Wagner à la cour et deviendrait le plus grand mécène de l'Histoire.

Le 22 mars 1864, Louis II s'installa sur le trône; il avait dix-huit ans. Trois semaines plus tard, le 8 avril, Richard Wagner écrivait à son ami le peintre Peter von Cornelius : «Je dois maintenant espérer un miracle; sinon c'est terminé!» Son rêve, conquérir Paris, s'était brisé dans le scandale : *Tannhäuser* avait été conspué à l'Opéra de Paris trois ans plus tôt, et ses spectacles étaient si coûteux à monter que les dettes s'amoncelaient. Seul un prince mélomane et un peu fou pouvait le sauver. Le miracle arriva le 3 mai 1864 en la personne d'un messager du cabinet royal de Pfistermeister, qui alla trouver Wagner à Stuttgart et lui offrit un portrait photographique, un rubis monté en bague et un message oral du roi de Bavière – une déclaration d'amour au compositeur et à son art.

Sauvé. Le soir même, Wagner était à Munich. Dès la première entrevue avec Louis II, il comprit : «Il m'aime avec la sincérité et l'ardeur du premier amour : il connaît et sait tout de moi, et me comprend comme mon âme. Il veut que je reste toujours près de lui, travailler, me détendre, jouer mes œuvres; il veut me donner tout ce dont j'ai besoin», écrivit-il à son amie Eliza Wille. C'était bien d'amour qu'il s'agissait. L'amour passionnel d'un être vénéré, à qui Louis promit tout, et, en tant que roi, pouvait tout donner. «Je veux chasser pour toujours de votre tête les petits soucis de la vie quotidienne, je veux vous offrir le calme nécessaire, pour que votre art bienheureux puisse développer les oscillations puissantes de votre génie sans être perturbé!» Louis, exalté par la présence de Wagner, s'enfonçait avec délice dans la folie. Il devenait un héros wagnérien, guidé par l'absolu d'une passion amoureuse. Wagner sut parfaitement manœuvrer le jeune roi, lui soutirer des quantités d'argent considérables et, plus tard, lui faire bâtir un panthéon pour son œuvre, à Bayreuth. Le compositeur jouait avec le désir de Louis. Il devait incarner à tout prix dans l'esprit du roi l'espoir d'un amour, spirituel et chaste. «La plus haute possibilité de l'amour», l'amour entre hommes, écrivit-il à Louis, sans y croire.

Dans les premiers jours de l'année 1867, alors que Wagner, sous la pression des ministres, avait été éloigné de la cour, la surprise de l'annonce des fiançailles de Louis II avec Sophie Charlotte fut totale. À travers elle, Louis retrouvait Sissi mais plus encore Wagner, car la jeune femme, fidèle aux devoirs de son rang, jouait admirablement du piano; elle avait aussi, dit-on, une jolie voix. Louis II, qui ne l'effleura jamais, la prénommait Sophie Elsa, du nom de l'héroïne de *Lohengrin*. Un temps intriguée, elle en eut bientôt assez de n'être qu'une évocation fantasmagorique du grand homme. Le carrosse et la couronne furent choisis avec soin, mais le roi trouvait tous les prétextes possibles afin de repousser le jour de l'union.

La perspective de partager la couche d'une femme, de sentir sa peau, d'échanger un baiser, tout cela lui était insupportable. Il n'est que d'observer les photos du couple prises par Frantz Hanfstaengl, le père d'Edgar, pour mesurer la supercherie. Polie et délicate, Sophie contemple l'objectif, tandis que le regard de Louis II se dérobe, rêvant d'ailleurs.

Visconti se trompe : *Ludwig ou le Crépuscule des dieux* décrit Sophie Charlotte folle d'amour, puis éperdue de tristesse quand elle se rend compte que Louis ne l'aime pas et dérive désespérément loin d'elle. Le cinéaste ignore sa folle passion pour Edgar, qui lui apportait régulièrement, au palais, les clichés pris par son père. Le messager devint le message. Visconti ne pouvait pas savoir : le film sortit au cinéma sept ans avant qu'Erna Hanfstaengl, à quatre-vingt-quinze ans, ne se décide à montrer les lettres d'amour que Sophie Charlotte avait envoyées à son père. La vieille dame choisit avec grand soin celui qui les verrait et qui les dévoilerait, Heinz Gebhardt, un photographe passionné par la cour de Louis II. Elle ne lui en montra que des photocopies. Les lettres originales furent finalement brûlées, conformément au vœu de son père.

En octobre 1867, le père de Sophie Charlotte en eut assez d'attendre les noces que Louis ne cessait de repousser, et fixa un ultimatum. Celui-ci donna au roi le prétexte qu'il attendait pour rompre définitivement les fiançailles. Le mariage annulé, Edgar dut s'éloigner. Il ne fallait pas ajouter du scandale au scandale. Pendant quinze ans, Edgar se réfugia dans le travail, faisant fructifier l'affaire familiale que son père lui avait léguée. Et ce n'est qu'à l'âge de quarante ans qu'il décida de prendre une épouse. Il rencontra Katharine dans la maison familiale de Dresde où il se rendait régulièrement afin d'y photographier Richard Wagner et Franz Liszt. L'histoire ne dit pas si le premier, qui avait souvent croisé Edgar à la cour de Louis II, connaissait son secret.

Quant à Sophie Charlotte, le cœur plein de larmes, elle finit par se trouver un mari de son rang, qui fit d'elle la duchesse d'Alençon. Trente ans plus tard, elle disparut dans les débris du Bazar de la Charité, détruit par les flammes. Sans ses dents, on ne l'aurait jamais identifiée.

Edgar s'est perdu dans les limbes de l'Histoire, qui s'encombre rarement des simples figurants. Quant à Sophie Charlotte et Putzi, il faut se les représenter exécutant au piano l'un et l'autre, à plus d'un demi-siècle de distance, des mouvements wagnériens, pour le bon plaisir d'un souverain et d'un aspirant souverain qui avaient fait de l'œuvre de Wagner leur destin, l'horizon de leur existence. Il est entre eux des liens puissants, quoique invisibles à qui ne s'y arrête pas.

Étrangement, sous la plume des grands biographes d'Hitler – Kershaw, Longerich, Ullrich –, on ne trouve pas un mot sur Louis II. Seuls les artistes semblent avoir perçu le lien menant de l'un à l'autre. Deux cinéastes se sont intéressés successivement aux deux personnages. Luchino Visconti a exploré d'abord les entrailles du nazisme, dans *Les Damnés* (1969), puis la folie de Louis II, dans *Ludwig ou le Crépuscule des dieux* (1972). Hans-Jürgen Syberberg, lui, a fait le chemin inverse, allant du roi de Bavière, dans *Ludwig, requiem pour un roi vierge* (1972), à Hitler, dans *Hitler, un film d'Allemagne* (1977). Puis Syberberg a poursuivi son introspection de la nation allemande, avec un long entretien de Winifred Wagner et une version de *Parsifal.*

Au fond, Hitler se rêvait en Louis II, sans la folie peut-être, ni la sexualité sans doute. Et Wagner, déçu de ne pas trouver dans le jeune roi de Bavière l'unificateur de la nation, et donc de la race allemande, trouva post mortem en Hitler ce messie. En 1923, lors de sa rencontre avec les Wagner, Hitler fit une promesse à Winifred et Siegfried, après avoir passé un moment devant le tombeau de Richard Wagner : « Si j'ai un jour des responsabilités, je vous assure que *Parsifal* reviendra à Bayreuth. » Le désir de Wagner de ne jamais voir jouer son opéra ailleurs que dans son écrin originel avait été trahi : depuis le 1er janvier 1914, *Parsifal* appartenait au monde entier. Le 31 décembre 1913, quelques minutes avant minuit, les premières notes du prélude de l'opéra avaient résonné dans plusieurs villes d'Allemagne et d'Europe. Il en coûtait trop d'attendre la nouvelle année quand, légalement, la famille Wagner ne pourrait plus s'opposer à ce que l'œuvre soit représentée ailleurs qu'au palais des festivals de Bayreuth, inauguré en 1876 grâce à l'argent de Louis.

Hitler mit dix ans à arriver au pouvoir. En 1933, alors qu'il évoquait à nouveau cette promesse, désormais à sa portée, Winifred s'y opposa. Non que l'idée lui déplût, bien au contraire. Mais elle savait qu'Hitler ne pourrait interdire *Parsifal* qu'en Allemagne. Ailleurs en Europe, rien n'empêcherait les représentations.

Tandis que j'écoute Winifred rapporter cet échange, en 1978, devant la caméra faussement charmée de Syberberg, une pensée terrifiante me traverse. Une folle hypothèse. Et si Hitler avait conquis l'Europe dans le seul but de réaliser sa promesse, et de réparer la trahison infligée à Wagner ? « Semble convaincant », tel est le message qui s'affiche sur l'écran de mon téléphone. C'est Hans-Jürgen Syberberg, avec qui j'échange régulièrement de brefs messages, souvent en anglais, parfois en allemand. Lui que je considère comme le plus fin connaisseur de la psyché d'Hitler et des Allemands de l'époque paraît valider mon hypothèse. « C'est possible. » Plus tard, je découvrirai que Wilhelm Stapel, antisémite viscéral et proche des nazis, avait qualifié dans les années 1930 l'Allemagne nazie de « peuple-Parsifal ».

Putzi, son piano, Wagner, Louis II, Sophie Charlotte, Visconti, Syberberg, tout se télescope et, comme les mikados lâchés à quelques centimètres de la table, semble dessiner une figure. « Sur *Parsifal*, je bâtis ma religion », affirma un jour Hitler.

À la fin des années 1920, Putzi entra dans l'un de ces moments creux qui font aussi une existence. Les ambitions politiques laissèrent la place aux heures passées dans les bibliothèques et à la thèse d'histoire, consacrée à la Bavière et aux Provinces-Unies au XVIIIe siècle. Il aurait bientôt quarante ans, et son titre de docteur en bandoulière. Lui qui ne supportait pas les voitures continuait de se promener fièrement dans Munich sur le vélo hérité de son père. Il s'apprêtait à vivre une vie d'intellectuel, et pourquoi pas enseigner à l'université, écrire quelques livres tout en poursuivant son activité dans l'entreprise familiale malgré les réticences de son frère aîné, qui faisait tout pour être seul maître à bord. Leur père avait été très clair à ce sujet : Putzi devait développer l'affaire aux États-Unis, et Edgar devait demeurer le patron de l'entreprise Hanfstaengl. « Tu n'as même pas su conserver notre affaire en Amérique, Putzi. Tu auras des sous, mais laisse-moi gérer tout cela, contente-toi de tes relations politiques, de ton piano et de tes livres. » Le géant regarda ses pieds. Son frère n'avait-il pas raison ?

Putzi était doué, pourtant. Au début de l'année 1928, il

avait obtenu du Louvre l'autorisation de photographier les chefs-d'œuvre de la collection. Jusqu'alors, le musée n'avait accordé un tel honneur qu'à Braun, un éditeur d'art alsacien qui disposa longtemps d'un contrat d'exclusivité avec les Musées nationaux français. Qui plus est, Henri Verne, l'administrateur du Louvre, avait permis aux photographes de Putzi de s'installer dans un petit atelier sous les combles du musée, tant et si bien que chaque jour des ouvriers français décrochaient délicatement les tableaux de leur cimaise pour les apporter aux Allemands. Une décennie plus tard, les mêmes ouvriers referaient les mêmes gestes, mais cette fois pour éviter que ces œuvres ne deviennent des trésors de guerre allemands.

Putzi aimait se rendre à Paris parce qu'il y goûtait à nouveau l'esprit du New York d'avant-guerre. Cet autre destin raté. Il revit notamment Djuna, qui était devenue l'une des figures de ce Paris américain. Elle fréquentait assidûment Sylvia Beach, qui avait ouvert la librairie Shakespeare and Company, la journaliste Janet Flanner, l'écrivaine Gertrude Stein, et vivait un amour orageux et lesbien avec Thelma Wood. Le beau succès du roman *Ryder* avait permis à Djuna d'acheter un grand appartement au 9 de la rue Saint-Romain dans le VIe arrondissement. C'est là, probablement, que Putzi passa quelques soirées au gré de ses séjours parisiens. Mais de l'amour passé il ne restait plus rien qu'une tendresse empreinte de nostalgie – la nostalgie d'un monde à jamais perdu.

Le Noël passé en famille quatre ans plus tôt avec Hitler lui semblait bien loin. D'autres avaient désormais les préférences du Führer : Rosenberg, qu'il haïssait du plus profond de son âme, ou Rudolf Hess, compagnon de la première heure d'Hitler dont il était rapidement devenu le secrétaire particulier : les deux hommes s'étaient rencontrés pendant la guerre, au printemps 1918. Hess avait peut-être même combattu en France au côté d'Egon, se disait Putzi. Hess n'avait été libéré qu'en 1926 de la prison de Landsberg où il avait été incarcéré en même temps qu'Hitler après le putsch de la Brasserie. Les deux hommes avaient travaillé ensemble à l'élaboration du premier tome de *Mein Kampf*. Ils se tutoyaient et, selon certains, furent peut-être amants. Clairement, Putzi ne faisait pas le poids. Ces maudites tranchées, il n'y avait pas mis un pied, mais c'était comme s'il y était resté coincé, englué. Il n'en sortirait jamais.

À cette époque, cependant, Putzi n'avait pas disparu du cercle hitlérien. Sa villa restait un lieu de rassemblement commode et confortable. Et l'hôte avait la conversation facile, ainsi qu'un Steinway prompt à transformer le salon en paysage wagnérien. Göring fréquentait depuis quelques années déjà la maison des Hanfstaengl. Bien qu'il ne fût pas un intellectuel, le commandant des S.A. trouvait grâce aux yeux de Putzi parce que, au moment de leur rencontre, il était inscrit à l'université de Munich pour y suivre les cours de Karl Alexander von Müller sur la guerre de libération de l'Allemagne contre Napoléon. Un homme qui passait volontairement des heures à écouter un grand professeur, qui plus est nationaliste, méritait considération. Parmi les convives rassemblés autour d'Hitler figuraient aussi Hermann Esser et un nouveau venu, boiteux et manigancer, Joseph Goebbels. Quant à Putzi, il continuait de donner son avis sur la stratégie à suivre, plaidait encore et encore pour un rapprochement avec les États-Unis, son idée fixe, et s'était mis en tête d'enseigner l'anglais à Hitler.

En vain, évidemment. Hitler ne voulait rien changer, c'en était désespérant. Ni apprendre à danser la valse, ni se raser la moustache. Putzi n'essuyait que des refus.

Des années 1920, on glissait lentement vers la décennie suivante, et le parti nazi peinait à retrouver l'enthousiasme des débuts. Si Hitler était parvenu à le réunifier sous sa coupe en 1926, les résultats électoraux furent décevants ; lors des élections générales de 1928, il n'obtint que huit cent mille voix. Göring était devenu député et conseilla à Putzi de tout faire pour le rejoindre au Reichstag lors d'une prochaine élection. Putzi, qui adorait les honneurs, y songea un instant, sur le quai de la gare où il avait accompagné Göring en route pour la capitale. Mais il fallait se rendre à l'évidence : il n'y croyait plus. Il avait participé activement à la frénésie des débuts, connu les cris, les discours, les coups de poing, le putsch, mais paraissait désormais devoir assister en spectateur à la déliquescence de ses espoirs. Nul ne prêtait plus attention à Adolf Hitler et à son mouvement. Certes, douze nazis entraient au Reichstag ; mais Goebbels avait beau déclarer qu'ils y entraient « comme des loups dans la bergerie », cela n'impressionnait ni n'inquiétait personne.

Au mois de juillet 1929, alors que Putzi était à Paris lors de l'un de ses nombreux séjours dans les combles du Louvre, sa femme l'appela au chevet de leur fille souffrante. Il se précipita à la gare de l'Est et sauta dans le premier train pour Munich. La chaleur était étouffante. Le trajet lui sembla durer une éternité. Il maudissait Hitler. Face aux paysages défilant dans le fracas du train qui fendait les Vosges en deux, pour la première fois il éprouva de la colère à l'endroit de cet homme pour qui il avait été prêt à tous les sacrifices. Car il en était persuadé, c'est Hitler qui avait porté malheur à sa petite Hertha adorée. Elle venait d'avoir cinq ans et souffrait de la maladie d'Hirschsprung, une maladie génétique rare dont on ne savait alors rien, sinon qu'elle affectait gravement le fonctionnement de l'intestin et condamnait l'enfant à plus ou moins brève échéance. Putzi était dévasté. Helene était enceinte lorsque Hitler avait débarqué en pleine nuit, blessé, après le putsch de la Brasserie : le stress de la mère avait entraîné la maladie grave de la fille, il en était sûr.

À mesure que le train approchait de Munich, cependant, son courroux changea de cible. «À moins que ce ne soit pas le H d'Hitler, mais celui d'Helene, qui est à l'origine de cette malédiction… Après tout, c'est elle qui a imposé le prénom Hertha et rompu la tradition ! Et maintenant, nous en payons le prix fort ! »

Quand Putzi ouvrit la porte de la maison de Munich où flottait l'ombre de la petite fille, sa colère retomba.

Helene était brisée. En la voyant, le cœur de Putzi se serra. « On ne meurt pas à dix ans, ce n'est pas possible », répétait-elle en pleurant. L'issue était certaine, les médecins n'avaient jamais laissé naître de faux espoirs. Mais Helene n'était pas prête. L'est-on jamais ? La fillette ne pesait plus que dix kilos lorsqu'elle s'éteignit. Sa mère ne se remit jamais de ce drame. Afin de la distraire, et parce qu'il était profondément ému de la voir ainsi, Putzi l'emmena à Paris et à Londres où ils passèrent du temps dans les musées et galeries à la recherche de tableaux que l'entreprise Hanfstaengl pourrait reproduire. Mais dans les longues allées marbrées, ce n'étaient que deux ombres silencieuses, chacune à sa peine, qui naviguaient d'œuvre en œuvre.

De retour à Munich, Putzi composa pour sa petite Hertha une marche funèbre, qu'Hitler trouva sublime.

À la fin des années 1920, le parti nazi renaissait de ses cendres. D'abord dans l'ombre, malgré la présence de vingt-cinq mille S.A. lors du rassemblement du parti à Nuremberg au début du mois d'août 1929. Quand Goebbels reprocha à Putzi, qui s'y était rendu, son air lugubre et son manque d'enthousiasme, celui-ci lui rétorqua qu'il venait d'enterrer sa fille. Exceptionnellement, Goebbels bafouilla quelques excuses avant de s'éloigner. Mais Putzi savait à quoi s'en tenir. Le boiteux, qui ne supportait pas de voir rôder autour d'Hitler ses vieux compagnons, n'hésiterait pas à l'éliminer, le moment venu. Putzi, qui avait étudié les phénomènes de cour, n'était ni surpris ni choqué. Tout au plus sur ses gardes.

À l'automne 1929, la crise économique offrit aux nazis le terreau fertile dont leur rhétorique victimaire avait besoin. Les dollars promis par les Américains dans le cadre du plan Young s'envolèrent dans le krach de Wall Street. La république de Weimar ne tenait qu'à un fil. Le pays s'apprêtait à entrer dans un long hiver.

Mais avant même que le Führer eût pleinement saisi l'opportunité historique qui se présentait, les journalistes étrangers commencèrent à s'intéresser à lui. Putzi lui apparut alors comme l'homme de la situation. Il connaissait tout le petit monde des correspondants à Berlin, il ferait l'affaire. Un claquement de doigts, et Putzi accourut, le cœur battant.

Il oublia ses griefs.

La vie l'appelait.

En décembre 1929, il traita sa première demande. En Allemagne, l'Américain Karl Henry von Wiegand était comme chez lui. D'origine allemande, il connaissait sur le bout des doigts les subtilités de la vie politique locale. N'avait-il pas été le premier journaliste américain à interviewer Adolf Hitler un an plus tôt? Dans les colonnes du *New York American*, il décrivait Hitler comme «un homme du peuple [...] plein d'énergie contrôlée», «un organisateur de génie», ou encore un «Mussolini allemand», «l'ombre d'un fascisme naissant en Allemagne». Putzi, qui l'avait connu à New York et avait rendu possible sa rencontre avec Hitler, s'était félicité de cet article prometteur. Tout au plus s'agaça-t-il de l'allusion aux «traits finement ciselés» et au «teint si remarquablement délicat que beaucoup de femmes seraient fières de le posséder». Mais que l'on parlât d'Hitler en Amérique était déjà une bonne chose.

En cette fin décembre 1929, Karl von Wiegand fit le voyage de Berlin à Munich pour y rencontrer à nouveau le Führer. Les bons scores obtenus par les nazis lors des élections provinciales étaient un signe évident de son ascension. Le journaliste en était persuadé, les étoiles s'alignaient, on allait bientôt reparler d'Hitler. Ce dernier fit appeler Putzi. L'entretien serait important. Les organes de presse proches du parti auxquels Hitler avait donné une série d'interviews ne réclamaient aucune préparation particulière; mais là l'audience serait internationale, et l'enjeu de taille. À son grand plaisir, Putzi retrouva l'intimité du Führer et les longues heures à discuter de politique étrangère.

C'était à nouveau décembre, Noël, les rues enneigées; à nouveau la complicité. Putzi était sur un nuage, Hitler avait besoin de lui. *Surtout, il ne faut pas effrayer le monde,* mein Führer. *Le pouvoir est à notre portée.*

L'article de Wiegand parut dans le *New York American* du 5 janvier 1930. Hitler se voulait en effet apaisant. Les nazis ne parviendraient au pouvoir que par des moyens légaux. La révolution violente appartenait au passé, aux bolcheviques qu'il ciblait tout particulièrement. La menace était rouge, il en était le rempart, tel était le message qu'il souhaitait adresser aux Américains. Putzi avait fait passer son mot d'ordre : flatter les États-Unis et leur tendre la main. Hitler vanta la Constitution américaine, laquelle offrait une stabilité qui échappait à la république de Weimar ; il défendit enfin l'idée d'une alliance, ou d'une coopération, entre l'Allemagne, le Royaume-Uni et les États-Unis. Même si Hitler n'en croyait pas un traître mot, Putzi était aux anges. Il avait retrouvé sa place auprès du Führer, peut-être même dans son cœur. Rien d'autre n'avait d'importance, pas même, au fond, l'idée qu'Hitler pouvait être responsable de la mort de la petite Hertha.

L'Histoire était là, à portée de main.

Le mois de septembre 1930 scella provisoirement le sort de Putzi. *De Marlborough à Mirabeau*, son livre consacré aux relations entre l'Amérique et l'Europe, venait de sortir, et une carrière d'historien lui tendait les bras. Les projets s'amoncelaient, dont un ouvrage sur Louis II de Bavière. Une vie dans les livres, voilà qui était tentant pour cet homme de grande culture.

Au même moment se tinrent les élections générales. De douze, les députés nazis passèrent à cent sept. Le parti nazi devint le deuxième du pays : près de six millions et demi d'Allemands avaient voté en sa faveur.

Wiegand avait eu le nez creux. Putzi fut aspiré par son destin.

Il revint en grâce, mais sa haine envers Rosenberg causa quelques hésitations. Six mois après avoir repris du service, il fit mine de claquer la porte. Lui qui rêvait d'être en charge de la politique étrangère avait vu Hitler la confier à ce « Balte » sans éducation qu'il vomissait. À la fin de l'année 1930, Rosenberg publia *Le Mythe du XXe siècle*, fatras idéologique aux thèses racialistes très inspirées de celles de Chamberlain, et moqué par les nazis eux-mêmes qui, quoi qu'on en dise, préféraient pourtant de loin l'action à la réflexion. Hitler se montra néanmoins intéressé par ce texte, ce qui déclencha l'ire de Putzi. « Ce Rosenberg de malheur n'a même pas la boue des tranchées à m'opposer, il est inacceptable qu'il se mette en travers de ma route ! » L'un et l'autre n'avaient en effet débarqué en Allemagne qu'au lendemain de la Première Guerre mondiale ; et ils auraient pu s'entendre. Tous deux voyaient dans l'U.R.S.S. de Staline le principal danger pour l'Allemagne et défendaient un axe Berlin-Londres-Washington, seul capable de faire face à l'impérialisme bolchevique.

Mais là s'arrêtait la comparaison. La bonhomie et le dilettantisme de Putzi tranchaient avec la rigidité de Rosenberg, son regard sombre, ses lèvres et son sourire pincés. Il avait grandi au sein d'une famille allemande, mais en Estonie, à l'époque dans l'Empire russe. Fuyant la révolution bolchevique, il s'était installé à Berlin, puis à Munich en 1919. Diplômé d'architecture, il avait acquis seul une culture historique et littéraire que Putzi, lui, avait héritée de sa famille et entretenue à Harvard. Il voyait en Rosenberg un parvenu, un autodidacte confus, et plus encore un rival. En témoignent ses notes, glanées dans ses archives :

> Rosenberg n'est pas un homme de conscience, pas même un homme de science.
>
> Rosenberg veut tout ramener à lui, tout s'approprier [...]. Il ne sert pas une grande idée mais se sert d'elle à des fins personnelles d'agitateur.
>
> La philosophie rosenbergienne faite de mots coups de poing n'a *rien* de ce que l'on pourrait qualifier de souplesse intellectuelle.
>
> Avec le *Mythe*, on remplit des salles, mais on ne comble pas la vie.

Seule la jalousie nourrit une telle rancœur. Comment Hitler pouvait-il être attiré par cet homme sans éducation ? Putzi méprisait Rosenberg, ainsi que tous les nazis dont l'instinct primait sur le savoir, la bestialité sur la culture. C'est pour cela qu'il n'avait pas pris, comme les autres, sa carte du parti nazi au début des années 1920. Il se pensait différent d'eux, et, à bien des égards, il l'était.

En novembre 1931, cependant, il ravala les promesses qu'il s'était faites. Lui qui se voyait comme un électron libre mit un terme à cette illusion en prenant enfin sa carte du parti. Son regard s'arrêta sur son numéro, 668027. Un numéro d'anonyme, songea-t-il, regrettant de ne pas s'être inscrit plus tôt. Mais qu'importe.

Putzi devint alors, aux yeux du monde, un nazi.

« Putzi, il me faut un entretien avec Hitler. *Cosmopolitan* est prêt à mettre le prix. Je suis à Berlin, à l'hôtel Adlon. Rappelez-moi, c'est assez urgent. »

Putzi la savait audacieuse. Huit ans plus tôt, en novembre 1923, la journaliste américaine Dorothy Thompson ne s'était-elle pas précipitée à Uffing dans la maison de campagne des Hanfstaengl après avoir appris qu'Hitler s'y était réfugié, blessé ? Elle était arrivée trop tard, la police l'avait précédée. Par la suite, elle avait cherché à le rencontrer en prison, puis encore ailleurs. Mais toujours en vain, si bien que sa frustration s'était changée en résignation.

Dorothy Thompson dirigeait le bureau de Berlin du *New York Post*. Elle honnissait les fascistes et l'ordre racial et moral qu'ils défendaient, mais Putzi la respectait. Elle ne serait pas comme tous les autres vautours, qui en ce mois de novembre 1931 les harcelaient de questions sur Geli Raubal, la grande affaire du moment. La jeune femme s'était suicidée deux mois plus tôt, après avoir passé six ans auprès de son oncle, Adolf Hitler, qui l'avait pour ainsi dire coupée du monde, éloignée de ses amis et de son amant, Emil Maurice, le chauffeur du Führer, qui en perdit son emploi. Certains évoquaient une emprise psychique devenue insupportable pour Geli. D'autres des violences physiques, une domination sexuelle. Mais le mystère de cette relation ne fut jamais éclairci. Après le suicide, la porte de la chambre de Geli avait été condamnée sur l'ordre d'Hitler, après qu'on y eut installé un buste de la jeune fille, commandé à un sculpteur de Munich. Hitler avait bâti un mausolée que personne ne pourrait jamais visiter. Aucune question sur Geli. Putzi y veillait. Cela tombait bien : seule la politique intéressait Dorothy Thompson.

Putzi la rappela dès qu'il eut son message. Elle n'était pas de celles que l'on fait patienter des jours et des jours. Dorothy Thompson était un grand nom du journalisme américain : son audace lui avait valu de décrocher, au début des années 1920, le dernier entretien de Terence MacSwiney, le leader du parti indépendantiste irlandais (le Sinn Féin), qui allait bientôt mourir d'une grève de la faim entamée en prison. Puis, déguisée en infirmière de la Croix-Rouge, elle avait réussi à rencontrer le dernier roi de Hongrie, Charles Ier, qui échafaudait alors de savants plans pour restaurer la monarchie.

Parce que c'était elle, et parce que le parti avait besoin d'argent, afin d'affronter les échéances électorales qui se profilaient et de louer à l'année l'étage du luxueux hôtel Kaiserhof au centre de Berlin, Putzi accepta de la voir. Il l'ignorait, mais Dorothy, en le rejoignant, avait croisé incidemment l'éditeur new-yorkais John Farrar, qui s'était montré très intéressé par la perspective d'un livre sur Hitler, si elle parvenait à décrocher un entretien.

Putzi se dirigea vers Dorothy dans le hall de l'hôtel Adlon où ils avaient rendez-vous. Brune, cheveux courts, déterminée, l'image d'Épinal de la féministe née à l'époque victorienne et bien décidée à faire sa place. Elle réprima un sourire lorsqu'il hurla son prénom à travers le hall, sans se soucier des autres clients. « Un type agité, amusant, le plus étrange responsable de la presse que l'on pourrait imaginer pour un dictateur. Immense, agité, un clown incohérent », écrirait-elle de lui quelques années plus tard. Face à ce géant qui ne cessait de parler, elle se contentait de sourire. Il s'était renseigné, savait qu'elle avait divorcé, qu'elle s'était remariée avec l'écrivain américain Sinclair Lewis et qu'elle multipliait les allers-retours entre l'Europe et les États-Unis. « Et New York ? Comment va ce bon vieux New York ? » Il était comme un poisson dans l'eau. C'était le genre de femme avec qui il aurait pu faire sa vie, songea-t-il. Puis d'un coup, il se mit à parler d'argent. « Combien proposez-vous pour cet entretien avec Hitler ? C'est cher, vous savez, tout le monde veut le voir. J'ai un nombre incroyable de demandes, et du monde entier ! » Il éclata d'un rire aigu, qui amusa Dorothy : « Mais, mon cher, la vérité c'est que c'est vous la célébrité ! Tout le monde veut parler à Putzi ! » Puis elle lui rappela l'intérêt que portaient les Américains à son patron.

Putzi en avait assez entendu. Il se leva d'un bond et, prétextant une affaire urgente, prit congé en maintenant le suspense sur la possibilité d'un entretien avec Hitler. Il adorait se donner de l'importance. Cette position l'enchantait. Tout en négociant des sommes dont certains au sein du parti craignaient qu'elles ne finissent directement dans sa poche, il séduisait au passage telle ou telle jolie journaliste.

Quelques jours plus tard, au début du mois de décembre 1931, Dorothy Thompson reçut un message du secrétariat de Putzi. Elle était attendue le lendemain à l'hôtel Kaiserhof pour y rencontrer Hitler. Peu avant, le Führer avait discrètement retrouvé dans sa suite une délégation d'industriels parmi les plus importants du pays. Les journalistes n'étaient pas les seuls à vouloir approcher l'homme dont tout le monde parlait. Et un an plus tard, devant ce même hôtel, se rassembleraient sur les trottoirs des dizaines de journalistes et des milliers de militants hurlant «*Heil*» à gorge déployée et chantant le *Horst-Wessel-Lied*, hymne du mouvement, en espérant apercevoir le grand homme, «chef naziste» selon la presse française, occupé à négocier sa prise de pouvoir.

Dorothy Thompson attendait donc Hitler qui, comme à son habitude, était en retard. Il n'y avait rien d'autre à faire que de patienter, dans la chambre de Putzi, dont la logorrhée devint bientôt insupportable. La journaliste feignait de relire ses notes pour qu'il cesse son interminable monologue sur les mérites comparés du vélo et de la voiture, de Yale et d'Harvard, de Wagner et de Beethoven. Putzi jouissait de son pouvoir, en réalité limité – à l'époque, il partageait son petit bureau avec Otto Dietrich, le chef de la presse, et n'avait aucune équipe sous ses ordres.

Le Führer la reçut avec une heure de retard, et le moins que l'on puisse dire, c'est que l'entrevue n'impressionna pas favorablement Dorothy Thompson. «Quand, finalement, j'ai pu entrer dans la suite d'Adolf Hitler à l'hôtel Kaiserhof, j'étais persuadée que j'allais rencontrer le futur dictateur de l'Allemagne. En quelque chose comme moins de cinquante secondes, j'étais presque sûre que je m'étais trompée. C'est le temps qu'il me fallut pour mesurer l'effrayante insignifiance de cet homme qui rendait le monde si nerveux.» Le corps d'Hitler n'était pas celui d'un dictateur en puissance. Elle le décrivit comme «informe, presque sans visage, un squelette sans os, juste du cartilage». Elle lui reconnut toutefois un regard perçant et la douceur presque féminine qu'ont parfois les Autrichiens. Comme le ferait plus tard Norman Mailer avec Richard Nixon, elle n'écoutait pas les mots d'Hitler, mais épiait ses gestes et ses failles. Sa sentence fut sans appel : «la tragédie d'Hitler est qu'il est monté trop haut»; sa prédiction pleine d'assurance : «si Hitler parvient un jour au pouvoir, il ne frappera que le plus faible de ses ennemis». Elle en sortit avec la certitude qu'il fallait s'intéresser à d'autres hommes politiques. Sans surprise, l'aventure allemande de Dorothy Thompson ne résisterait pas à l'arrivée d'Hitler au pouvoir : en août 1934, elle serait expulsée d'Allemagne et repartirait vivre aux États-Unis.

Le succès du petit livre qu'elle publia dès le début de l'année 1932 aux éditions Farrar & Rinehart sous le titre *I Saw Hitler* faillit coûter cher à Putzi, dont la place suscitait déjà au sein du parti jalousie, moquerie et incompréhension. Après tout, sa responsabilité était engagée, puisqu'il avait rendu cette rencontre possible. Avec Rosenberg, Kurt Lüdecke, qui fréquentait Hitler depuis 1922 et avait donné son âme à la cause dès la première heure, était l'un des principaux adversaires de Putzi. Au moment de la parution du livre, il alla trouver le Führer. Dans ce monde de courtisans, tout était bon pour affaiblir, décrédibiliser, ostraciser un concurrent. Lüdecke lui proposa de lui traduire en allemand le passage dans lequel la journaliste doutait de sa capacité à prendre le pouvoir. Hitler réagit mollement : il était habitué à être ainsi sous-estimé. Déçu d'avoir manqué son effet, Lüdecke précisa que l'auteure était la journaliste américaine que Putzi avait amenée jusqu'à lui. «Ah, Hanfstaengl, encore lui...», maugréa le Führer.

L'épisode ne fut pas sans effet. Pendant plus de six mois, Hitler refusa systématiquement toute entrevue avec un correspondant américain. La position de Putzi se fragilisait dangereusement.

Cependant, dès le mois de février 1932, avec le premier tour de l'élection présidentielle qui s'annonçait, Hitler eut à nouveau besoin de son «Américain». Si Goebbels était à la barre, Putzi apporta sa pierre à l'édifice en important certaines des techniques de communication qu'il avait vues à l'œuvre lors des élections présidentielles américaines. C'est ainsi que des affiches criardes répétant à l'infini le discours antisystème d'Hitler furent placardées à travers le pays, et que le candidat multiplia les meetings, parfois plusieurs le même jour dans des villes différentes.

Après un premier tour décevant, Hitler totalisait onze millions de voix, contre dix-huit millions pour son adversaire, le vieil Hindenburg. Goebbels eut alors l'idée, malgré la réticence d'Hitler, d'affréter un avion afin de réaliser une tournée électorale au-dessus de l'Allemagne – un *Blitzkrieg* électoral, en quelque sorte. Putzi était souvent à bord, satisfait de la tournure très américaine prise par les événements. Son influence fut plus tard confirmée par Sefton Delmer, le chef du bureau du *Daily Express* à Berlin, ami intime du chef de la S.A., Ernst Röhm, et unique journaliste étranger autorisé à accompagner Hitler dans les airs.

Grisé par la place de choix qu'il occupait à nouveau, Putzi se sentait pousser des ailes. Il vivait des semaines haletantes, loin d'un foyer où le reste du temps il s'ennuyait à mourir auprès d'une femme qu'il n'avait jamais aimée. Il se surprenait parfois à regarder Hitler parler, s'agiter, ne rien faire. À contempler l'idole.

Ce jour-là, l'avion d'Hitler venait de se poser. Chez lui, un message téléphonique attendait Putzi. L'opératrice lut les mots que lui avait dictés dans l'après-midi un jeune journaliste anglais en poste à Berlin pour le compte du *Daily Mail*. Putzi le connaissait et l'appréciait. Rares étaient les amitiés gratuites en ces temps politiques. L'attention que lui portait le journaliste tenait aux scoops que Putzi pouvait offrir. Quant au journaliste, les marques de sympathie qu'on lui témoignait devaient tout à son patronyme : Churchill.

Dans son message, Randolph Churchill invitait Putzi et Hitler au Grand Hôtel Continental, l'un des palaces de Munich aujourd'hui disparu, où Thomas Mann et Rainer Maria Rilke avaient leurs habitudes avant la guerre. En temps normal, jamais Putzi ne l'aurait rejoint après cette journée harassante. Mais la présence des parents de Randolph, et plus particulièrement de son père, changea la donne. La perspective d'une rencontre entre Winston Churchill et Adolf Hitler donna un coup de fouet à Putzi. Bien sûr, il viendrait ce soir, dicta-t-il à l'opératrice – qu'on lui laisse juste le temps de prendre un bain.

À peine eut-il raccroché que Putzi fonça au tout récent quartier général du parti nazi. La Maison brune – où s'élève depuis 2015 un bâtiment moderne abritant le centre de documentation sur le nazisme – était alors facilement accessible, et le bureau d'Hitler ne lui était pas encore interdit. Mais la réponse du Führer fut catégorique : il ne viendrait pas. Il trouva des montagnes de prétextes et s'agaça de l'insistance de Putzi : Churchill n'était même plus au pouvoir. C'était vrai ; pourtant l'ancien Premier lord de l'Amirauté demeurait une personnalité incontournable de la vie politique britannique, et sa traversée du désert n'était que provisoire.

La grande alliance anglo-saxonne contre l'ennemi bolchevique dont rêvait Putzi se fracassait sur le tempérament d'Hitler, plus à l'aise devant des foules conquises que face à un homme seul et puissant. Buté, Putzi avait quitté le Führer en lui proposant de les rejoindre pour le café, juste le café. Hitler avait bougonné, et Putzi s'était accroché à ce mince espoir dont il fit part à Randolph avant de se raser, de se glisser dans un bain bouillant, de s'habiller et de se rendre à l'heure dite au Grand Hôtel Continental.

Winston Churchill et sa femme Clementine, accompagnés de leur fils et de plusieurs amis, accueillirent chaleureusement Putzi, qui savait y faire pour amuser une tablée, si prestigieuse fût-elle. Quelques plaisanteries sur des connaissances communes firent l'affaire. Bien vite, on parla politique. Sur le ton de la confidence, Winston Churchill, cigare à la main, glissa à Putzi, son voisin de table : « Mais dites-moi, pourquoi votre chef est-il aussi virulent à l'égard des Juifs ? » Cette question le plongea dans l'embarras et, alors qu'il tentait tant bien que mal d'évoquer les flux migratoires incontrôlés venant d'Europe centrale, il songea finalement que l'absence d'Hitler n'était pas une si mauvaise chose. Sur ce sujet, la position de Churchill était ambivalente. Fervent sioniste de la première heure, il se montrait sévère à l'égard des Juifs qui, par leur « différence », refusaient de s'assimiler. Dans un article qu'il écrivit en 1937, mais que son secrétaire lui conseilla sagement de ne pas publier, Churchill devisait sur les persécutions dont les Juifs étaient victimes dans l'Allemagne nazie depuis quatre ans. Il les dénonçait et appelait les Britanniques à s'y opposer, mais précisait qu'elles n'étaient pas uniquement dues, selon lui, « à la méchanceté des persécuteurs » : « Il se peut en effet qu'involontairement ils invitent à la persécution, qu'ils soient en partie responsables de l'hostilité dont ils souffrent. »

Toujours à voix basse, Churchill poursuivit : « Dites de ma part à votre patron que l'antisémitisme est peut-être un bon cheval de bataille pour démarrer, mais qu'à la longue ça ne paie pas ! » Putzi répondit par un sourire. C'était mieux ainsi. Plus la soirée avançait, plus il bénissait Hitler de ne pas s'être présenté. Dieu sait que celui-ci ne supportait pas les admonestations des étrangers sur son antisémitisme. Il serait à coup sûr monté sur ses grands chevaux et, à la différence des journalistes étrangers qui s'étaient aventurés sur ce sentier escarpé, Churchill n'aurait pas courbé l'échine. Cette rencontre aurait été un carnage.

Plus tard dans la soirée, Putzi reprit espoir. « Dites-moi, que dirait votre chef d'une alliance entre l'Allemagne, la France et la Grande-Bretagne ? » Cognac à la main, cigare aux lèvres, Churchill avait formulé sa question du ton dont on use à l'heure des manigances. À ces mots, Putzi se ravisa. Il prétexta un appel à passer à sa femme et se précipita dans une cabine téléphonique. « *Mein Führer*, je vous en supplie, venez, l'avenir du monde en dépend ! » aurait-il voulu lui dire… Mais Hitler était injoignable.

Alors que Putzi s'apprêtait à rejoindre les autres convives, il vit le Führer sortir de l'hôtel, accompagné d'un riche Néerlandais, un des nombreux financiers discrets du parti, avec lequel il venait sans doute de souper. Winston Churchill n'était qu'à quelques mètres d'Adolf Hitler quand ce dernier s'éclipsa, prétextant un réveil matinal. Putzi était inquiet. Son chef avait-il pu passer inaperçu, avec tous ces miroirs ? Churchill avait-il eu vent de la présence du Führer dans l'hôtel ? Et dans ce cas, quelle piètre image se ferait-il de lui ?

Ayant rejoint le groupe, Putzi se mit au piano, comme à son habitude, pour divertir la galerie. Même si le cœur n'y était pas, chaque fois que le colosse s'installait devant son instrument, lequel paraissait tout petit à côté, l'effet était garanti. On imaginait ses mains s'abattre avec fracas sur les touches du clavier, elles s'y posaient avec la grâce d'un paradisier. La nuit s'avançait, tout le monde l'entoura, la salle résonna de l'air mélancolique d'*Annie Laurie*, qui traduisait si bien l'état d'esprit du pianiste.

Le 16 août 1932, une fois digérée la déception de l'élection présidentielle, Hitler se résigna à s'exprimer de nouveau devant la presse américaine. Le moment était propice. Les résultats des élections générales du 31 juillet étaient bons. Dès qu'ils avaient été proclamés, Hitler était monté à la tribune, hurlant devant ses militants : « Une grande victoire a été remportée ! Le Nationalsozialistische Deutsche Arbeiterpartei est désormais devenu, et de beaucoup, le parti le plus puissant du Reichstag allemand. » Avec deux cent trente députés, les nazis constituaient en effet le groupe parlementaire le plus puissant. Mais pour les observateurs attentifs, le parti plafonnait : la majorité absolue lui était inatteignable, et il était désormais clair qu'il ne parviendrait au pouvoir qu'au prix de marchandages avec les autres groupes. Hitler passa du temps avec Putzi cet été-là. La villa, Helene, le jeune Egon, le piano et Wagner, tout cela apaisait le Führer qui devait prendre de graves décisions. Le pouvoir était à portée de main, songeait-il.

Hitler négocia secrètement, outre son poste de chancelier,

plusieurs ministères de premier plan. Le vieil Hindenburg ne pourrait refuser, pensait-il. Et pourtant, c'est ce qu'il fit. Le chancelier von Papen resterait à la tête d'un gouvernement dans lequel entreraient des nazis. Telle fut la réponse à Hitler : un camouflet. Le poste de vice-chancelier que von Papen lui proposa le 13 août était une humiliation de plus. Il se retira au Berghof, près de Berchtesgaden.

C'est là qu'il signifia à Putzi son désir de parler à des journalistes américains. Il devait restaurer son image. Putzi s'exécuta en toute hâte. Trois correspondants furent convoqués du jour au lendemain : Karl von Wiegand, le vétéran de chez Hearst ; Louis Lochner, le chef du bureau d'Associated Press à Berlin ; et Hans V. Kalterborn, un vieil ami de Putzi avec qui il avait dirigé l'association des Allemands (Deutscher Verein) à Harvard. L'intérêt de la présence de Kalterborn fit débat. Il vivait et travaillait aux États-Unis pour la radio CBS et représentait un risque que seul Putzi mesurait. Contrairement à ses deux confrères, il ne résidait pas en Allemagne et ne risquait pas l'expulsion : sa parole était libre et il comptait bien en profiter pour pousser Hitler dans ses retranchements.

J'ai retrouvé une photographie, prise sur la terrasse d'un hôtel situé non loin de la maison Wachenfeld qu'Hitler louait encore au Berghof. Il l'achèterait l'année suivante grâce aux droits d'auteur de *Mein Kampf*. Lochner et Kalterborn – chauves, l'air grave, costumes gris, nœud papillon pour l'un, cravate pour l'autre – entourent un Putzi affalé et souriant. Wiegand était à ce moment-là avec Hitler, pour un entretien express d'un quart d'heure dont il reviendrait dépité : « Cet homme est déprimant. Il est de pire en pire chaque fois que je le vois. Je n'arrive à rien avec lui. Vous lui posez une question, et il vous répond avec un discours. Ce voyage n'aura été qu'une perte de temps.» Après la photo, les trois hommes se mirent en marche vers le chalet, Kalterborn bien décidé à obtenir des réponses sur le sort des Juifs en Allemagne. Une fois là-bas, il ne laissa ni Lochner ni Wiegand ouvrir la discussion par des politesses. «Pourquoi votre antisémitisme ne fait aucune distinction entre les Juifs qui sont arrivés en Allemagne après la guerre et les nombreuses bonnes familles juives qui sont en Allemagne depuis des générations et des générations?» Hitler s'agaça : «Tous les Juifs sont des étrangers! Qui êtes-vous pour me demander ce que je veux faire des étrangers? Vous, les Américains, vous n'acceptez aucun étranger, sauf s'ils sont riches, bien portants et honnêtes. Qui êtes-vous pour parler de qui doit ou non résider en Allemagne?» Puis, se reprenant : «Les Juifs sont des éléments perturbateurs, des ennemis de l'Allemagne.» La suite de la discussion fut consacrée aux derniers rebondissements politiques et aux moyens dont disposait Hitler pour parvenir au pouvoir.

Putzi était songeur. Sur une photo qu'il prit des trois journalistes entourant un Hitler renfrogné, bras croisés et regard sombre, le seul qui souriait franchement sous sa moustache fournie était Hans V. Kalterborn. Deux jours plus tard, alors qu'il arrivait à Paris, celui-ci reçut un télégramme de Louis Lochner : «Hanfstaengl très inquiet. Vous ne devriez rien télégraphier en Amérique au sujet des propos d'Hitler sur les Juifs.»

Penché sur son livre d'or, il découvrit le petit mot qu'Hitler avait laissé en partant : « Cette année nous appartient, Hanfstaengl. » Putzi ne put s'empêcher de lire cette phrase à haute voix, plusieurs fois. Comme à son habitude, il avait reçu chez lui le Führer et plusieurs dignitaires nazis pour le Nouvel An. Tout ce beau monde sortait de l'Opéra, ils avaient assisté à une représentation des *Maîtres chanteurs de Nuremberg* de Wagner. Parmi les convives, Putzi avait été intrigué par une jeune femme blonde qu'il n'avait encore jamais vue : elle dévorait Hitler des yeux et répondait au nom d'Eva Braun.

Malgré l'heure tardive, Putzi ne trouvait pas le sommeil. Ce « nous » griffonné par Hitler ouvrait l'année 1933 sous les plus favorables auspices.

Tout semblait pourtant perdu à la fin de l'année précédente : lors de nouvelles élections générales début novembre 1932, le parti nazi s'était effondré. Deux millions de voix disparues en quelques mois. Le surlendemain, Franklin Delano Roosevelt devenait le trente-deuxième président des États-Unis. Pour la première fois depuis qu'il s'était installé en Allemagne, Putzi s'était demandé si sa vie n'aurait pas été plus réussie de l'autre côté de l'Atlantique. Hitler était dans une impasse, et Edgar ne voulait plus de lui dans l'entreprise familiale. Toutefois, la démission de von Papen le 17 novembre lui redonna espoir, de même que les discours galvanisants d'Hitler, qui succédaient invariablement aux courtes périodes de déprime. Le Führer était devenu la boussole de son état d'esprit.

Cette période fut décrite par Goebbels comme « une partie d'échecs pour le pouvoir » entre Hitler, les différents partis, et Hindenburg, le président à qui revenait la décision finale de faire ou non du leader nazi le chancelier du pays. Un temps, le parti sembla voler en éclats. Hindenburg avait nommé chancelier Kurt von Schleicher, qui tentait de convaincre Gregor Strasser, idéologue anticapitaliste et l'un des hommes les plus puissants du parti nazi, de rompre avec Hitler et d'entrer au gouvernement ; une soixantaine de députés nazis pouvaient suivre. Putzi avait alors reçu un appel du journaliste Sefton Delmer, avec qui il s'était lié durant la campagne présidentielle. Selon ses informations, Strasser avait accepté l'offre de Schleicher. Putzi en avertit dans l'instant Hitler qui accueillit la nouvelle d'un râle, suivi d'une reprise en main énergique du parti. Strasser avait espéré mettre en échec le roi : il allait se trouver dans la position d'un pion isolé, appelé à disparaître.

Les choses se débloquèrent par l'intermédiaire d'un banquier de Cologne, le baron Kurt von Schröder, fervent supporter d'Hitler et membre actif du cercle Keppler qui réunissait des conseillers économiques au service du Führer. Quatre jours après le Nouvel An, Hitler était à Cologne, au domicile de Schröder, pour y rencontrer von Papen. Putzi suivit de loin ce mois de tractations et de rencontres secrètes. L'intransigeance d'Hitler, qui revendiquait le poste de chancelier ou rien, finit par porter ses fruits. Le 28 janvier, Schleicher démissionna, et après quelques ultimes négociations sur la composition du cabinet, Hindenburg dut se résoudre à nommer Hitler.

Le 30 janvier, Hitler prit le pouvoir.

« Cette année nous appartient, Hanfstaengl », se répéta Putzi, tout à sa joie.

Contrairement à ce qu'il voulut faire croire après la fin de la guerre, Putzi était alors le plus heureux des hommes. Les doutes de novembre avaient fait place aux certitudes de janvier. *Nous*, se répétait-il, *nous, nous, nous.* Il était les hurlements de la foule accompagnant le nouveau chancelier au Kaiserhof; il était les flambeaux brandis dans la nuit glaciale de l'hiver. L'histoire est pleine de ces journées que les contemporains n'ont pas immédiatement perçues comme décisives. Dès le 30 janvier, Putzi fut nommé chef du département de la presse étrangère. Ce n'était pas un poste de ministre, mais c'était un poste stratégique. C'est à Putzi que revenait la responsabilité de donner une bonne image du Führer au monde. Tous les journalistes étrangers devaient désormais officiellement passer par lui pour accéder à Hitler. Il détenait les clés du paradis. Il s'était fait une place dans la machine infernale. Sa place. Jamais loin du cœur, jamais loin du Führer.

Les Juifs étaient effrayés, les communistes aussi. « Ils exagèrent », déclarait Putzi aux journalistes étrangers. Hitler serait modéré dans l'exercice du pouvoir. Sa violence n'était que rhétorique. Maintenant que les nazis étaient aux commandes, les S.A. allaient s'apaiser. Du calme, bonnes gens, n'ayez pas peur…

On n'est jamais sûr du pire. Et l'homme est ainsi fait qu'il lui faut attendre de l'avoir sous les yeux pour le reconnaître.

Les demandes des journalistes étrangers affluaient, plus nombreuses que jamais. *Hanfstaengl, Hanfstaengl, avez-vous vu Hanfstaengl?* Enfin, il était au centre de l'attention. On s'arrachait sa carte de visite, son numéro de téléphone était un trésor que les plus chanceux gardaient par-devers eux. Le misérable bureau de Munich se transforma en un véritable service à Berlin. Deux jeunes secrétaires, dont l'une américaine, et deux adjoints furent embauchés. Putzi s'installa dans une charmante maison non loin de la porte de Brandebourg. Une garçonnière de première classe. Le pouvoir attirait de jolies femmes, et il se murmurait qu'il fallait être très gentille avec lui pour espérer rencontrer le grand homme.

Putzi vivait sa plus belle vie. Il était si libre, si amusant, si entraînant. Toutes les soirées, avec lui, s'achevaient autour du piano. Les diplomates étrangers regardaient avec curiosité ce clown mélomane qui semblait bénéficier de la totale confiance d'Hitler. On se l'arrachait dans les dîners mondains, tant et si bien que George Messersmith, le consul américain à Berlin, écrivit dans son journal, au retour de l'une de ces folles soirées, que Putzi se rendait «là où aucun autre dignitaire nazi n'avait le droit d'aller».

Pour quelque temps encore, son ciel était sans nuage.

Rien n'était trop beau ni trop coûteux à ses yeux. Son salaire n'était que de huit cents marks par mois, mais il dépensait bien plus pour impressionner ses hôtes. Il offrait les meilleures tables, des voyages en première classe, et organisait des fêtes immenses où l'on dansait jusqu'à l'épuisement. Tout cela coûtait cher.

L'une de ses premières dépenses après la prise de pouvoir d'Hitler le rangea définitivement dans le camp des originaux. À la fin du mois d'avril 1933, Louis Lochner organisa chez lui un grand dîner. L'assemblée était plutôt hétéroclite. Outre Putzi, le journaliste américain avait convié des gens qui, habituellement, ne côtoyaient pas les nazis. Parmi eux, accompagné de son épouse, Wilhelm Groener, un petit homme gris au regard triste, qui avait perdu tout pouvoir en quelques jours. Grande figure de la Première Guerre mondiale, il avait contribué à la consolidation de la république de Weimar en lui garantissant le soutien de l'armée. Jusque récemment, il cumulait encore les postes de ministre de l'Intérieur et de la Défense. En avril 1932, avec l'appui du chancelier Brüning, il était parvenu à convaincre le président Hindenburg, à peine réélu, de dissoudre les S.A. : des documents saisis en Prusse prouvaient que ces derniers s'apprêtaient à prendre le pouvoir par la force en cas de victoire électorale d'Hitler. Une cabale organisée par le général von Schleicher et les chefs de l'armée hostiles à cette décision avait abouti au renvoi de Groener, dont la carrière s'était brutalement achevée. Il ne devait pas être ravi de serrer la main d'un dignitaire nazi, fût-ce le plus amusant d'entre eux. À ce même dîner était aussi invité un autre homme de l'ancien monde, Julius Curtius, ancien ministre des Affaires étrangères au visage d'aigle et aux yeux bleu azur, accompagné de son épouse. Le consul général américain Messersmith avait également accepté l'invitation : rompu aux faux-semblants, cet homme, qui avait officié dans de nombreux pays avant d'être nommé à Berlin en 1930, était la caricature du diplomate besogneux; doté d'un solide sens de l'observation, il rédigeait des rapports interminables qui faisaient de lui la risée des services. Putzi, comme la plupart des nazis, lui inspirait des craintes. Dès son arrivée en Allemagne, Messersmith s'était montré inquiet des conséquences de la nomination d'Hitler à la chancellerie. C'est peu dire que ses rapports n'étaient guère pris au sérieux. Un mois après la soirée chez les Lochner, il transmettrait du reste un rapport au Département d'État à Washington, indiquant qu'« à part quelques exceptions les hommes qui dirigent ce gouvernement ont un état d'esprit que ni vous ni moi ne pouvons comprendre. Quelques-uns sont des psychopathes qui ailleurs seraient sous traitement ». Dans son esprit, Putzi en faisait partie.

À ce dîner, Louis Lochner avait également cru bon d'inviter un banquier juif, Curt Sobernheim, ainsi que son épouse Louise, dite Lilli. Deux couples de l'ambassade américaine et plusieurs journalistes complétaient la liste des invités. L'hôte avait tout de même eu la délicatesse de demander à ce petit monde si la présence de Putzi ne les dérangeait pas. Mais la bienséance et l'effet qu'aurait eu une réponse négative dont l'hôte éconduit aurait eu vent expliquaient sa présence. Si Lochner avait invité le chef de la presse étrangère du nouveau pouvoir allemand, c'est qu'il voyait en lui un allié, capable d'apaiser Hitler et de lui offrir un accès au pouvoir.

Ce soir-là, Putzi se présenta dans une tenue pour le moins surprenante. Il l'avait étrennée un peu plus tôt dans la journée à l'hôtel Adlon, où logeait Hamilton Fish Armstrong, le directeur de la rédaction de *Foreign Affairs*, qui venait de décrocher un entretien avec Hitler. Putzi devait le conduire à la chancellerie et, comme souvent, faire l'interprète. Mais, lorsqu'il l'aperçut, Armstrong marqua un temps d'arrêt, hésitant entre impassibilité et rire nerveux. Le compliment qu'il fit à Putzi trahissait une ironie que celui-ci, tout à sa gloire, fut incapable de saisir : «Mais pourquoi, Putzi, ne vous avais-je jamais vu en uniforme? Quelle beauté!» Ce à quoi l'autre répondit, flatté : «Pas mal, n'est-ce pas?» Puis, baissant le ton : «Mais ne le dites à personne, c'est anglais. C'est ça qui fait la différence.»

La même tenue est décrite par les deux hommes dans leurs Mémoires respectifs; le contraste entre les deux versions est frappant. Putzi : «Je pris la liberté de dessiner un uniforme à ma convenance, me fis expédier de Londres un bon métrage de gabardine d'un brun chocolat et me commandai une tunique fort seyante agrémentée de discrètes épaulettes dorées.» Armstrong : «Rien n'allait ensemble dans cette étrange tenue. La tunique, la chemise et le pantalon étaient de couleur brune, mais avec des nuances : olive terne, brun jaunâtre et brun verdâtre.»

C'est donc dans cet accoutrement que Putzi se présenta au domicile des Lochner. Il était en retard. On allait se mettre à table quand le nazi déboula, fier comme Artaban, dans sa nouvelle tenue. L'effet ne se fit pas attendre. Prise de tremblements, Lilli, la femme du banquier, susurra : «La Gestapo...» Pour la première fois de sa vie, Putzi suscitait la terreur. Quelques semaines après ce dîner, les Sobernheim se décidèrent à fuir l'Allemagne. Ils s'installèrent à Paris où ils se pensaient en sécurité. C'est là qu'en juin 1940 ils furent tous deux arrêtés par la Gestapo. Ils moururent ensemble peu après dans des conditions obscures.

Putzi s'excusa de son retard auprès de la maîtresse de maison, rejetant la faute sur son majordome qui n'avait pas préparé à temps son costume, l'obligeant à porter cette tenue militaire. Personne n'en crut un traître mot tant il était évident que Putzi était fier d'être ainsi paré.

La soirée fut finalement un succès. Putzi amusa la galerie comme il savait si bien le faire, au point qu'au moment de prendre congé Messersmith félicita Lochner : « Il devrait y avoir plus de soirées comme celle-ci, cher ami. Vous seuls pouvez les organiser. Peut-être auront-elles une influence positive sur les nazis. » Il avait remarqué que Putzi avait eu une longue discussion apaisée avec Wilhelm Groener et qu'il avait même embrassé Lilli Sobernheim.

Les bonnes dispositions du consul général à l'égard de Putzi furent cependant de courte durée. Quelques jours plus tard, elles se muèrent même en une franche animosité qui éclata au grand jour lors d'un dîner à l'ambassade américaine au cours duquel Messersmith fit remarquer que le comportement du nazi aux mains baladeuses était indigne. Un ange passa. Dans les jours qui suivirent, Putzi prit sa revanche : il s'ingénia à diffuser une rumeur dans tout Berlin. *Messersmith est juif, voilà pourquoi il hait tant le nouveau régime. Juif ! Juif ! Juif !*

Pour nuire. Pour éliminer le gêneur, celui qui voit clair dans son jeu.

Le masque se craquelait.

DISGRÂCE

C'est l'hiver, Munich est glacial et sec. J'ai rendez-vous pour le déjeuner.

D'après le temps de trajet que m'indique mon smartphone, je peux largement faire un détour par Herzogpark. Le taxi me dépose juste devant la villa de Thomas Mann, où je croise un homme, chapeau vissé sur la tête, un chien au bout d'une laisse.

Le quartier m'est désormais familier. Je sais que sur ma gauche, un peu en dévers, coule l'Isar, qu'un chemin le borde, où passent des joggeuses fluorescentes. Je sais aussi que plus loin, soit en longeant le fleuve, soit en prenant Pienzenauerstrasse, je tomberai sur la maison de Putzi. Mais je dois avoir l'air perdu car l'homme qui promène son chien m'avise que la villa juste devant moi est celle où vécut Thomas Mann. Je me retiens de répondre qu'elle ne ressemble plus à ce qu'elle était alors. Je tente ma chance : « Connaissez-vous un certain Putzi ? » Le nom ne lui est pas étranger. « Ah oui, l'ami d'Hitler. Sa famille vit encore là, plus loin », me répond-il en m'indiquant le chemin via Pienzenauerstrasse avant de s'éloigner.

Je prends une photo de la villa de Thomas Mann, qui

me renvoie à cette fameuse nuit de mai 1933. Les nazis sont là, ils festoient dans le grand salon. Ils éructent. Ils n'en reviennent pas d'avoir le pouvoir et, pour s'en assurer, l'éprouvent sans retenue, avec vulgarité et violence. Les livres de la bibliothèque de l'écrivain contraires à l'esprit allemand se consument. Thomas Mann et son épouse Katia sont partis ; ils ont suivi les conseils de leurs enfants Klaus et Erika. Munich grondait contre l'écrivain : il était plus prudent de rester à Arosa, un village d'altitude dans les montagnes des Grisons en Suisse, au fond de la vallée du Schanfigg, où l'hiver s'étire même au cœur du printemps. Suffisamment loin de Davos, que Thomas Mann a rendu célèbre dans *La Montagne magique*, et où grouillent désormais les nazis. Depuis sa maison où il jouait du Wagner, Putzi ne vit pas Thomas Mann quitter la sienne pour toujours.

Avec Hitler au pouvoir, il n'y avait de place que pour un seul Wagner : le sien. En février 1933, lorsque Thomas Mann avait donné quelques conférences à l'occasion du cinquantième anniversaire de la mort du compositeur, il avait osé élever contre Hitler une autre image de Wagner. Un Wagner incarnant le beau XIXe siècle, celui de la liberté, de la justice, de l'éducation, de l'optimisme, à l'opposé de « la barbarie excentrique et de la grossièreté de foire » que représentait selon lui le national-socialisme. Une fronde s'éleva alors contre l'écrivain, venant d'artistes qui, en défendant le Wagner d'Hitler, apportaient leur soutien inconditionnel au nouveau maître de l'Allemagne. Parmi les signataires, certains des compositeurs et chefs d'orchestre les plus reconnus du moment : Hans Knappertsbusch, Siegmund von Hausegger, Hans Pfitzner,

Richard Strauss. Thomas Mann avait eu l'outrecuidance d'« amoindrir le génie musical de Wagner ». Sa peine : l'exil.

En ce printemps 1933, Thomas Mann ignore qu'il ne retournera pas en Allemagne avant juillet 1949, et qu'il ne retrouvera jamais sa villa. Perdre l'intégralité de sa bibliothèque de huit mille livres est impensable, mais ce qui le préoccupe surtout, c'est le manuscrit qu'il a laissé, inachevé, au premier étage, dans son bureau. Les enfants se concertent. Klaus, son fils n'a aucune envie de quitter le sud de la France où il se sent en sécurité. En revanche, un jour de mai, sa fille Erika monte dans sa Ford, traverse les frontières et se rend à Munich, attendant que la nuit tombe pour pénétrer dans sa maison où d'hostiles étrangers cuvent les grands crus pillés dans la cave. Trompant la vigilance de la Gestapo censée surveiller les lieux, Erika gravit discrètement l'escalier, se saisit du manuscrit de *Joseph et ses frères*, puis s'enfuit et rejoint sans dommage la Suisse où ses parents l'attendent.

À quelques pas de là, Putzi dort du sommeil du sage.

Je déambule dans des rues dont j'oublierai le nom. Le quartier est désert.

Une femme âgée attend quelque chose ou quelqu'un de l'autre côté de la rue. À nouveau je tente ma chance, je lui parle de Putzi. Le nom ne lui dit rien, « il faut dire que j'habite dans le quartier depuis une vingtaine d'années seulement, je ne connais pas grand monde ici, je suis souvent en Suisse. Oui, je suis suisse, c'est pour ça que je parle français ». Ma présence dans sa rue en pleine journée l'étonne. Je lui parle de mon rendez-vous du midi, dans le centre-ville, avec un cinéaste, « peut-être le connaissez-vous ? Hans-Jürgen Syberberg ». Lui non plus, elle ne le connaît pas.

Un silence s'installe. «Il est juif?» me demande-t-elle, sans agressivité, calmement, comme si elle m'avait demandé le titre de ses films.

Il est juif?

Le restaurant italien que Syberberg a choisi sur Hochbrückenstrasse est à quarante minutes de marche. Jusqu'au pont Maximilien-Joseph qui enjambe l'Isar, l'air glacial me contracte la poitrine, à moins que ce ne soit cette question qui chemine dans mon corps. *Il est juif?* Sur Widenmayerstrasse, le réel s'invite soudain, me tirant de mes divagations. À ma grande surprise, le nom du grand-père de Putzi, «Frantz Hanfstaengl», s'affiche en larges lettres sculptées au-dessus de la majestueuse entrée d'un immeuble ornée de deux colonnes marbrées néoclassiques. C'est là qu'en 1926 l'entreprise Hanfstaengl a installé ses presses. Une immense usine dans ce nouveau quartier industriel de Munich, à laquelle était associée une galerie sur Karlsplatz en plein centre-ville.

Il n'en reste rien.

J'arrive en avance; bientôt, me voilà attablé et entouré de personnes âgées dont je me demande ce qu'elles ont fait pendant la guerre. L'homme qui approche est un vieillard voûté. Mais lorsqu'il me salue, je suis frappé par le bleu de ses yeux et la jeunesse de son regard. Hans-Jürgen Syberberg a l'âge de se souvenir. Le cadre rococo du restaurant italien s'évapore à mesure qu'il me raconte : il est né en 1935, dans le manoir d'un village de Poméranie occidentale, une région frontalière de la Pologne. Au début de l'adolescence, il a quitté son village natal avec toute sa famille. C'était au lendemain de la Seconde Guerre mondiale. Les communistes divisèrent la maison en appartements. Il me confie qu'il a effectué toutes les démarches pour la récupérer après la réunification. Il n'a rien retrouvé, pas même un morceau de papier peint, une clenche, un interrupteur. Mais la maison, où il vit aujourd'hui, lui a été rendue.

Avant notre rencontre, nous avons échangé quelques e-mails. Il sait que je travaille sur Putzi, sur l'Allemagne nazie, sur Hitler, sur les États-Unis aussi.

Il a préparé son coup.

— J'ai fait tourner Hanfstaengl dans un film sur Louis II de Bavière, c'était au début des années 1970... En 1972... Mais vous en faites une drôle de tête ! Non, ce n'est pas *votre* Hanfstaengl...

— Ce film, je l'ai vu en DVD, vous me l'avez envoyé.

— Mais vous n'aviez pas remarqué qu'il y avait un Hanfstaengl au générique, n'est-ce pas ?

— En effet. (Sentiment d'être pris en faute.) Quel Hanfstaengl, alors ?

— J'avais choisi de donner le rôle du fidèle et dévoué comte Durkheim, l'aide de camp de Louis II, à Eynon Hanfstaengl. (Je dois absolument retrouver les scènes où il apparaît.) Le petit-fils de Putzi – mais ça je ne vous l'apprends pas... (Après un rapide coup d'œil pour s'en assurer, il poursuit.) Je devine ce que vous allez me demander maintenant, cher ami. Oui, je savais très bien qui était son grand-père, avec son passé nazi, quand j'ai choisi Eynon. Et non, je ne l'ai pas choisi pour cela. C'est son air fragile, sa peau presque translucide, sa mélancolie... Tout cela collait parfaitement avec l'image que je me faisais du comte.

Le cinéaste a raison. Eynon Hanfstaengl ne m'est pas inconnu. David Marwell, que j'ai rencontré l'été précédent, chez lui, à côté de Washington, m'a parlé de lui. Je sais qu'il était le fils d'Egon, que son grand-père Putzi l'adorait, et qu'il était bon musicien, violoncelliste. Plus tard, j'ai retrouvé sa trace au sein d'un octuor, un soir de mai 1982 dans le théâtre de Weiden, en Bavière. Certains lui attribuent à tort un prestigieux prix lors du concours international Tchaïkovski de Moscou en 1974. Mais Eynon, pas plus que Putzi, n'était virtuose. Avaient-ils en commun cette secrète blessure ?

Face à moi, David Marwell avait sorti d'un carton une lettre tapée à la machine à écrire, datée de 1987, qu'il m'avait interdit de reproduire. Il avait fait une promesse. Sa confiance m'a touché. Mes yeux ont glissé sur les mots et les ont aussitôt oubliés. Seul m'est resté le souvenir de la douleur d'un père, Egon, de l'amour qu'il portait à son fils et qu'il lui porterait toujours. Du mal-être profond, aussi, auquel Eynon n'avait trouvé d'autre issue que la mort, à trente-sept ans. Il lui avait fallu du courage pour tenir aussi longtemps. Et puis, la force l'avait lâché. En effectuant quelques recherches sur les descendants des nazis, je suis un jour tombé sur une réflexion de Paul Ricœur dans *Le Conflit des interprétations* (1969). Le philosophe y distingue le « péché » des bourreaux de la « culpabilité » de leurs descendants. Le premier est objectif, il repose sur une souillure intériorisée chez celui qui a commis le crime ; « la culpabilité au contraire a un accent nettement subjectif : son symbolisme est beaucoup plus intérieur, il dit la conscience d'être accablé par un poids qui écrase ; il dit encore la morsure qui ronge du dedans, dans la rumination tout intérieure de la faute ». Dans le documentaire du réalisateur israélien Chanoch Ze'evi *Les Enfants d'Hitler*, on découvre l'insondable culpabilité de la nièce de Göring, du petit-fils d'Höss, de la petite-fille d'Himmler ou du fils d'Hans Frank, Niklas. C'est dans les mains, qu'ils ne savent pas où mettre, et plus encore dans les regards que se niche l'indicible. Cette culpabilité fut aussi celle de Romy Schneider; je l'imagine, petite fille, s'amusant avec les enfants du haut dignitaire nazi Martin Bormann, tandis que sa mère, non loin de là, plaisante avec Hitler. «Je crois que ma mère avait une liaison avec Hitler», confia l'actrice à la journaliste Alice Schwarzer en 1976. Que le Führer admirât Magda au point de l'inviter régulièrement au Berghof est un fait. En revanche, l'idylle, Romy l'invente. La fantasme même peut-être. Les mains d'Hitler sur le corps de sa mère; la langue d'Hitler dans la bouche de sa mère... Elle aurait pu être la fille du monstre. Tous ces Allemands et ces Autrichiens amnésiques, ou pire, feignant de l'être, l'ulcéraient. Alors Romy, écœurée, planta sa conscience au cœur du brasier de l'Histoire. Elle voulut se brûler. C'était le prix à payer pour se délester de la culpabilité d'être. Ça, des rôles de juives – l'Allemagne la haïssait pour cela –, et deux enfants aux prénoms hébraïques. À sa mort, l'étoile de David qu'elle portait autour du cou la suivit jusque sous la terre.

La discussion avec Syberberg se poursuit.

— Dans *Hitler, un film d'Allemagne*, Hitler apparaît comme un pantin. Ce n'est pas habituel. Pour vous, qui tire les ficelles? Les industriels?

— Ah, mais vous n'y êtes pas du tout, cher ami. Pas du tout. Qui tire les ficelles, me demandez-vous?

Le réalisateur ménage son effet. Lorsqu'il brise le silence, sa réponse me coupe le souffle :

— Ce sont les Allemands, bien sûr! Les Allemands!

Hitler est un produit de l'histoire allemande. Il a compris mieux que quiconque que le peuple allemand, abreuvé de modernité, de science et de progrès, avait besoin d'une foi, d'une transcendance.

Syberberg ne cherche pas à plaire ou à sauver son âme sur l'autel des bons sentiments. Il sait qu'il appartient définitivement, en tant qu'Allemand, au camp des bourreaux et qu'il est condamné à vivre dans un «pays mort», dans une «société sans joie». Au milieu des années 1970 – à l'époque où Putzi mourut et où son petit-fils Eynon sombrait dans la dépression –, Syberberg affirmait : «Notre culpabilité quotidienne est plus grande que celle d'autrefois, puisque entièrement consciente et chaque jour renouvelée par notre froide avidité, plus grande aussi du fait que nous sommes persuadés d'être meilleurs que les autres, si bien que les morts que nous avons sur la conscience en sont encore à chercher leur Nuremberg. Nous vivons aujourd'hui au milieu des enfants, et les enfants ont tous peur de leur père, surtout s'ils se regardent dans la glace, et s'ils se rendent compte de leur ressemblance, la nuit, souvent, au détour d'une rue, dans la vitrine des grands magasins.» (*Cahiers du cinéma*, hors-série Syberberg, février 1980.)

Le vieil homme qui me fait face a enjoint aux Allemands de ne pas jouer aux victimes.

Syberberg fut honoré à la sortie d'*Hitler, un film d'Allemagne*. Idolâtré, même. En France, d'abord, par les *Cahiers du cinéma* où, en septembre 1978, le critique Serge Daney le décrivit en exorciste, parce que «le problème est qu'il y a un deuil et qu'il ne se fait pas»; aux États-Unis ensuite, où il constituait aux yeux de Susan Sontag «l'une des deux ou trois plus importantes œuvres d'art du XXe siècle». Mais en Allemagne, il fut rejeté. «Je suis là, malgré moi, et vous êtes fâchés de me voir, je le sais : personne n'aime le messager porteur de nouvelles mauvaises», aurait pu dire le cinéaste, à l'instar du garde s'adressant à Créon dans l'*Antigone* de Sophocle. Les Allemands ne voulaient pas regarder ce que Syberberg leur montrait. Ils préféraient se raconter des histoires, se tourner vers la nouvelle Allemagne. Ils pensaient qu'il avait suffi d'organiser des jeux Olympiques à Munich en 1972 pour qu'on oublie ceux de 1936, quand la ville de Berlin, nettoyée de ses prostituées et parée de drapeaux aux croix gammées, avait accueilli le monde entier. Plus de police, plus d'armée en 1972. Rien ne devait rappeler les jeux d'Hitler. Les mises en garde du Mossad, peu de temps avant l'événement, restèrent lettre morte. Les Allemands préféraient fermer les yeux plutôt qu'affronter la lumière crue du réel. «Le réel, c'est quand on se cogne», écrivait Jacques Lacan.

Après le déjeuner, Syberberg tient à me raccompagner jusqu'à Marienplatz, où je prendrai un train pour l'aéroport. Nous passons devant le Théâtre national de Munich, qui s'appelait encore le Théâtre royal de la cour de Bavière lorsque Louis II y faisait jouer des opéras de Wagner, dont il était parfois l'unique spectateur. «En dehors de Bayreuth, ce fut le plus grand des lieux wagnériens, me raconte le cinéaste. Y furent créés *Tristan et Isolde* en 1865, *Les Maîtres chanteurs* en 1868, *L'Or du Rhin* en 1869 et *La Walkyrie* en 1870.» Je tente de me représenter Louis II tremblant d'émotion sur le parvis. Mais les images se percutent. Syberberg poursuit : «Hitler fréquenta beaucoup ce théâtre dans sa jeunesse. En 1912, il en fit une jolie aquarelle. Une fois au pouvoir, il y vint moins souvent, préférant sa cure annuelle à Bayreuth. En juin 1935, il assista ici même à une représentation de *Tristan et Isolde* pour célébrer le soixante-dixième anniversaire de la création de l'opéra.» Dans l'*Hitler* de Syberberg, de la tombe ouverte de Wagner surgit le Führer, bras tendu, salut fasciste, vêtu d'une tunique romaine. Évidemment, Wagner – que Syberberg vénère – n'est pas Hitler. Et le cinéaste de citer Louis II : «Par ta connaissance des œuvres de Wagner, tu connais aussi les possibilités malheureuses de notre peuple.»

Nous arrivons à Marienplatz. En guise d'adieu, le vieil homme me glisse : «Vous savez, cher ami, jamais l'Allemagne ne fut plus elle-même qu'avec et sous Hitler.»

Ces propos me choquent.

Putzi m'attend.

Le mois de février 1933 s'achevait. Putzi était extatique. L'Histoire se ferait avec lui, il en avait désormais la conviction. Il avait été le premier à voir l'épaisse fumée noire et les flammes déchirer le ciel de Berlin. C'était un signe, non ?

Malade, la gorge qui pique, la fièvre qui brûle, il n'avait pu, ce soir-là, honorer l'invitation des Goebbels. « Hitler sera là, ce serait formidable que vous lui jouiez du piano, ça lui ferait du bien. » Trop faible, Putzi avait dû décliner. N'ayant pas encore trouvé de logement à Berlin, il était depuis quelques semaines l'hôte de son ami le président du Reichstag, Hermann Göring, et demeurait dans le Reichstagspräsidentenpalais, en face du bâtiment.

Dans la soirée, malgré la grippe, dérangé par le bruit et les lumières rouges qui dessinaient de curieuses ombres sur le plafond de sa chambre, Putzi avait eu la force de se lever ; en ouvrant les rideaux, il avait vu les flammes ravager le palais où avait été proclamée la république le 9 novembre 1918. Il était aux premières loges, et n'en revenait pas. Le spectacle était hallucinant, hypnotique au point qu'il se demanda si tout cela n'était pas l'effet de la fièvre. Se ressaisissant, il se précipita sur un téléphone pour prévenir Hitler : « Le Reichstag est en feu, Herr Goebbels, prévenez Herr Führer ! » Goebbels crut d'abord à une plaisanterie mais, devant l'insistance de Putzi, transmit l'information à Hitler. Puis Putzi prévint son ami Sefton Delmer du *Daily Express*, mais la nouvelle avait déjà fait le tour des rédactions. Delmer eut toutefois l'honneur d'être le seul journaliste autorisé à accompagner Hitler sur le lieu du crime.

Avec le sentiment du devoir accompli, Putzi jeta un dernier regard vers le Reichstag en feu à quelques mètres de lui, puis posa sa main sur son front brûlant et, calmement, referma les rideaux avant de se recoucher. Il s'endormit en songeant qu'Hitler saurait faire bon usage de ce terrible attentat. Il ne se trompait pas. Les flammes emportèrent dans le ciel de Berlin les libertés publiques.

Un nouvel ambassadeur américain venait d'arriver à Berlin. Son pedigree plut à Putzi, qui se piquait d'être un intellectuel. Un homme à sa mesure, voilà comment il s'imaginait l'envoyé de Washington qu'il rencontrerait tôt ou tard.

Loin d'être le premier choix de l'administration Roosevelt, William Dodd, qui n'était pas diplomate de carrière mais historien, fut nommé au début du mois de juin 1933, après s'être assuré que sa nouvelle tâche lui laisserait suffisamment de temps pour terminer la rédaction de sa grande œuvre, plusieurs volumes consacrés à l'histoire du Vieux Sud des États-Unis. Avant qu'il n'embarque début juillet pour Berlin avec sa femme et ses deux enfants, Bill, vingt-huit ans, et Martha, vingt-trois ans, son grand ami le poète Carl Sandburg l'encouragea à « savoir de quoi Hitler est fait, ce qui fait tourner son cerveau, de quoi son sang et ses os sont faits ». Et donna à Dodd un conseil que celui-ci n'oublia jamais : « Sois courageux et honnête, garde ta poésie et ton intégrité. »

Dodd eut tôt fait d'entendre parler de Putzi, figure incontournable pour tout Américain qui voulait s'introduire rapidement dans les réseaux hitlériens. Le consul américain à Berlin, Messersmith, n'avait pas été, on l'imagine, particulièrement chaleureux en évoquant le chef de la presse étrangère. « Mais, que voulez-vous, il faut faire avec », avait-il annoncé, un peu étonné de voir débarquer dans Berlin en ébullition un homme aussi peu expérimenté que William Dodd. L'ambassadeur entendit également parler de Putzi via Quentin Reynolds, le correspondant des titres détenus par le magnat William Randolph Hearst. Le journaliste, qui tomba bien vite sous le charme de Martha Dodd – la fille de l'ambassadeur –, dont le regard clair et l'attitude libre attiraient les hommes, se targuait d'avoir parmi ses contacts le fameux Putzi.

Mais pour l'heure, Putzi prenait part à la conférence économique de Londres, au sein de la délégation allemande, en compagnie du ministre de l'Économie Alfred Hugenberg et du ministre des Affaires étrangères Konstantin von Neurath. Aucun des deux n'était nazi, ce qui ne les empêchait pas de se détester cordialement. Quant à Putzi, sa présence, souhaitée par von Neurath, traduisait la bonne position dont il jouissait alors. En partant pour Londres, il avait goûté au plaisir d'être désormais une personnalité de premier plan. Sa démarche s'en ressentait. Lui qui était habituellement voûté en raison de sa taille se tenait droit, les épaules redressées et le menton, qu'il avait proéminent, relevé. Un paon chez les nazis.

La conférence économique de Londres fut un fiasco. Elle s'était ouverte le 12 juin avec l'espoir de trouver une solution à la crise économique mondiale qui s'était brusquement accélérée à la suite de la décision britannique de dévaluer la livre en septembre 1931. Une guerre des monnaies se profilait. Et voilà que début juillet le président

Roosevelt, qui avait pourtant encouragé la tenue de cette conférence, la torpillait d'un courrier dans lequel il se réservait le droit souverain de dévaluer le dollar s'il le désirait – ce qu'il fit quelques mois plus tard.

Cet échec combla la délégation allemande, qui défendait l'autarcie comme unique réponse à la crise. Le dialogue chimérique des nations ne pouvait que conduire au chaos. Putzi se félicita qu'une décision du nouveau président américain contentât Hitler. Ce dernier fut d'autant plus satisfait du cours des événements qu'il en profita pour renvoyer le ministre de l'Économie Hugenberg, lequel avait publiquement évoqué la nécessaire extension de l'espace vital que son pays mettrait en œuvre afin de sortir de la crise. Putzi fut marqué par le sort de cet imbécile incapable de tenir sa langue : cela lui avait coûté son poste, et il fut obligé de vendre à bas prix aux nazis ses puissantes entreprises dans les médias et l'édition.

Un destin pouvait s'achever d'un claquement de doigts.

En Angleterre, Putzi mit à profit son séjour pour faire ce qu'il aimait le plus au monde : passer quelques soirées avec de jolies femmes, visiter la National Gallery et donner une bonne image du nouveau régime, ce qui ne fut pas le plus difficile. L'opinion du roi George V, qui se méfiait d'Hitler comme de la peste et prévoyait une guerre dans les dix ans, n'était pas si répandue. Le vieux Lloyd George, qui avait été Premier ministre de 1916 à 1922, confia à Putzi, flatté d'être le messager, une photographie surmontée de ses mots : « Au chancelier Hitler, en témoignage de mon admiration pour son courage, sa fermeté et ses qualités de chef. » Trois ans plus tard, l'ancien Premier ministre se rendrait au Berghof pour y voir, selon ses mots, « le plus grand

Allemand vivant». À cette occasion, Hitler lui remettrait à son tour une photographie dédicacée, honoré d'avoir rencontré «l'homme qui avait gagné la guerre».

Dans les cercles de pouvoir qu'il fréquenta à Londres, Putzi put constater que Lloyd George n'était pas une exception. Le nouveau maître de l'Allemagne était considéré comme un dirigeant valeureux avec qui travailler serait loin d'être une infamie. Il était un moyen de vaincre les rouges; une bénédiction. Putzi, qui craignait d'être interrogé avec circonspection sur le sort des Juifs, fut reçu comme un hôte respectable dont la proximité avec le chancelier impressionnait. Des Juifs, on ne se souciait guère. Il était en terrain conquis. Il regrettait amèrement la rencontre avortée entre Hitler et Churchill l'année précédente. Malgré la loi des pleins pouvoirs, la restriction des libertés et l'ouverture du camp de Dachau où étaient envoyés les prisonniers politiques, une alliance avec le Royaume-Uni était loin d'être une chimère.

Deux ans plus tard, le 18 juin 1935, la signature du traité naval germano-britannique lui donnerait raison. Sous couvert de contrôler le réarmement allemand, le Royaume-Uni permettrait à l'Allemagne nazie de fouler aux pieds le traité de Versailles et de se doter d'une flotte digne de ce nom. Au pays d'Albion, pour beaucoup, la francophobie dépasserait alors la germanophobie, et de loin. Mais à cette date, Putzi ne pourrait plus en tirer la moindre gloire. Sa traversée du désert aurait commencé.

À Londres, parmi tous ces visages souriants flattés de rencontrer un proche d'Hitler, il en est un qui marqua particulièrement Putzi.

Diana Mitford avait été conviée par l'épouse de Richard

Guinness, seule membre de la richissime famille de brasseurs qui n'avait pas tourné le dos à la jeune femme. « Vous aurez le privilège de rencontrer un très proche d'Adolf Hitler, c'est une chance unique... » Diana ne s'était pas fait prier. Elle filait à l'époque le parfait amour avec Oswald Mosley, un jeune politicien anglais qui, après un parcours chaotique, avait lancé un an plus tôt l'Union des fascistes britanniques. Leur union avait été longtemps cachée car elle avait commencé dans l'adultère. Le mariage de Diana, célébré en grande pompe en 1929 avec l'héritier des brasseries Guinness, Bryan, un cousin de Richard, n'y avait pas résisté. C'était un beau parti, peut-être même le plus beau du royaume, mais elle ne voulait vivre que de passion. Alors elle choisit Mosley, malgré la désapprobation de son père et le scandale que ne manqua pas de causer son divorce.

Putzi fut à ce point frappé par la beauté de cette femme qu'il resta de longues minutes à l'observer, à bonne distance, hésitant. Était-elle une proie ou un danger ? Le regard bleu pâle de Diana le troublait. Son allure hitchcockienne l'intimidait. La maîtresse de maison le sortit de ses pensées : « Mais ne restez pas tout seul dans votre coin, Putzi ! Venez donc, je dois vous présenter une charmante personne... Allez, allez, ne faites pas le timide. Diana, approchez ! » De près, Putzi put apprécier le dessin de ses lèvres et la finesse de ses traits. Elle était de ces femmes si belles qu'on ne peut croire en l'atrocité de leur âme.

Si Putzi inspectait Diana avec une attention particulière, c'est qu'il s'était mis en tête, depuis peu, de trouver une épouse au Führer. Outre ses qualités de pianiste, il avait le don d'anticiper les goûts d'Hitler en matière de femme.

Helene en était la preuve, il savait que celui-ci les regardait comme on regarde une statue antique. Agalmatophile asexué ou timide maladif, il se jetait à leurs pieds, leur faisait des déclarations enflammées, leur promettait la lune, mais il ne touchait pas ces effrayantes créatures. La comédienne Renate Müller ou la photographe Eva Braun avaient beau s'afficher à ses côtés, elles n'étaient que de chastes compagnes, Putzi en était persuadé. Si seulement il pouvait lui trouver une femme… Il ne s'agissait pas de le dompter, comme il le clamerait après la guerre afin de laver son passé, mais de le nourrir, comme on balance des morceaux de viande à un fauve pour le contenter. Et pour s'en faire aimer. Il aurait fait l'impossible pour plaire au Führer. Au printemps 1933, il en était encore là.

Au détour de la conversation, ce qu'il apprit de la famille Mitford le persuada que Diana était la candidate idéale. Le grand-père de la jeune femme, Algernon Freeman-Mitford, premier baron de Redesdale, avait été un ami de Richard Wagner et avait édité deux livres importants de l'idéologue antisémite Houston Stewart Chamberlain. Diana Mitford était parfaite. Il faudrait certes l'arracher à ce Mosley, ce qui, à les voir ainsi enamourés, ne serait pas chose aisée. Mais Putzi était bien placé pour savoir que personne ou presque ne résistait au charme d'Hitler.

On parla de Dachau, et Diana répéta les mots de son amant : dans quelques années, on se rendrait compte qu'il ne s'agissait ni plus ni moins que de l'équivalent d'un camp de vacances. L'assemblée rit de bon cœur, à commencer par Putzi. Lui qui n'avait pas abandonné l'espoir de façonner la politique étrangère du Reich ne voyait pas seulement en Diana une beauté aryenne susceptible de plaire à son maître. Le père de la jeune femme, lord Redesdale, se trouvait être le cousin germain de Clementine Hozier, l'épouse de Winston Churchill. Les deux familles étaient très proches, les enfants tous amis ; ils formaient une joyeuse bande et passaient leurs étés ensemble. Diana entretenait également des liens non seulement avec les fascistes britanniques, mais aussi avec la famille royale – elle était amie avec le prince de Galles, héritier du trône dont nul n'ignorait à Berlin qu'il était favorable au national-socialisme et à un rapprochement entre son pays et l'Allemagne hitlérienne. Tout cela, aux yeux de Putzi, rendait Diana particulièrement désirable. Il fallait l'attirer à Berlin. Elle pouvait être son arme secrète ; elle détenait peut-être même la clé de son avenir. Tandis que la conversation se poursuivait, ses pensées se bousculaient. Cette rencontre était une bénédiction, un cadeau de Dieu.

Immanquablement, la discussion bifurqua sur la situation des Juifs en Allemagne. Putzi était en terrain conquis. Il trouva en Diana une alliée qu'il pressentait dévouée : « Vous devez venir en Allemagne, lui lança-t-il au moment opportun. Vous verrez de vos propres yeux que vos journaux ne débitent sur nous que des mensonges. » Diana en était déjà convaincue, mais la perspective d'un voyage dans l'Allemagne nazie avait tout pour l'exciter au plus haut point. D'autant que Putzi lui promit une rencontre avec Hitler. Le cœur de Diana s'emballa, ses joues s'empourprèrent. « Le plus simple serait que vous me fassiez savoir que vous êtes à Berlin, et je m'occuperai du reste », lui chuchota-t-il, de l'air assuré de celui qui peut réaliser les rêves.

Diana s'imaginait déjà en train de raconter tout ça à son frère Tom, le seul garçon de la fratrie Mitford ; il avait étudié le droit à Berlin et adorait les nazis. Et plus encore à sa plus jeune sœur, Unity, dont les murs de la chambre d'adolescente étaient recouverts de portraits d'Hitler, et qui la supplierait de l'emmener en Allemagne. Diana savait qu'elle finirait par céder.

Putzi était-il grisé par la jeune femme au point d'en oublier que l'accès au Führer n'était pas si simple ? Malgré l'intérêt objectif que pouvaient représenter pour l'Allemagne nazie les réseaux de Diana, il lui faudrait passer outre Goebbels, Ribbentrop ou on ne sait qui encore. Le pouvoir qu'il se donnait à Londres n'était pas celui qu'il avait à Berlin.

Tard dans la soirée, il quitta la demeure des Guinness et salua Diana avec la promesse de la revoir bientôt, en Allemagne. Il espérait avoir planté une petite graine qui donnerait plus tard des fruits généreux. Ils se révélèrent pourris.

Une autre proie l'attendait à son retour en Allemagne.

Parce qu'elle était belle, parce qu'elle était jeune et parce qu'elle était bien née, Martha, la fille de l'ambassadeur américain William Dodd, cherchait le danger. Et les nazis l'attiraient follement. Elle avait entamé une relation avec Rudolf Diels, le lugubre chef de la Gestapo. Plus tard, ce seraient les Soviétiques, pour lesquels elle deviendrait espionne.

À peine Putzi rentra-t-il d'Angleterre qu'ils firent connaissance. Elle se plairait bientôt à l'appeler «le Phénomène». Quentin Reynolds, le journaliste américain, épris d'elle, avait fait les présentations, et s'en était aussitôt mordu les doigts, car les deux hommes se mirent à se disputer les faveurs de cette jeune séductrice. Dans ses Mémoires, la plume guidée par cette rivalité amoureuse, Reynolds dépeint du reste Putzi sous des traits détestables – «Il fallait le connaître pour vraiment le haïr», écrit-il.

En août 1933, alors qu'il était sur la route de Nuremberg où se tenait le congrès nazi, Putzi songeait à Martha. Il la trouvait attirante, mais ses propres désirs étaient secondaires. Elle aussi ferait une épouse formidable pour Hitler.

La fille de l'ambassadeur américain et le Führer, quel beau préalable à une alliance des deux peuples ! Il en rêvait. Martha, à qui il s'en était ouvert, n'avait pas trouvé l'idée si sotte. Il faudrait toutefois attendre quelques semaines avant que la rencontre ait lieu.

Pour l'heure, il avait rendez-vous avec Diana Mitford.

La belle Anglaise venait en effet de débarquer à Munich, accompagnée de sa sœur de dix-huit ans aux joues d'enfant, Unity, dont l'enthousiasme débordant tranchait avec la retenue aristocratique de l'aînée. Fouler le sol de la capitale nazie la rendait extatique. Elle voulait tout voir, tout comprendre, tout photographier. « C'est le paradis, Diana, nous sommes au paradis ! Je ne veux plus jamais rentrer à Londres ! Regarde tous ces beaux jeunes hommes, leurs uniformes… C'est le paradis, Diana… »

Les deux sœurs étaient bien déterminées à assister au congrès de Nuremberg. Putzi ne leur avait pas menti : quand elles s'étaient rendues à la Maison brune et annoncées comme ses amies, il les avait retrouvées et leur avait promis de les accueillir à Nuremberg où non seulement elles auraient accès aux cérémonies du Parteitag, mais où en outre elles seraient logées à l'hôtel. « C'est le paradis… »

Là-bas, à Nuremberg, tout était démesuré et excitant. Elles n'avaient jamais rien vu de tel. Les torches, les discours, les quatre cent mille hommes en uniforme brun, et Hitler en personne… Intégrées à la délégation de l'Union des fascistes britanniques, les sœurs Mitford exultaient. Putzi toutefois n'honora pas sa promesse : elles ne purent rencontrer le Führer. Tout bien réfléchi, il n'avait pas jugé bon d'introduire auprès d'Hitler deux aristocrates anglaises au beau milieu de ce grand délire nationaliste – cela lui aurait valu des sarcasmes ; or il savait refréner ses enthousiasmes pour éviter de se mettre en danger. La faune nazie avait aiguisé son instinct de survie.

De retour de Nuremberg, Putzi apprit que l'ambassadeur américain William Dodd brûlait de le rencontrer. Son étoile brillait. Dans un courrier adressé au ministre français des Affaires étrangères, l'ambassadeur de France à Berlin André François-Poncet reconnaissait que « l'influence du fantasque Putzi devient importante quand il est question de l'Amérique ». Dodd le reçut pour la première fois à l'ambassade à la fin du mois de septembre. Comme toujours, le nazi fut à l'aise, bavard, exubérant. Ce géant qui maniait aussi bien le grec ancien que le latin, et qui, l'instant d'après, suscitait l'hilarité en jouant des airs populaires au piano, impressionna le terne ambassadeur. « Sacré Putzi ! » songea-t-il une fois l'ouragan passé.

La rencontre que Putzi organisa par la suite entre la fille de Dodd, Martha, et Hitler dans le hall de l'hôtel Kaiserhof se passa le mieux du monde. Connaissant le goût des Allemands, Martha Dodd avait choisi une tenue discrète, avec pour seule fantaisie une fleur sur le chandail. Putzi était agité. Lorsque Hitler arriva, ses gardes du corps le précédèrent dans un fracas plein d'autorité. Putzi suivit des yeux le Führer qui le salua d'un geste rapide avant de s'installer à une autre table. Putzi s'excusa auprès de Martha, puis rejoignit Hitler, lui chuchota quelques mots à l'oreille, et retourna à sa table, le cœur battant : « C'est bon, Martha, le Führer veut bien vous saluer... »

Un chaste baisemain, quelques regards volés, la promesse de se revoir. Martha fut subjuguée par Hitler qui, de son côté, ne resta pas insensible au charme de la jeune Américaine. Tapi dans l'ombre, Putzi assista à la scène comme au théâtre. Il se rêvait metteur en scène de la grande Histoire.

L'été 1933 s'achevait. Ces derniers mois, pour Putzi, avaient été palpitants. Il y avait eu Londres, la rencontre avec l'ambassadeur américain, et puis ces deux femmes, Martha Dodd et Diana Mitford. Les alliances géopolitiques prenaient des allures d'agence matrimoniale. Il est une jeune femme, pourtant, à qui Putzi n'avait accordé que peu d'importance : la sœur de Diana, Unity Mitford. De retour à Londres, la déception de n'avoir pu rencontrer Hitler se mua chez celle-ci en obsession galopante. Son sempiternel rat de compagnie sur l'épaule, elle hurlait «*Heil Hitler*» au cinéma, dessinait partout des croix gammées et chantait à tue-tête que les Mitford étaient de sang aryen. À qui voulait l'entendre, sérieuse comme un pape, elle assurait : «Je m'entraîne à me retenir d'uriner pendant douze heures, pour le cas où une guerre nous jetterait sur les routes…» Il lui fallait rencontrer Hitler, coûte que coûte. Et elle le rencontrerait, avec ou sans l'aide de ce drôle de chef de la presse étrangère, qui demeurait le nazi au rang le plus élevé qu'elle connaissait. Dès qu'elle le put, elle se rapprocha de Putzi. Et, malgré elle, l'entraîna vers l'abîme.

Au début du printemps 1934, Putzi reçut une enveloppe cachetée d'un sceau qu'il reconnut aussitôt, et qui le renvoya à ses années américaines. La lettre était signée de la main d'Elliott Carr Cutler qui, en tant que chef du protocole du vingt-cinquième anniversaire de la promotion de 1909 de l'université Harvard, l'invitait officiellement à assister à la cérémonie prévue au mois de juin. Il lui offrait même l'honneur d'être son adjoint. La perspective d'un retour aux États-Unis mit Putzi en joie : lui qui avait été chassé du pays de sa mère rongé par la culpabilité et le déshonneur reviendrait auréolé d'une position sociale de premier plan.

Des voix s'élevèrent rapidement contre cette invitation faite à un officiel nazi. Toutes étaient juives ou presque. Face au scandale qui grondait, Cutler couvrit l'administration de l'université : il avait décidé seul de convier Putzi, soucieux du respect de la libre expression qui avait toujours, selon lui, régné à Harvard. Que la libre expression ne fût déjà plus qu'un lointain souvenir en Allemagne ne constituait manifestement pas un obstacle à la venue d'un nazi sur le campus.

Putzi dut en référer à Hitler et aux chefs de la diplomatie. «Allez-y, Herr Hanfstaengl!» L'occasion était trop belle pour le régime. Les nazis pouvaient compter sur de solides appuis en Amérique. L'administration Roosevelt n'avait-elle pas mis son veto à deux résolutions du Congrès visant à dénoncer le régime hitlérien? Surtout, une partie de l'opinion publique américaine soutenait sans ambiguïté Hitler. Dès 1933, pour la plus grande joie de Putzi, Rudolf Hess avait chargé un Germano-Américain, Heinz Spanknöbel, de former une puissante organisation nazie aux États-Unis. Ses efforts avaient abouti à la formation des Amis de la nouvelle Allemagne en juillet 1933. On y trouvait aussi bien des Allemands que des Américains d'origine allemande. À l'abri du premier amendement, ils exhibaient fièrement des croix gammées sur leurs vêtements. Bientôt, ils rempliraient le Madison Square Garden. Leur première action d'envergure fut de boycotter les magasins détenus par des Juifs à Manhattan. On les laissa faire. La venue de Putzi serait pour eux un bel encouragement.

Et puis, les nazis savaient que le terreau était également fertile sur les campus universitaires, où l'antisémitisme était très partagé. Derrière leurs beaux discours sur le mérite et le savoir, les grandes universités américaines cherchaient par tous les moyens à réduire le nombre d'étudiants juifs dans leurs effectifs. C'était le cas à Princeton, à Yale et à Harvard. Quand Putzi en fut diplômé en 1909, l'immense majorité des étudiants étaient protestants; moins d'un étudiant sur dix était juif. Au lendemain de la Première Guerre mondiale, le président de l'université, Abbott Lawrence Lowell, antisémite notoire, s'était inquiété de la baisse du nombre d'étudiants protestants et de la mise en péril de l'esprit «authentiquement américain» qu'ils insufflaient. Dans le privé, c'est de leur supériorité qu'il parlait : il était convaincu de l'inégalité des races et de la domination des Nordiques, de la nécessité de l'eugénisme et de la lutte contre l'immigration venant d'Europe centrale et orientale. En 1918, Lowell avait découvert avec effroi que vingt pour cent des étudiants de son université étaient juifs. Il en était sûr, les bonnes familles allaient quitter le navire, effrayées par cette judaïsation, reproduisant un phénomène qu'avait connu Columbia. Quatre ans plus tard, ses plus grandes craintes s'étaient réalisées : à Harvard, désormais, près d'un étudiant sur quatre était juif. Il fallait agir, et vite. Le 2 juin 1922, une réunion historique se tint à Cambridge, dans la banlieue cossue de Boston. La direction de l'université se mit d'accord sur un principe clair : la part des Juifs avait atteint un maximum. Dès l'automne, une infâme classification des étudiants fut mise en place. «J1» désignait les étudiants dont on était sûr qu'ils étaient juifs, «J2» ceux qui l'étaient certainement, «J3» ceux qui l'étaient peut-être. Lowell se prononça en faveur de quotas, déjà en cours à Columbia, mais l'idée était trop éloignée des principes de l'université. Alors, devant la hausse continuelle du nombre de Juifs – ils représentaient un bon quart des étudiants en 1925 –, on décida d'éliminer de la sélection quelques lycées connus pour envoyer beaucoup de Juifs.

En 1934, lorsque Putzi fut invité à Havard, l'université ne comptait plus que douze pour cent d'étudiants juifs. Bien que James Conant, qui avait succédé à Lowell l'année précédente, ne partageât pas le profond antisémitisme de son prédécesseur, il poursuivit cette politique de quotas qui ne disait pas son nom. Tout au long des années 1930, la part des étudiants juifs ne retrouva jamais le niveau atteint au lendemain de la guerre.

À Berlin, Putzi était tellement fier qu'à peine l'invitation reçue, il annonça publiquement sa venue, avant même d'en informer Cutler, qui l'apprit dans la presse. Il se sentait pousser des ailes. Quelques jours plus tôt, il avait convaincu Hitler de rencontrer en tête-à-tête William Dodd, l'ambassadeur américain, qui trouva son interlocuteur fort «cordial». Durant une heure, les deux hommes avaient évoqué les relations entre leurs deux pays, et les moyens de les améliorer.

Euphorique, Putzi claironnait qu'il allait créer une bourse permettant aux étudiants d'Harvard de venir à Berlin; il disait aussi qu'il embarquerait pour l'Amérique avec, sous le bras, un film montrant mieux que tous les discours la réalité glorieuse de l'Allemagne hitlérienne. Le voyage ne s'annonçait pas aussi apolitique que Cutler le prétendait.

Dans l'ombre, un homme s'agaçait de voir ce paon marcher sur ses plates-bandes : Joseph Goebbels.

La colère mêlée à l'incompréhension grondait au sein de la communauté juive d'Harvard. Le nouveau président de l'université, James Conant, s'en lavait les mains. C'était aux anciens élèves de régler cette histoire et à eux seuls. La mort dans l'âme, Cutler dut se résoudre à annuler l'invitation envoyée à Putzi. Encore confidentielle, cette décision fut aussitôt contestée par Jay Pierrepont Moffat, le diplomate en charge des affaires d'Europe occidentale au sein du Département d'État. «Ce serait un bien mauvais signal envoyé au monde, Cutler. Ne voyez-vous pas qu'avec une telle décision nous donnerions l'impression, ici aux États-Unis, d'avoir cédé à la pression juive ? Et puis, l'université Harvard se soucierait-elle davantage de ses revenus financiers, auxquels les Juifs participent largement, que de ses valeurs de tolérance intellectuelle ?» Tels furent les arguments de Moffat. Cutler y fut sensible et revint avec soulagement sur sa décision. L'invitation de Putzi serait maintenue. Dans les couloirs du Département d'État, devant les cafetières, certains ne cachaient pas leur joie. Ça leur apprendrait, à tous ces agitateurs au nez crochu qui ne pensaient qu'à dénoncer Hitler et l'Allemagne nazie ! Ils avaient déjà eu le culot, le 7 mars 1934, d'organiser au Madison Square Garden le faux procès d'Hitler ! Vingt mille personnes s'étaient alors massées dans l'immense salle de New York. Et le verdict avait été sans appel à l'issue d'une soirée de discours et de débats enflammés : l'hitlérisme était reconnu « coupable de crimes graves contre la civilisation ». L'administration Roosevelt avait échoué à faire interdire ce « procès ». Le désir de ne pas blesser Hitler, voire de lui plaire, s'était heurté à la défense de la liberté d'expression.

Putzi suscitait les passions : ce n'était pas pour lui déplaire. Il jouait les importants. Dans les derniers jours du mois de mars, il fit savoir qu'il ne pourrait sans doute pas se rendre aux États-Unis, son agenda ne lui permettant pas de quitter l'Allemagne aussi longtemps. Il minaudait. Il voulait se faire désirer, supplier. *Monsieur Hanfstaengl, faites-nous l'immense honneur d'être parmi nous, s'il vous plaît... Nous vous le demandons à genoux.*

Pendant ce temps, les nazis américains déferlèrent à leur tour au Madison Square Garden à nouveau comble mais, cette fois, de croix gammées entremêlées de bannières étoilées. Le 17 mai, plus de vingt mille personnes, blanches et souvent blondes, installées dans les gradins, le bras tendu, éructèrent «*Heil Hitler*», et huèrent les noms juifs prononcés par les orateurs, tout en jurant ne pas être des nazis, mais de bons patriotes américains. On trouve aisément – il faut le voir pour le croire – des photos de l'événement sur Internet.

Le 10 juin, alors que le dernier paquebot transatlantique qui aurait pu le conduire à temps aux États-Unis s'apprêtait à quitter le port de Bremerhaven, Putzi organisait un dîner gargantuesque à son domicile berlinois. La musique, les alcools forts, les vins, les rires de plus en plus tonitruants à mesure que la nuit avançait… Les épouses d'Hermann Göring et de Joseph Goebbels étaient de la partie. Qu'il est charmant, ce Putzi ! Quel esprit ! Quel pianiste !

Les correspondants américains envoyèrent l'information que leurs rédactions attendaient. Il fallait se rendre à l'évidence : Putzi n'irait pas à Harvard. Sa volte-face surprit tout le monde. Mais tard dans la nuit, une fois les derniers invités partis, il monta dans sa chambre où ses malles étaient prêtes, et fila discrètement dans la nuit. Il prit un train pour Cologne, puis sauta dans un avion postal qui le déposa à Cherbourg où le paquebot *Europa* faisait une ultime halte avant de prendre la direction de New York. Le gros chat s'était joué des souris. Il n'était pas peu fier de ce coup, qui ferait encore plus parler de lui.

À bord, des passagers le reconnurent. L'événement étant de taille – jamais un officiel nazi n'avait foulé le sol américain depuis la prise de pouvoir d'Hitler –, sa présence sur le paquebot fut aussitôt relayée dans la presse. Une chose est sûre : jamais Putzi n'avait songé à manquer l'anniversaire de sa promotion. En secret, quelques jours plus tôt, son adjoint Voigt avait lui-même embarqué pour les États-Unis afin de préparer l'arrivée de son patron.

La police américaine était sur les dents. La menace d'un attentat contre Putzi fut prise très au sérieux, et ce dès son arrivée à New York ; à l'instigation d'organisations juives, plusieurs milliers de personnes attendaient de pied ferme le nazi. Putzi en eut vent alors que l'*Europa* fendait l'Atlantique à vive allure, et accueillit la nouvelle avec un large sourire. Il était comblé.

Une information, toutefois, le plongea bientôt dans un océan de perplexité, et gâcha le plaisir qu'il avait à défrayer la chronique. Le 14 juin, alors qu'il était encore sur le paquebot, il apprit que Mussolini et Hitler s'étaient rencontrés la veille dans la commune de Stra, où se trouvait l'aérodrome de Venise. Pendant un instant, Putzi perdit pied. Le paquebot n'existait plus, pas davantage que ses passagers ni même l'immensité océanique qui l'entourait. Le premier tête-à-tête entre les deux dirigeants fascistes aurait dû le combler. Quelques semaines plus tôt, prétextant la diffusion à Rome d'un film qu'il avait produit, Putzi avait rendu visite à Mussolini et évoqué la nécessité d'une rencontre avec Hitler. Mussolini n'y paraissait pas hostile, il avait même confié à ce curieux émissaire une photographie de lui agrémentée de ces mots : «*A Adolfo Hitler. Benito Mussolini, Roma, febbraio 1934*», que Putzi s'était empressé d'offrir à son maître. Il n'ignorait pas qu'en 1927 l'ambassade d'Italie à Berlin avait refusé à Hitler un portrait dédicacé de Mussolini. L'affront était lavé, grâce à lui.

Une rencontre paraissait possible, et le messager en tirerait les bénéfices. Qui sait, peut-être lui donnerait-on de véritables fonctions diplomatiques ? De fait, il avait réussi un joli coup, tant les relations entre Hitler et Mussolini s'étaient détériorées depuis l'arrivée au pouvoir du premier. Au-delà d'une affaire d'ego, la question de l'influence dans l'aire danubio-balkanique était au cœur des tensions entre eux. Mussolini tentait de se constituer une clientèle avec les vaincus de la guerre, Hongrie, Bulgarie et Autriche, qu'Hitler visait également. Le Duce semblait prêt à lutter, y compris par le feu, contre l'invasion de ce dernier pays par l'Allemagne nazie. Et puis, il y avait cette histoire de supériorité des peuples nordiques qui commençait à insupporter Rome. Et l'antisémitisme. En avril 1933, Mussolini avait reçu le grand rabbin de Rome qui s'était inquiété de la situation des Juifs italiens en Allemagne. Hitler craignait même que Mussolini ne se rapprochât des démocraties occidentales. Une alliance avec l'Italie fasciste était en effet dans l'air du temps.

Sur le paquebot qui approchait des côtes américaines, Putzi enrageait. Quelle humiliation ! Peu lui importait que cette rencontre ait eu lieu ! Personne ne le féliciterait. Rayé des livres d'histoire, Hanfstaengl. Aux oubliettes, lui qui, pourtant, était à l'origine de ce rapprochement historique !

Mais il se berçait d'illusions. Depuis des mois et des mois, les services diplomatiques italien et allemand préparaient l'inévitable entrevue. Le voyage de Putzi à Rome n'avait été qu'un grumeau qui, au mieux, n'avait eu aucun impact, au pire, aurait pu gâcher la pâte patiemment laissée à reposer. Et de toute évidence, l'alliance entre l'Italie fasciste et l'Allemagne nazie n'était pas à l'ordre du jour. À l'issue de l'entretien du 14 juin, Mussolini verrait partir Hitler avec le sentiment d'avoir rencontré « un fou », « un obsédé sexuel » et « un détraqué mental ».

L'arrivée à New York calma pour un temps la colère, la honte et le désespoir qu'avait suscités en Putzi l'annonce de l'entrevue de Stra. Au loin, la silhouette de la statue de la Liberté se dessinait dans la brume de la ville déchirée par les puissantes sirènes du paquebot. Discrètement, l'équipage installa Putzi sur un petit remorqueur qui prit la direction de l'Hudson, évitant ainsi la foule hostile qui l'attendait sur le quai de la North German Lloyd.

L'indésirable retrouva la terre ferme au niveau du mausolée renfermant le corps de l'ancien président américain Ulysses Grant. Non loin s'élevaient, flambant neufs et d'une hauteur inouïe, l'Empire State et le Chrysler Building. Putzi n'en revenait pas. Il peinait à reconnaître la ville qu'il avait quittée plus de dix ans auparavant. New York voyait-elle aussi un autre homme en lui ?

Le soir même, au Stork Club, autour de quelques bières en compagnie du consul général d'Allemagne et d'un reporter qu'il connaissait bien, Quentin Reynolds, Putzi s'amusa du bon tour joué à ces juifs bolcheviques qui avaient fait chou blanc. Reynolds ravala la haine que lui inspirait ce nazi. Moyennant deux mille dollars, il lui offrit d'écrire un article sur Hitler pour *Collier's*, ce que Putzi accepta sous le triple effet de l'alcool, du manque d'argent et du désir de diffuser un message politique. « My Leader » paraîtrait dans le numéro du 4 août et commençait par ces mots : « Je suis allemand ! Je pense que mon pays et mon chef sont mal compris en Amérique. »

La soirée se prolongea si tard que Putzi faillit rater le dernier train pour Boston et le campus d'Harvard, où il avait passé de si belles années.

À Boston, le lendemain, au centre de toutes les attentions, Putzi rayonnait. Les nombreux reporters l'assaillirent de questions. On voulait connaître son avis sur Roosevelt : «Il est extraordinaire, magnifique !» répondit Putzi. Et quand on lui demanda qui, du président américain ou d'Hitler, était le meilleur orateur, il s'en sortit d'une spirituelle pirouette : «C'est comme demander ce qui est le mieux pour la pluie, un parapluie ou des bottes en caoutchouc !» Autant demander à un enfant s'il préfère son père ou sa mère. Ces propos étaient en accord avec l'opinion que le régime nazi se faisait de Franklin D. Roosevelt. Jusqu'en 1937, la presse nazie vanterait ce président «héroïque» qui s'était octroyé des «pouvoirs dictatoriaux», et le magazine *Berliner Illustrierte* lui consacrerait de longs reportages flatteurs. La politique volontariste menée à Washington, les grands travaux et la reprise en main de l'économie, était une source d'inspiration pour Berlin.

L'essentiel des questions portait sur Hitler et sur la condition des Juifs en Allemagne. «Je suis ici à titre privé et je ne compte pas répondre à ces questions politiques, répondait sèchement Putzi. Je vieillis, j'ai déjà quarante-sept ans, j'en aurai bientôt cinquante, et je suis venu parce que c'est peut-être ma dernière chance de revoir mes camarades de promotion. J'ai raté le dixième et le quinzième anniversaire, je ne voulais surtout pas manquer celui-ci. Hitler? Non, il ne voulait pas que je vienne. Il m'a dit que nous avions trop de choses à faire ensemble en Allemagne. (Égotique affabulation.) Et puis, finalement, il a accepté. Je suis là jusqu'au 8 juillet et je compte bien en profiter! Merci messieurs, maintenant je vais rejoindre mes amis.»

Mais à un journaliste qui le pressait de s'expliquer sur les propos désobligeants qu'il avait tenus à l'encontre des Juifs new-yorkais, Putzi répondit de guerre lasse, laissant le naturel revenir au galop : «En tant qu'Allemand qui dirigeait une entreprise familiale spécialisée dans l'art sur la Cinquième Avenue, j'ai connu le même sort que beaucoup d'autres compatriotes. On m'a volé mon entreprise qui valait six cent mille dollars puis, après l'armistice, elle a été cédée aux enchères à une entreprise juive de New York pour environ neuf mille dollars. Cela donnera un indice à vos chers lecteurs sur les véritables vainqueurs de la guerre...»

Ce même jour, Putzi accepta l'invitation au mariage du siècle qui allait unir, une semaine plus tard à Newport, Rhode Island, le célibataire le plus riche du pays, John Jacob Astor, troisième du nom, à Ellen Tuck French. Les plus grandes familles américaines seraient là, aucunement dérangées par la présence d'un nazi. Bien au contraire. Un déjeuner d'avant-mariage en son honneur était même prévu.

Durant ces journées bostoniennes, Putzi courait dans toutes les directions. On le voyait assister à une course de chevaux, puis l'heure d'après à une messe en l'honneur des disparus de sa promotion de 1909, avant de filer à un dîner en ville. Les journalistes, épuisés, se heurtaient à un mur. Non, il ne parlerait plus de politique. N'insistez pas. Une fois seulement, craignant de les désespérer, il accepta à nouveau de répondre à quelques questions. On se massa autour de lui sur l'une des magnifiques pelouses du campus. Un diplômé d'Harvard qui se trouvait être rabbin prit la parole. D'une voix claire, Joseph Salomon Shubow demanda à Putzi, qui en avait parlé quelques jours plus tôt, comment l'Allemagne comptait régler la question juive... « Hanfstaengl, vouliez-vous parler d'extermination ? » Immédiatement, un policier d'Harvard prit Putzi par le bras et mit un terme à l'entretien. « Je suis en vacances », glissa le nazi dans un sourire en s'éclipsant.

La cérémonie pour laquelle il avait traversé l'Atlantique se déroula le 20 juin. Le stade était plein et le soleil brillait. Sous les hourras des familles et des amis, les promotions de 1914, de 1919 et de 1924 défilèrent, de même que les survivants de celles de 1869, 1873 et 1878.

La présence de Putzi donnait un éclat tout particulier à la journée. Quelques diplômés de 1924 portant la tenue bavaroise traditionnelle gratifièrent la foule de saluts nazis quand d'autres chantèrent à la gloire d'Hitler. La promotion de 1919 exhiba une pancarte sur laquelle on pouvait lire : « 1919, délégué de la classe, Max Hanfstangel [sic], vice-délégué, Adolph Keezar ». Associer Max Keezar, un couturier juif d'Harvard Square, à Adolf Hitler et Ernst

Hanfstaengl avait à ce point amusé l'assemblée que ces étudiants remportèrent le prix de la meilleure affiche. C'était une belle journée.

La promotion de 1909 était la plus imposante : trois cents personnes défilaient deux par deux au son de la fanfare. Tranchant avec ses voisins qui portaient un canotier de couleur claire, Putzi avait choisi d'avoir la tête découverte. Il avait également un pantalon gris, quand tous les autres en portaient un blanc. Pour compléter l'ensemble, Putzi avait surmonté sa veste sombre d'un œillet rouge à la boutonnière. Il voulait être vu et reconnu. De retour en Allemagne, il s'en mordrait les doigts. Apercevant le photographe disposé en hauteur sur sa droite, il le gratifia d'un salut hitlérien. On retrouve cette photographie sur Internet.

La cérémonie était d'autant plus réussie que la direction de l'université avait prestement fait disparaître les pancartes que les antinazis avaient disposées le long du cortège. Elles auraient fait mauvais effet auprès de Putzi : « Donnez à Hanfstaengl un diplôme, une maîtrise des camps de concentration », « Faites-le maître de torture », « Faites-le maître de stérilisation », « Renvoyez le boucher d'Hitler ». Non, cela n'aurait pas été convenable.

Le lendemain, Putzi préféra ne pas assister à la remise des diplômes. Il fit bien. On lui rapporta en effet que deux jeunes filles avaient hurlé des propos antinazis et hostiles à sa personne pendant le discours de James Conant, puis s'étaient menottées à la structure en bois et en avaient jeté les clés : les policiers, à quatre pattes, avaient peiné à les retrouver. Cette affaire amusa beaucoup Putzi, qui ne regretta toutefois pas sa décision.

Ce retour en Amérique se déroulait admirablement bien.

Mais, le samedi 30 juin, alors qu'il assistait à la messe du mariage de John Jacob Astor et d'Ellen Tuck French dans la majestueuse église de la Trinité, Putzi eut la désagréable surprise d'être dérangé par un homme qui se rua sur lui et lui tendit une dépêche de l'Associated Press. Essoufflé, l'homme chuchota : « Monsieur, vous devriez prendre connaissance de cette information... Et si vous en êtes d'accord, nous sommes quelques journalistes devant l'église qui aimerions recueillir votre réaction. » Les invités se retournèrent, surpris de cette agitation soudaine. Au son des orgues, Putzi parcourut la dépêche. Par réflexe, il commença par lire le nom de son auteur : c'était son ami Louis Lochner, en qui il avait toute confiance. La veille, prétextant un imaginaire complot de la S.A., Hitler avait lancé une vaste purge du mouvement qui l'avait porté au pouvoir. Les prisons s'étaient remplies de Chemises brunes. Selon la dépêche, le Führer avait débarqué lui-même à l'aube, pistolet à la main, dans la pension Hanselbauer à Bad Wiessee, pour y arrêter le fondateur de la S.A., Ernst Röhm, avant de tomber, dans la chambre voisine, sur le chef de la S.A. de Breslau, Edmund Heines, qui venait de passer la nuit avec un jeune homme.

Putzi lut avec effroi la liste des hommes arrêtés ou exécutés. Même s'il n'avait jamais été S.A., il en connaissait la plupart. Un frisson le parcourut. Et aussitôt les questions se bousculèrent. Devait-il rentrer en Allemagne ? Hitler s'arrêterait-il à la S.A. ? Allait-il subir le même sort ? Si des fidèles étaient morts ou derrière les barreaux, un homme comme lui était-il à l'abri de la fureur des nazis ?

Putzi ne pouvait décemment pas quitter l'église avant la fin de la cérémonie. Mais une fois que les époux eurent échangé leurs consentements, il se précipita hors de l'édifice. Les journalistes se ruèrent sur lui. Cachant tant bien que mal la terreur qui le parcourait, il prit un air détaché, comme s'il était parfaitement au fait de la situation dans son pays. Après s'être éclairci la gorge, il affirma que tout cela n'avait rien d'inattendu. «Hitler devait agir, il a agi, c'est toujours ainsi avec lui.»

Sa famille était à Munich. Sa place, en Allemagne. Depuis le consulat à Boston, il envoya un télégramme à son ami Konstantin von Neurath pour en avoir le cœur net. De Berlin, celui-ci répondit par un message laconique, mais limpide : «Rentrez, coûte que coûte.» Putzi blêmit. La fête était finie.

Le premier paquebot pour l'Allemagne ne partirait qu'une semaine plus tard ; puis s'ajouteraient six jours de traversée. Bref, il ne reverrait pas Berlin avant près de deux semaines. Une éternité. Un supplice.

En attendant de pouvoir repartir, Putzi passa le plus clair de son temps à échapper aux journalistes et à lire la presse avec avidité. Une question l'obsédait : s'il était resté en Allemagne, aurait-il lui aussi été jeté en prison, exécuté ou poussé à l'exil ? Certes, il n'était pas S.A., et sa fidélité à Hitler ne souffrait aucune contestation. Mais son initiative auprès de Mussolini avait suscité quelques agacements qui étaient remontés jusqu'au plus haut niveau de l'État, et ses solides inimitiés avec des hommes aussi puissants que Goebbels ou Rosenberg l'affaiblissaient auprès du Führer. En découvrant que ses amis Ferdinand von Bredow et Kurt von Schleicher avaient été assassinés, il fut saisi d'effroi : eux non plus n'étaient pas S.A.

Putzi alternait les phases d'angoisse et d'apaisement. Ce qui l'inquiétait le plus, c'est que l'ancienneté de son engagement auprès du Führer ne le protégeait pas. Kurt Lüdecke, qu'il détestait d'autant plus que celui-ci avait donné son âme et son argent à Hitler dès 1922, n'avait-il pas été jeté sans raison valable dans un camp en février 1934? Pour le Führer, loyauté, fidélité et reconnaissance étaient des terres inconnues.

«L'amitié disparaît quand celui qui aime devient puissant», écrit Chateaubriand au sujet du cardinal de Retz et de Rancé. C'est un phénomène classique, dans les démocraties, les dictatures ou les cours royales, que celui qui parvient au sommet se détourne de ses premiers partisans, par le silence ou par les purges. La seconde option a la préférence des tyrans : elle a le mérite d'imposer un climat de terreur propice à la pleine expression d'un pouvoir sans partage. Mais éliminer les proches parmi les proches, ceux qui ont été aux premières loges des défaites et des humiliations précédant la victoire, c'est aussi se débarrasser de ceux qui les ont connus au plus bas. Le romantisme des années difficiles ne pèse rien dans la balance du puissant, qui détruit l'ombre avec la rage de celui qui est dans la lumière. Emprisonné à Stadelheim où il fut invité à mettre fin à ses jours, Röhm refusa et lança à Hans Frank, le ministre de la Justice de Bavière qui lui rendait visite dans sa cellule : «Toutes les révolutions dévorent leurs propres enfants.»

Putzi songeait sans cesse à un événement qui avait eu lieu bien des années plus tôt, pendant les années misérables. C'était peu de temps avant le putsch, en avril ou mai 1923. Hitler lui avait demandé de l'accompagner à Berlin pour y rencontrer quelques précieux soutiens. Les deux hommes étaient à l'époque inséparables. Emil Maurice, le chauffeur d'Hitler, conduisait à vive allure la voiture, une Selve hors d'âge, dans laquelle s'était en outre installé un beau jeune homme de dix-huit ans, Fritz Lauböck, dont Hitler avait fait son secrétaire personnel. Ses parents, nazis de la première heure de Rosenheim, où ils avaient fondé la branche locale du N.S.D.A.P., avaient toujours été très généreux. À cette époque de vaches maigres, Hitler savait se montrer obligeant. Et lors de ses voyages, il n'oubliait jamais d'adresser son bon souvenir aux Lauböck, qui conservèrent religieusement, jusque bien après la fin de la guerre, les cartes postales reçues.

Les quatre hommes avaient remonté sans encombre la Bavière et pénétrèrent en Saxe qui se trouvait, de facto, aux mains des communistes. Non loin de Leipzig, à la sortie d'un virage, Emil Maurice aperçut un barrage. Des miliciens communistes avaient organisé une opération de surveillance des véhicules. Il était impossible de faire demi-tour. Putzi était inquiet. Comme tous les occupants de la Selve, il savait qu'Hitler risquait d'être arrêté, peut-être même exécuté. Les communistes menaient une lutte sans merci contre les nazis : mettre la main sur leur chef serait un sacré coup. C'est alors que Putzi eut une idée de génie. Sans attendre d'y être invité, il prit les choses en main. L'artiste tenait là une scène à sa démesure. Il sortit de la voiture, le sourire aux lèvres, avec l'air de celui qui n'a rien à se reprocher, et présenta aux miliciens les documents que la Suisse lui avait fournis pour quitter l'Amérique et se rendre en Europe deux ans plus tôt. Avec un terrible accent, il se lança : « Messieurs, messieurs, je me rends à Leipzig pour affaires ! Je suis imprimeur, chez moi en Amérique. » À un milicien qui pointait du canon de son fusil les passagers restés dans la voiture, il répondit : « Là ? Ah oui, lui, naturellement c'est mon chauffeur, et derrière, le jeune homme, c'est le fils de mon associé, et l'autre là, avec la moustache, c'est mon valet. » D'un geste las, le milicien lui fit signe de passer.

Par la suite, à plusieurs reprises, Hitler reparla de cette histoire à Putzi – le jour où il l'avait fait passer pour son valet. Avec les années, il riait de moins en moins en la racontant. Onze ans plus tard, Putzi se remémorait désormais cette scène avec effroi. Ce n'était pas d'avoir présenté Hitler comme son domestique qui l'inquiétait le plus : c'était qu'on l'ait cru. Comme d'autres, qui étaient aujourd'hui emprisonnés, en exil ou exécutés, Putzi avait vu Hitler pareil à un valet, un moins-que-rien.

En Amérique, Putzi passa la fin de son séjour à tenter de se débarrasser des trois bustes qu'il avait apportés d'Allemagne. Depuis son arrivée, il était en effet accompagné de Schopenhauer, Gluck et Hindenburg – le philosophe, le compositeur et le militaire. Une sainte trinité pour l'homme qui, à son grand malheur, n'était aucun des trois.

Le choix des bustes, réalisés par son ami Josef Thorak, deuxième sculpteur officiel du régime après Arno Breker, ne devait rien au hasard. Loin de Berlin, Putzi voulait s'affirmer. Avec Wagner, Gluck était son compositeur préféré. Il comptait bien offrir son buste au département de musique d'Harvard. Les deux autres choix étaient plus politiques. Schopenhauer, dont le buste devait dans son idée rejoindre le département de philosophie de l'université, n'était plus en grâce à Berlin : Hitler lui préférait désormais Nietzsche, depuis la rencontre avec sa sœur, nazie convaincue, en 1932. Putzi regrettait cette conversion philosophique, la violence et le rejet de la religion qu'elle impliquait. Discrètement, il marquait sa différence avec Hitler. Enfin, offrir un buste d'Hindenburg, le président allemand qui avait été l'ennemi des États-Unis lors de la

Première Guerre mondiale, était pour le moins audacieux. Les jours du vieux maréchal étaient comptés ; ils séparaient Hitler d'une prise de pouvoir totale et sans partage.

Reste que personne ne semblait s'intéresser à ces bustes. Il faut imaginer Putzi, grotesque et transpirant, déambuler, ses pas lourds résonnant dans les couloirs vides d'Harvard. En dehors de lui, personne ne se trouvait là au début de l'été. Par chance, il croisa le directeur du département de musique sur le point de quitter l'université pour quelques semaines. Devant son insistance, celui-ci accepta de prendre le buste de Gluck. J'ai eu beau chercher, je n'ai retrouvé aucune trace de cette statue à Harvard, où elle dut essentiellement prendre la poussière. Schopenhauer eut moins de chance : le département de philosophie demeura sourd aux appels de Putzi. Et pour Hindenburg, qu'il destinait à l'académie de West Point, il se heurta au refus de Washington. Les deux bustes passèrent quelque temps dans une galerie de New York qui organisait une rétrospective des œuvres de Josef Thorak. Hindenburg trouva finalement une place chez les Hanfstaengl, sur une étagère : on l'aperçoit dans une vidéo de 1935, à côté d'un portrait d'Hitler, derrière Putzi au piano, le haut du corps figé, exécutant l'une de ses compositions.

Quelques semaines plus tard, Putzi apprit que l'université refusait la bourse de mille dollars qu'il avait proposée au printemps. Tout se passait comme si Harvard, qui avait reçu avec tant d'honneurs son ancien étudiant, souhaitait effacer les traces de ce passage. L'Amérique hésitait. Que fallait-il faire de l'Allemagne nazie ?

Putzi n'était pourtant pas fou. Il n'avait pas inventé ex nihilo l'hypothèse d'un axe reliant les États-Unis démocratiques à l'Allemagne hitlérienne. Il n'était pas le seul à y croire. Au moment même où il déambulait à Harvard, un Américain passait un excellent séjour à Munich. Nathan Roscoe Pound, le doyen de la Harvard School of Law depuis près de vingt ans, avait profité de ses vacances en France pour se rendre en Bavière, à l'invitation des plus hautes autorités juridiques de la province réunies au sein de l'Académie de droit allemand.

Les autorités nazies voyaient en lui un ami de l'Allemagne : il avait soutenu le boycott des commerces juifs, décidé par Berlin en réponse à celui que les organisations juives américaines avaient prononcé à l'encontre des commerces allemands aux États-Unis. Pour Pound, c'était là la réponse adéquate à une décision illégitime, sinon illégale. Et de nombreuses personnalités au sein de l'administration Roosevelt avaient suivi son enseignement à Harvard : lui rendre un hommage public serait de nature à renforcer la position, déjà solide, du régime nazi à Washington.

Accompagné de son épouse, Pound rencontra ainsi le délicat Josef Bühler, également conseiller juridique d'Hitler, qui accompagna le couple américain au théâtre lors d'une représentation de *Parsifal.* (Bühler est resté dans l'Histoire pour avoir été l'un des quinze nazis présents lors de la conférence de Wannsee en 1942 qui décida de la solution finale). Le juriste américain eut également l'honneur de déjeuner avec le ministre de la Justice de Bavière, Hans Frank, qui se trouvait être aussi le conseiller juridique personnel d'Adolf Hitler (Frank deviendrait pendant la guerre le gouverneur général de la Pologne occupée, et y organiserait le régime de terreur nazie). Pound partageait avec lui une conception « réaliste » du droit. Celui-ci devait s'appuyer sur le monde réel et non sur un monde idéal. Et le monde réel, pour les nazis comme pour des juristes américains, c'était l'impossible mélange des races.

En ce mois de juillet 1934, la Nuit des longs couteaux était dans tous les esprits. Hans Frank s'intéressait alors de près à la législation raciale américaine. Il dirigeait une somme, le *Manuel national-socialiste de droit et de législation*, qui paraîtrait l'hiver suivant et se révélerait d'une importance capitale, dans la mesure où il poserait les jalons de la législation nazie à venir.

Les États-Unis étaient un modèle, en témoignaient les longs développements qu'un jeune universitaire de Berlin, Herbert Kier, avait consacrés à la législation américaine, État par État, sur le croisement des races : « La législation américaine sur l'immigration montre que l'on a bien compris aux États-Unis qu'un *Volk* nord-américain ne pourra émerger du "melting-pot" que si la masse de population totalement étrangère sur le plan racial n'est pas mêlée à la population de base, qui est d'origine anglo-scandinavo-allemande, c'est-à-dire faite de peuples racialement apparentés. » En ce même été 1934, Heinrich Krieger, autre jeune juriste allemand, rassemblait les notes qu'il avait patiemment collectées à Fayetteville, dans l'Arkansas, où il avait passé l'année au sein de la faculté de droit. Ses recherches portaient sur l'extermination des Indiens d'Amérique et reposaient sur une idée simple, glaçante : parce que racialement différents, les Indiens devaient être soumis à un régime juridique différent. Krieger s'intéressait aussi à la question noire. Il citait abondamment Jefferson qui avait écrit que « les deux races, également libres, ne peuvent pas vivre sous le même gouvernement », ainsi que Lincoln qui, avant 1863, considérait que le règlement du problème racial passerait nécessairement par l'éloignement des populations noires «hors des frontières». Dans l'Arkansas, Krieger avait pu remarquer l'efficacité des lois Jim Crow, qui avaient substitué la ségrégation raciale à l'esclavage et maintenu la pureté de la race supérieure en interdisant le métissage. Au même titre que les travaux d'Hans Frank et d'Herbert Kier, ceux de Krieger nourriraient bientôt les lois de Nuremberg.

L'Amérique montrait la voie à suivre.

Dans son journal, habituellement très précis, l'honorable doyen Nathan Roscoe Pound se montra fort discret sur le contenu de ses entretiens avec Frank et Bühler. À la fin de son séjour bavarois, il accorda un entretien au *Paris Herald*, la version internationale du *New York Times*, où il se dit «impressionné par l'absence de tensions et par la manière pacifique avec laquelle le peuple a accepté Hitler comme chef».

De retour à Boston, Pound reçut des mains de l'ambassadeur allemand aux États-Unis, Hans Luther, son diplôme de docteur honoris causa de l'université de droit de Berlin. On alla ensuite fêter l'événement au Ritz. La présence de l'ambassadeur actait la dimension politique et idéologique de ce moment. Et pourtant, personne, absolument personne, au sein de la direction d'Harvard, n'y trouva rien à redire. Nathan Roscoe Pound, l'un des promoteurs du réalisme juridique que les nazis épousèrent, était considéré comme l'un des plus éminents juristes du pays et du siècle. Il l'est toujours.

Le paquebot approchait des côtes allemandes. Putzi n'en menait pas large. Pour la première fois, il avait peur. Hitler se réveillait plus puissant que jamais de cette Nuit des longs couteaux. Voigt, l'adjoint de Putzi, avait compilé des articles de presse pour que son patron sache à quoi s'en tenir avant d'arriver à Berlin. Il passa l'essentiel de la traversée à les lire et à les relire. L'industrie, qui n'aime rien de plus que l'ordre, avait salué comme un seul homme ce coup de force. «L'épuration a commencé. Nous avons maintenant un État fort, consolidé et unifié. La reconnaissance du peuple est due à Adolf Hitler et à ses fidèles.» L'industrie minière saurait «se montrer reconnaissante», tout comme l'armée, qui haïssait la S.A. Le président Hindenburg adressa quant à lui un télégramme de félicitations à Hitler dans lequel il lui exprimait ses «profonds remerciements» pour avoir «sauvé le peuple allemand d'un grave danger», l'imaginaire tentative de coup d'État de Röhm.

Hitler avait parfaitement manœuvré. Putzi songea que rien ne pourrait plus s'opposer à lui. Un discours du Reichstag, entendu à bord de l'*Europa*, confirma son sentiment. Hitler était la loi et la loi était Hitler. Hitler était l'État et l'État était Hitler. Ne restait plus qu'à attendre la mort d'Hindenburg. Elle arriverait vite.

Tandis qu'il parcourait les journaux, l'effroi de Putzi redoubla. À la radio, Goebbels avait fustigé «l'anormalité sexuelle ignominieuse et écœurante» des chefs S.A., autrement dit leur supposée homosexualité, qui jetait le discrédit sur l'ensemble de la direction du parti. Putzi n'en fut pas surpris, il avait déjà mesuré à quel point le ministre de la Propagande haïssait les homosexuels. Mais ce qui était nouveau et angoissant, c'était qu'Hitler relaie ces propos. Putzi lut que le 3 juillet, en conseil des ministres, le Führer avait lui aussi évoqué le «malheureux penchant» de Röhm, qui avait gangrené la direction de la S.A. et nourri sa haine de la Wehrmacht. Le vice-chancelier von Papen trouva la prise de responsabilité d'Hitler « grande et virile ». Dans sa cabine, Putzi manqua de s'étrangler en buvant son thé.

Lorsque les rumeurs concernant l'homosexualité de Röhm avaient fait scandale en 1932, Hitler lui avait maintenu sa confiance, n'accordant aucune importance à la vie intime de son vieux camarade. À l'époque, Putzi s'était même interrogé sur la sexualité du Führer. Dans ses Mémoires, il écrit : « Hitler appartenait, selon moi, à la catégorie des hommes "ni chair ni poisson" », c'est-à-dire ni tout à fait homosexuel ni tout à fait hétérosexuel ; et plus loin : « Tout, en lui, était mouvant, flou, insaisissable. Les mœurs des individus douteux dont il s'entourait – de Röhm et Heines à Rosenberg – ne paraissaient pas lui répugner le moins du monde. » Peut-être est-ce la raison pour laquelle Putzi échoua à lui donner une femme ? Ou peut-être est-ce ainsi qu'il justifia son échec à lui donner une femme.

Quoi qu'il en soit, Putzi était désormais certain que Goebbels avait pris le contrôle de l'esprit d'Hitler. Et cela n'augurait rien de bon.

Les côtes allemandes étaient en vue. Le brouillard allait se dissiper, laissant apparaître un monde nouveau, terrifiant.

Putzi avait vu juste.

À peine eut-il posé le pied à Berlin qu'il découvrit qu'en son absence des forces obscures et hostiles avaient été à l'œuvre. On chuchotait sur son passage, ses amis lui assuraient qu'il avait eu de la chance de se trouver loin du pays. Mais personne ne lui expliquait ce que signifiaient ces sous-entendus. Il lui fallait parler à Hitler au plus vite. Celui-ci se reposait sur une plage de la Baltique avec la famille Goebbels : Putzi eut un pincement au cœur. Dix ans plus tôt, c'était chez lui qu'Hitler venait séjourner.

Heilingendamm, la plus ancienne station balnéaire du pays, devait son surnom (« *Weiße Stadt am Meer* ») aux villas blanches qui se succédaient le long de la côte. Magda et Joseph Goebbels y possédaient une jolie maison de vacances où ils aimaient recevoir. Ils étaient arrivés à la fin du mois de juin. Comme souvent en cette saison, le soleil brillait dans un ciel blanc. La petite Helga avait deux ans, et Hildegarde n'avait pas trois mois. Quelques années plus tard, après le suicide d'Hitler, leur mère leur donnerait la mort, ainsi qu'à ses quatre autres enfants. Sur les photos de l'époque, je vois une jolie famille, de délicats habits blancs, la lumière d'été dans les boucles des fillettes qui regardent l'appareil. Et cet ami, Hitler, qui a conservé son costume trop chaud et trop élégant pour l'endroit, qui câline les enfants et plaisante avec les parents.

Putzi arriva à Heilingendamm hébété et transpirant. Il n'était resté que quelques heures à Berlin. Quant à Munich, il s'y rendrait quand il en aurait le temps. Installés sur le sable, les Goebbels, une fois la surprise passée, se montrèrent heureux de le voir, surtout Magda. Helga dans les bras, elle se leva avec effort et l'accueillit avec enthousiasme : «Putzi ! Que faites-vous là ? Nous vous croyions encore en Amérique ! C'est formidable ! Déjeunons ensemble ; le Führer est encore à l'hôtel, il se joindra à nous...» Resté en retrait, Goebbels esquissa un salut de la main. Il savait que son hôte n'était là que pour rencontrer Hitler.

Putzi se sentait ridicule dans son costume trois pièces, les pieds dans le sable. Plus encore, il était soucieux. En arrivant à Heilingendamm, il s'était d'abord présenté à l'hôtel où le Führer avait ses habitudes, mais à son grand dam celui-ci n'était pas sorti de sa chambre, malgré l'heure avancée. L'un de ses secrétaires lui avait indiqué la plage où il trouverait à coup sûr les Goebbels. Après avoir échangé avec eux quelques banalités polies, Putzi fut informé qu'Hitler était prêt à le recevoir.

Goebbels eut un rictus inquiétant.

Le Führer lui réserva un chaleureux accueil dans la suite qu'il occupait. Cela n'augurait rien de bon. Après toutes ces années, Putzi avait appris à se méfier des apparences. «Vous avez là de bien curieux amis, Hanfstaengl. Le chef du département de la presse étrangère fraternisant avec un Juif ! Belle propagande pour le parti !» ironisa Hitler.

«Cet épisode a donc traversé l'Atlantique», songea Putzi, anxieux. Comme tout cela lui semblait loin ! Le jour de la cérémonie à Harvard, un inconnu qui marchait à ses côtés lui avait tendu la main. Et le lendemain matin, en ouvrant les journaux, Putzi découvrit qu'il avait «enterré la hache de guerre» : il se trouvait en effet que cet inconnu, un juge du Maine nommé Max Pinansky, était juif.

Putzi tenta de se défendre, mais Hitler ne l'écoutait plus.

Quelqu'un l'avait informé, forcément. Le responsable se trouvait peut-être à quelques dizaines de mètres, sur la plage, en train de rassembler ses affaires afin de se rendre au déjeuner auquel Putzi était convié.

Le supplice se poursuivit à table. «Vous devez être affamé après tous ces voyages...» Tandis que Magda prenait soin de son hôte, Goebbels se moquait des risques qu'il avait pris aux États-Unis, ironisant sur le courage qu'il lui avait fallu pour échapper, sous protection policière, à la horde de communistes déchaînés qui l'attendait à New York. Hitler s'amusa de ce petit jeu pervers auquel il prit part en regrettant que Putzi n'eût pas été à Berlin plutôt qu'en Amérique. «Pour me tuer, c'est ça ?» Il n'eut pas le cran de poser la question.

Au retour d'Heilingendamm, le brouillard dans lequel Putzi était plongé commença à se dissiper. Les événements l'y aidèrent.

Le 2 août à l'aube, Hindenburg mourut. Les fonctions de président et de chancelier fusionnèrent sous les hourras de la foule qui vota à 89,9 % en faveur de cette évolution constitutionnelle. Thomas Mann pouvait bien essayer de se rassurer, depuis son exil suisse, en se raccrochant aux cinq millions de votes hostiles à la réforme, l'élection projetait sur la réalité une lumière crue : la prise de pouvoir d'Hitler était achevée. Et désormais, les soldats devaient dire : « Je prête devant Dieu le serment sacré de vouer au Führer du Reich et du peuple allemand, Adolf Hitler, le commandant en chef de la Wehrmacht, une obéissance absolue, et en brave soldat d'être prêt, à tout moment, à mettre ma vie en jeu pour ce serment. »

Putzi tentait de faire bonne figure. Il continuait à déambuler dans les couloirs du pouvoir à Berlin, mais masquait mal sa peine. Certes, l'Allemagne nazie n'était plus que nazie, totalement nazie ; certes, le régime puisait des idées en Amérique – les lois de Nuremberg en témoigneraient. Mais Hitler s'éloignait. Pire, il se moquait de lui, ce pauvre Putzi qui l'aimait tant. Et il n'hésiterait pas à l'éliminer, même s'il ne le ferait pas en personne ; il n'avait pas ce courage. Quand Röhm avait hurlé, torse nu : « Qu'Hitler vienne me tuer lui-même ! », la balle fatale avait été tirée par un soldat.

Depuis 1933, à la tête de la presse étrangère, Putzi était sans cesse mis en face de ces crimes qui choquent la conscience. Des journalistes l'appelaient : « *Hey* Hanfy, un commentaire sur ce Juif battu à mort en Poméranie ? », « *Hey* Putzi, c'est possible un reportage dans le camp de Dachau ? », « *Hey* Ernst, ces deux femmes accusées d'espionnage, décapitées par un bourreau en queue-de-pie, chapeau haut de forme et gants blancs, c'est barbare ! » Tant que Putzi avait eu pour mission de cacher le feu afin de protéger les pyromanes, il s'en était accommodé. Il avait une fonction. Mais maintenant que les nazis contrôlaient tous les pouvoirs, les médias étrangers étaient soumis à la même pression que les médias allemands. Le feu brûlait toujours, mais Putzi n'était plus en charge de l'étouffer. Désormais, cette tâche revenait à Goebbels. La moindre information que les correspondants étrangers pouvaient lire ou entendre était contrôlée, lissée, pensée par le ministère de la Propagande.

Le congrès de Nuremberg, au début du mois de septembre, offrit à Putzi un regain d'espoir. À cette occasion, Goebbels fut en effet publiquement désavoué par le Führer, qui prit la défense de la cinéaste Leni Riefenstahl. Elle avait été malmenée par les hommes de Goebbels l'année précédente : « Docteur, je vous tiens pour responsable de ce qui s'est passé là. Et cela ne doit plus jamais se reproduire. Je veux que le film sur le congrès du parti soit réalisé par Mlle Riefenstahl, et non par les cinéastes du parti. C'est un ordre. » La cinéaste s'était plainte de l'ingérence des hommes du ministre de la Propagande pendant qu'elle filmait le congrès de 1933. L'animosité entre Riefenstahl et Goebbels était notoire et, aux yeux de Putzi, cela la rendait fort sympathique. La cinéaste gagna la partie. L'admiration qu'Hitler lui portait depuis la sortie de *La Lumière bleue* l'année précédente paraissait sans bornes.

Pour réaliser le film du congrès de 1934, elle obtint un budget illimité et une liberté totale. À peine Hitler imposa-t-il le titre, *Le Triomphe de la volonté*. La volonté d'un peuple incarnée dans celle d'un homme inspira Riefenstahl. La musique de Wagner, les gros plans sur les visages, les discours, la voix d'Hitler, la construction du corps nazi, puissant, viril, abandonné à la nation : son film impressionna tous les participants, Putzi compris.

La marche funèbre que celui-ci avait composée pour la mort de sa petite Hertha et qu'Hitler aimait beaucoup fut jouée pendant le congrès. Là, à Nuremberg, Putzi crut à nouveau que tout était possible. Qu'il s'était trompé.

Quel idiot il avait été de craindre de subir le sort de tant d'autres ! Il restait l'ami fidèle sur lequel on s'appuie quand le monde s'effrite. On n'élimine pas un ami.

Tel était son état d'esprit en revenant de Nuremberg.

Mais, en octobre 1934, ce fut le coup de grâce. Sans qu'il sache pourquoi, sûrement une manœuvre de ses concurrents, l'accès à la chancellerie lui fut soudain interdit. Chef du département de la presse étrangère sur le papier, pas encore ostracisé, mais dégradé, humilié. Hitler lui était désormais inaccessible. Une fois de plus, il subissait le bon vouloir du Führer, et s'en voulait de ne pas avoir pris les devants.

Fallait-il fuir ?

La Suisse, voisine à la neutralité bienveillante, constituerait la meilleure solution en attendant l'Amérique. Il ne partirait pas seul. Les nazis étaient capables de faire pression sur sa famille ; les défections n'étaient pas prises à la légère par le régime. Son fils Egon était un adolescent embrigadé qui conservait toujours sur lui une photographie d'Hitler offerte par celui-ci en personne. Il rechignerait à partir, de même qu'Helene, que leur mariage n'avait jamais rendue heureuse. Elle chercherait probablement à obtenir le divorce, que son mari refusait d'évoquer autant pour protéger Egon que pour éviter d'avoir à lui verser de l'argent. Quant à la mère de Putzi, elle était installée à Uffing, là où Hitler s'était précipité, blessé, après le putsch manqué de 1923. « Ils n'iront pas jusque-là », songeait Putzi sans en être certain. Il irait l'embrasser un soir avant de filer, sans la prévenir, avec Egon, et peut-être Helene. En la maintenant dans l'ignorance de son plan, il la protégerait. Au fond, il fallait prévenir le moins de monde possible. Et passer à l'action.

Novembre avait été le mois de sa rencontre avec Hitler. Ce serait aussi le mois de leur séparation.

Un soir tard, Putzi sortirait de chez lui, relèverait le col de son long manteau noir, rajusterait son chapeau et prendrait, à pied, la direction de la gare. À la main, une mallette contenant quelques papiers. Aucune valise, pour ne pas éveiller la curiosité. La majestueuse porte de Brandebourg le regarderait s'éloigner par les rues désertes. Il accélérerait le pas afin de ne pas manquer le dernier train pour Munich. Peut-être ne reverrait-il jamais Berlin. Alors il lèverait la tête et photographierait mentalement les rues et les bâtiments qu'habituellement il regardait si peu. Les croix gammées seraient là pour mille ans. Putzi approcherait de Potsdamer Platz. Un peu de circulation, quelques piétons. Il se retournerait, surveillerait ses arrières dans le reflet des vitrines – toujours cette impression d'être suivi... Au loin se dresserait l'immense gare d'Anhalt, plus impressionnante encore dans l'obscurité. Aucune file d'attente à cette heure dans la gare déserte. Direction Munich, où il retrouverait son fils.

Il passerait une nuit exécrable dans le train, ne fermant l'œil que quelques minutes avant d'arriver à la gare centrale. Était-il lâche ou courageux? Le genre de question qui empêche de dormir. Il repenserait au Bavarois Karl Valentin. Lui, sans doute, avait été courageux. Il avait dit non à Hitler et sa carrière s'était achevée. Pas comme son voisin, Thomas Mann, qui répandait son venin contre le régime depuis son confort zurichois. Il en tirerait un livre, Putzi en était certain. Karl Valentin, c'était autre chose. Le comique absurde de ce comédien l'avait porté au sommet dans les années 1920. On l'appelait le Chaplin allemand, et il faisait rire tout le monde, même Hitler. Mais, dans les années 1930, la liberté de Valentin devint un affront au régime. Il possédait une extraordinaire collection de cartes postales représentant Munich et les Munichois du XIXe siècle. Dans les années 1930, quand il connut des difficultés financières, il dut se résoudre à la vendre. Hitler lui envoya Heinrich Hoffmann, son photographe personnel, qui lui en proposa une somme faramineuse. Cent mille marks. Parmi les cartes, une photo de Louis II de Bavière enfant portant une barbe d'adulte.

— Cent mille marks, Valentin. Et le Führer n'émet qu'une seule condition, que vous n'utilisiez jamais cet argent pour produire des films.

Valentin partit au quart de tour :

— Dis au chef que je suis comme lui, avec moi c'est tout ou rien !

— Calmez-vous, vous ne manquerez de rien. Le Führer vous propose une rente viagère de mille marks par mois. Réfléchissez, Valentin. Ne faites pas l'idiot…

Mais la discussion était close. Le comédien conserva sa collection et dut renoncer à jouer. Il en mourut.

On s'apercevrait bientôt de l'absence de Putzi à Berlin. *Mais où est-il ?* On le chercherait partout. On passerait chez lui, au café, chez quelques-unes de ses maîtresses, puis on enverrait des hommes le trouver à Munich. Chez sa femme, d'abord. Putzi aurait un peu d'avance. En sortant de la gare, à l'heure où les lampadaires s'éteignent, cet instant où la nuit électrique vous lâche la main, il se mettrait en quête d'un taxi. En quelques minutes, il rejoindrait sa maison endormie. Il n'aurait pas annoncé sa venue ni prévenu les siens de ses plans. Helene eût été capable de prévenir les autorités. Quant à Erna, la sœur de Putzi, elle était si liée à Hitler – une rumeur leur avait prêté une liaison au début des années 1920 –, et surtout à Himmler – dont le père avait été le professeur des garçons Hanfstaengl au lycée à Munich –, qu'il ne l'aurait jamais informée. Habituellement, Putzi revenait avec fracas de Berlin. Il ouvrait la porte et hurlait, en anglais, qu'il était bon d'être chez soi. Egon dévalait l'escalier et sautait dans les bras de son père tandis qu'Helene restait en retrait. Rien de tel ce matin-là. Dans le silence de la nuit finissante, Putzi gravirait les marches. «Egon, chuchoterait-il, prépare-toi mon fils, nous partons toi et moi... Pas un mot, je te raconterai en chemin. Non, ne réveille pas ta mère. Je te raconterai. Ne t'en fais pas, Egon, tu dois me faire confiance, prends quelques affaires, ton passeport. Oui, bien sûr, tu peux prendre la photo d'oncle Adolf...»

Moteur ronronnant, le taxi patienterait devant la maison. Il ne serait pas encore sept heures du matin. Un train pour Zurich les attendrait en gare de Munich. Ils déjeuneraient à bord. Putzi expliquerait à son fils que sa sécurité n'était plus garantie, que le régime basculait dans une dictature sans partage, que son voyage aux États-Unis lui avait certainement sauvé la vie, que de mauvais esprits influençaient le Führer, qu'ils quitteraient bientôt l'Europe pour l'Amérique où Egon pourrait réaliser son rêve, intégrer l'U.S. Navy.

Chassé de la chancellerie, Putzi le fut, mais il ne fit pas ses bagages, ne réveilla pas son fils dans la nuit, ne sauta dans aucun taxi. Les trains de nuit roulèrent sans lui.

Fuir l'Allemagne nazie en novembre 1934, il n'y songea jamais sérieusement.

EXILS

Un vent tiède annonçant l'été balayait les côtes de Québec lorsque le *Duke of York*, propriété de la Canadian Pacific Steamship, accosta.

Le paquebot avait quitté le port de Liverpool six jours plus tôt. À bord, le bruit avait couru que la destination finale était l'île de Man, ce qui fut vite démenti par le temps passé en mer. Arrivés à Québec, près de trois mille passagers se déversèrent lentement sur le quai, accompagnés de plus d'un millier de prisonniers, sous la conduite des soldats, dont certains n'étaient encore que des enfants. Putzi et les autres prisonniers parcoururent à pied le kilomètre qui séparait le port de la gare du Palais. Là, ils prirent place dans les wagons de la Canadian Pacific Railway. On leur remit à tous un petit paquet qu'ils s'empressèrent d'ouvrir. Putzi y découvrit avec satisfaction deux miches de pain blanc, découpées en tranches et emballées de façon hygiénique dans du papier sulfurisé, des oignons, des sardines, un saucisson de Bologne, du porc, des haricots, de la confiture, des fruits, un pain au fromage, du sucre, du sel, du poivre, une tasse et des couverts. «Ils ne veulent pas nous tuer», se dit-il. Au moins pour les deux jours et deux nuits qu'allait durer le trajet. C'était la seule information dont il disposait.

Dans un fracas métallique, le train s'ébranla. D'abord vers Montréal, puis Toronto, avant de contourner les lacs, et de traverser les forêts sans fin de l'Ontario. Malgré l'incertitude, le paysage avait quelque chose d'apaisant. Putzi trouva même le sommeil, le front contre la vitre froide qui vibrait tandis que le train filait à vive allure.

Lorsqu'il ouvrit un œil, il fut ébloui par le soleil qui se reflétait dans le lac Supérieur, que certains prirent pour la mer, tant il était immense. Le train ralentit. En ce matin du 2 juillet 1940, à des milliers de kilomètres de la guerre qui faisait rage dans l'ouest de l'Europe, les prisonniers arrivèrent à Red Rock. Devant la petite gare, des soldats les comptèrent avec soin. Ils étaient mille cent cinquante. Il fallut encore marcher deux kilomètres à travers une nature sauvage qu'ils eussent trouvée belle en vacances. Sans aucun doute, ce qui s'étendait devant les yeux de ces hommes fatigués par le voyage était un camp, le camp R., situé au sud de Trout Creek et bordant le lac, dans la baie de Nipigon, à l'est. Des barbelés délimitaient une vaste zone où s'étalaient quarante-huit cabanes en bois, séparées de quelques centimètres seulement. Chacune allait accueillir entre vingt-cinq et trente prisonniers. Quatre tours de guet de cinq mètres complétaient l'ensemble. Elles avaient été montées en toute hâte, contrairement aux cabanes qui avaient logé quelques années plus tôt les ouvriers d'une usine de papier, la Lake Sulphite Pulp and Paper Company. Le brigadier général Panet, en charge du futur camp, avait apprécié le raccordement au réseau électrique, aux égouts, à l'eau potable (qui se révéla immonde) et la proximité du chemin de fer.

Mais, de toute évidence, rien n'avait été préparé pour accueillir autant de prisonniers. L'urgence était manifeste. Les hommes s'installèrent dans les cabanes mais ne reçurent des draps, des couvertures, des chaises, des tables et des couverts que deux jours plus tard, au grand soulagement des plus pessimistes. Putzi quant à lui avait vécu tellement d'aventures depuis sept ans qu'il accueillit celle-ci avec fatalité. «Advienne ce que pourra. Mon monde a disparu, je n'attends rien du prochain. Faites de moi ce que vous voulez, je me contente de respirer», aurait-il pu dire à ses gardiens.

Un soldat hurla qu'il était strictement interdit de s'approcher des fenêtres et de la porte sans l'autorisation des autorités militaires. Chaque jour, les hommes seraient comptés. Et s'ils étaient malades, ils n'auraient qu'à crier : on les entendrait, peut-être. Putzi, qui aimait tant se distinguer par des tenues élégantes, voire extravagantes, eut la mauvaise surprise, quelque temps plus tard, de recevoir sa tenue de prisonnier. Une chemise, une veste, un pantalon, tous trois en jean. Mais ce qui lui déplaisait le plus étaient les bandes rouges le long des jambes et des manches, et surtout le gros rond rouge au dos de la chemise et de la veste. Les militaires avaient beau expliquer qu'il s'agissait d'un moyen d'éviter les évasions, il n'y voyait qu'une tenue de clown, avec une cible dans le dos.

Dans ce camp que les autorités canadiennes et britanniques qualifièrent de «nazi», Putzi était une sorte de célébrité. Il était le seul à avoir eu des fonctions officielles et côtoyé Hitler ainsi que les autres caciques du régime. Quand il fut évident que la captivité allait durer longtemps, quelques jeunes Allemands – la plupart des prisonniers l'étaient – prirent l'habitude de se réunir chaque soir autour de Putzi, qui leur racontait l'histoire du parti. Il prenait les voix d'Himmler, d'Hitler, de Göring ou de Goebbels, ce qui amusait beaucoup son public, et lui offrait un peu de la lumière qu'il recherchait depuis toujours.

Mais la vie dans le camp était pénible. Le travail obligatoire, agricole le plus souvent, occupait les détenus une bonne partie de la journée. Putzi, qui n'avait jamais aimé les travaux manuels, s'arrangeait pour ne rien faire. Parfois, il marchait seul, ruminant son destin raté. Le plus souvent, il pensait à son fils.

Durant leur temps libre, les plus jeunes s'adonnaient à des parties de football, de handball, ou réalisaient des pyramides humaines – un spectacle pour les enfants du coin qui s'agglutinaient devant les barbelés. Les plus âgés s'occupaient à construire des maquettes. Putzi se montra doué dans ce nouvel exercice : ses énormes mains n'avaient rien perdu de leur dextérité. Un piano, d'ailleurs, arriva dans le camp, grâce au Dr Jerome Davis, un citoyen américain qui, engagé au sein de la Y.M.C.A., œuvrait bénévolement à améliorer le quotidien des prisonniers. Putzi ne tarda pas à accaparer l'instrument et à faire résonner dans le camp des airs populaires, des mélodies de Chopin ou de Wagner, pour le plus grand plaisir de ses compagnons d'infortune. Nul ne pouvait imaginer ce qu'il ressentait alors. L'ivoire sous ses doigts agiles le renvoyait dans sa villa de Munich au début des années 1920. Quand il jouait pour Hitler.

Les prisonniers n'avaient pas perdu de temps. À peine arrivés, quelques-uns avaient décoré leurs cabanes de croix gammées, d'affiches nazies et de portraits du Führer. Rapidement décrochées par les autorités, les affiches réapparurent dès que l'administration du camp apprit que les prisonniers britanniques avaient obtenu le droit d'afficher des portraits de George VI dans leurs geôles allemandes.

C'est ainsi qu'à plus de six mille kilomètres de Berlin, de Munich et de Nuremberg, au bord du lac Supérieur, vivait le IIIe Reich.

Quelques jours après l'ouverture de ce camp, on informa le général Panet qu'environ deux cents personnes n'avaient rien à faire là : des antinazis, dont beaucoup de syndicalistes se qualifiant eux-mêmes de bolcheviques, et des dizaines de Juifs effarés d'être enfermés avec les bourreaux qu'ils avaient fuis en quittant l'Allemagne. Manifestement, leur présence était une erreur, une anomalie, mais, loin de vouloir le reconnaître, les autorités canadiennes s'imaginèrent que, par patriotisme, ces Juifs s'étaient engagés en faveur de l'Allemagne nazie.

Pendant ce temps, à Londres, la colère mêlée à l'incompréhension grandissait. La belle unanimité qui avait présidé à la décision d'envoyer loin des îles Britanniques les Allemands et leurs alliés qui s'y trouvaient, et dont on craignait qu'ils ne constituent une cinquième colonne pour le régime nazi (Churchill, le 3 juin 1940 : « Je les voudrais en haute mer le plus tôt possible »), n'avait pas survécu au tragique destin de l'*Arandora Star.* Le navire avait quitté les côtes britanniques en direction du Canada le 1er juillet, avec un nouveau contingent d'indésirables. Mais, le lendemain de son départ, l'*Arandora Star* fut coulé par un U-Boot allemand. Plus de huit cents personnes périrent, parmi lesquelles de nombreuses figures de l'antifascisme, dont Decio Anzani, qui vivait depuis vingt ans en Angleterre et dirigeait la section italienne de la Ligue des droits de l'homme. Les Britanniques découvrirent stupéfaits que leur gouvernement avait aussi chassé de leur pays ce genre d'hommes.

La nouvelle du drame parvint jusqu'au camp R. La libération des antinazis n'allait pas tarder, croyait-on. Malgré son passé nazi, Putzi entrevit l'espoir d'une libération. Mais il dut se rendre à l'évidence : aux yeux des alliés, il était un ennemi.

L'idée de se débarrasser de tous ces Juifs plaisait autant aux nazis qu'aux gardes du camp, qui ne les aimaient guère. Pour qui se prenaient-ils, à exiger des repas casher et à refuser de travailler tous les vendredis dès la tombée de la nuit? «Ces Juifs nous causent plus de problèmes que les autres prisonniers, confia le général Panet. Ils sont sales. Désordonnés. Nuisibles.» De guerre lasse cependant, peu de temps avant leur départ, on leur accorda un repas casher pour casser le jeûne de Kippour, à quelques mètres des croix gammées et des chants nazis entonnés à pleins poumons.

À l'automne 1940, les portes du camp s'ouvrirent. Mais elles ne donnaient pas encore sur la liberté. Les prisonniers juifs prirent le chemin d'autres camps dans l'est du Canada, où, au moins, ils seraient entre eux. Cette décision avait l'immense mérite, aux yeux des autorités canadiennes, de ne pas déverser sur les routes des hordes de Juifs errants. Le Canada s'en méfiait comme de la peste depuis des années. Comme de la vermine, plutôt. De celle que l'on interdit sur les plages. «Le peuple juif n'a aucun intérêt pour nous dans ce pays. En tant que race, les Juifs ne font pas partie de la haute civilisation», écrivait publiquement, en juillet 1933, le doyen de la section artistique de la prestigieuse université McGill, qui venait d'imposer des quotas aux candidats juifs. Trois ans plus tard, Maurice Duplessis, un conservateur catholique qui accusait les Juifs d'être communistes, était devenu Premier ministre du Québec. Les Juifs n'étaient pas les bienvenus. Pas question de les relâcher. Surtout pas ceux-là, arrivés d'Europe, encore pleins de leur saleté urbaine et industrieuse, sans une once de la pureté qu'auraient pu leur apporter le bon air et la proximité d'une race supérieure. Et puis, on n'avait pas refoulé les malheureux Juifs qui avaient fui l'Allemagne nazie à bord du *Saint Louis* pour accepter ceux-là.

Putzi, lui, resta enfermé. Début novembre, le camp reçut avec dépit l'annonce de la réélection de Roosevelt. L'Amérique n'était pas encore en guerre, mais le président démocrate ne faisait pas mystère de sa volonté d'engager le pays dans la lutte contre les forces de l'Axe. Il armerait ses alliés britanniques et enverrait ses troupes dès que l'occasion se présenterait.

Putzi errait dans le camp. Qui était-il ? Un homme d'un certain âge, penché sur ses maquettes de bois, aux rêves enterrés dans les décombres d'une Histoire qui s'était jouée de lui, et qui se jouait sans lui. Même prisonnier, il arborait une tenue de clown. Face au lac Supérieur dans lequel se reflétait le ciel d'hiver bleu métallique de l'Ontario, ses pensées le renvoyaient au bord de l'Isar, et plus encore du Staffelsee. Les reverrait-il jamais ? Il ressassait les années qu'il venait de passer loin de chez lui, exilé, nomade, errant tel un chien sans son maître.

Le sort de Putzi s'était lentement scellé.

Chassé de la chancellerie à l'automne 1934, il avait passé de longs mois à déambuler dans Berlin tel un seigneur sans fief. Son téléphone sonnait de moins en moins. Les journalistes avaient compris qu'il n'était plus d'aucune utilité pour s'approcher d'Hitler.

Putzi se jeta alors corps et âme dans un nouveau projet : la production d'un film dont il écrivit le scénario et la musique. *Volk ohne Raum* («Peuple sans espace») était l'adaptation du livre à succès de l'écrivain nationaliste Hans Grimm (1926). Dans ce roman colonial dont l'action se situait avant 1914 pointait l'idée, promise à un grand avenir, que l'étroitesse du territoire était à l'origine des malheurs allemands. Par ailleurs favorable à un rapprochement avec l'Angleterre, l'auteur ne pouvait qu'attirer Putzi, d'autant qu'il était en odeur de sainteté dans les plus hauts cercles du pouvoir hitlérien. En 1935, le chef de la presse étrangère obtint, pour mener ce projet à bien, de l'argent du Front allemand du travail, dont le directeur était Robert Ley. Putzi voyait dans ce film la possibilité d'un retour en grâce et de faire avancer ses idées. Et, au passage, de damer le pion à Goebbels.

Sa vie sociale s'était plus que réduite. Quelques cocktails dans telle ou telle ambassade, quelques dîners. On ne s'arrachait plus ses faveurs. Son étoile avait cessé de briller dans le ciel nazi. Heureusement, il restait des événements auxquels on consentait à le convier. En 1935, ce fut Bayreuth en juillet, grâce à la fidélité de Winifred Wagner, et Nuremberg en septembre – mais si loin du Führer. Et, en août 1936, Berlin, pour les jeux Olympiques.

Les anneaux olympiques et les croix gammées flottaient au vent ; Putzi déambulait dans les rues de la capitale. Il se souvint qu'Hitler, à l'origine, ne voulait pas de ces jeux accordés par le Comité international olympique à la république de Weimar. Cet événement cosmopolite au nom de la paix, non merci ! Mais Goebbels l'avait convaincu. Le monde entier assisterait au triomphe du nazisme, et les victoires des athlètes allemands signeraient la supériorité de leur race.

Les appels au boycott n'y avaient rien fait. Pierre de Coubertin, vieil homme fatigué, fasciné par Hitler, avait vu juste lorsqu'il avait lancé un an avant les jeux : « J'ai l'impression que toute l'Allemagne, depuis son chef jusqu'au plus humble de ses écoliers, souhaite ardemment que la célébration de 1936 soit l'une des plus belles que le monde ait vues. » Tout au plus fallait-il que l'Allemagne fît semblant d'embrasser les valeurs de l'olympisme : la charte interdit l'éviction d'athlètes pour des raisons raciales, religieuses ou d'opinion. « Faites au moins semblant », leur glissèrent, en substance, les aristocrates du Comité international olympique confortablement installés sur les bords du lac Léman. À l'été 1935, Charles H. Sherrill, un ancien ambassadeur américain et membre du C.I.O., fut envoyé en Allemagne. Favorable aux fascismes européens, il avait dédié son essai bavard et antibolchevique de 1924, *The Purple or the Red*, à Benito Mussolini, sa source d'inspiration, et s'empressa de l'offrir en main propre à Joseph Goebbels qui le trouva formidable.

La menace qui pesait sur la tenue des jeux Olympiques était suffisamment forte pour qu'Hitler acceptât de recevoir Sherrill en personne le 24 août à Berlin. L'ancien diplomate en était ressorti subjugué : «Le visage et la silhouette de cet Allemand ont montré qu'il était en parfaite santé – bonne couleur, mais pas trop, bien proportionné, pas trop lourd, taille idéale, pas vraiment grand. Son œil est clair, son regard est franc, ses réponses rapides, mais concises. C'est un grand orateur. Il sait exactement ce qu'il veut dire. Jusqu'à cette rencontre, je n'avais jamais compris comment il avait pu rassembler autant d'hommes autour de lui quand il avait lancé son mouvement nazi, mais je comprends, maintenant.» Hitler expédia la question des athlètes juifs. *Nous verrons, nous verrons.*

Quelques jours plus tard, Sherrill eut l'honneur d'être invité au congrès de Nuremberg au cours duquel furent proclamées les fameuses lois destinées à protéger des sous-hommes la race et le sang allemands. Sherrill, dans un soudain éclair de conscience, s'inquiéta des conséquences olympiques. Désormais, les Allemands qui avaient ne serait-ce qu'un grand-parent juif ne pourraient prétendre représenter leur pays. L'heure était grave et Sherrill, sur place à Nuremberg, fit tout pour s'assurer de la présence d'au moins un Juif dans l'équipe olympique allemande. L'homme à convaincre était Hans von Tschammer und Osten, le responsable des Sports du Reich. «Prenez ne serait-ce qu'un Juif, un demi-Juif même suffirait...».

Pathétique, Sherrill voulait sauver les jeux. Lors de la cérémonie d'ouverture à Berlin, le 1er août 1936, au sein de la délégation allemande, acclamée par le stade, défilait une Juive, l'escrimeuse Helene Mayer, le bras tendu vers la tribune officielle où trônait Adolf Hitler. Henri de Baillet-Latour, le président belge du C.I.O., exulta : «La campagne du boycottage n'est donc que politique, basée sur des affirmations gratuites.»

Putzi n'eut pas l'honneur de la tribune officielle, mais il avait quand même obtenu des billets. C'était déjà ça. Le face-à-face avec Hitler lui était désormais interdit, il lui fallait se contenter de la foule. Mais il était là, lui, au moins. Pas comme ce traître de Kurt Lüdecke, qu'on disait en train d'écrire depuis son exil un livre à charge sur Hitler. Jamais il ne ferait ça au Führer, jamais. Il continuait, malgré l'évidence de la déchéance, à soutenir le régime en faisant bonne figure face à la presse étrangère. Grantland Rice, le plus grand journaliste sportif américain de son temps, l'interrogea au lendemain de la quatrième médaille d'or de l'athlète afro-américain Jesse Owens, véritable héros de ces jeux. Onctueux, Putzi déclara : «Nous n'avons rien contre les Nègres. Mais, dans notre cas, il faudrait aller les chercher dans nos colonies, pas en Allemagne. C'est l'Afrique qui a dominé les épreuves d'athlétisme, pas les États-Unis! Pourquoi ne pas donner le crédit de ces victoires à leur terre d'origine?» Il était ravi de sa réponse. Qui sait, peut-être Hitler la lirait-il?

Son enthousiasme s'émoussa bien vite.

L'article parut le 12 août. Ce soir-là, Putzi se coucha avec le sentiment qu'il venait de passer la pire journée de sa vie. En son absence, Helene avait quitté la maison familiale de Munich. Le divorce avait été prononcé au début du mois de mai mais son ex-épouse avait accepté de rester jusqu'en juillet, puis jusqu'en août, pour s'occuper d'Egon, encore adolescent. Lorsqu'elle s'en alla, il n'y eut ni cris ni larmes, parce qu'il n'y avait jamais eu d'amour. La mort de la petite Hertha avait mis un terme à l'illusion d'une famille heureuse. Helene n'avait jamais apprécié les Hanfstaengl.

Elle était l'une des dernières personnes qui le rattachaient à Hitler. Chaque année, celui-ci envoyait des fleurs à Helene pour son anniversaire. Il n'avait jamais oublié les premières années, les sentiments amoureux qui l'avaient animé, et la nuit qui avait suivi le putsch de Munich. Peut-être lui avait-elle sauvé la vie. Quoi qu'il en soit, elle était toujours restée à sa place, n'avait jamais eu d'ambition politique. Elle avait vécu par ricochet l'histoire du nazisme. Elle ne méritait pas d'être ostracisée. Tout au plus, on l'oublierait. En attendant, elle recevait un bouquet, un mot de temps en temps. Putzi, à l'affût des moindres signes de la part d'Hitler, voyait là la persistance d'un lien. Helene disparut avec cette illusion. Informé du divorce, Hitler laissa échapper : « Eh bien, je vais devoir envoyer tout de suite à Mme Hanfstaengl un télégramme et lui souhaiter bonne chance. » Il s'éloignait.

Ce même jour maudit, Putzi avait aussi appris que son film tombait à l'eau. Lorsqu'il avait eu vent de ce projet en préparation, Goebbels était devenu fou de rage : « À nouveau Hanfstaengl ! Il prend l'argent dans la poche des travailleurs ! Le cinéma, c'est moi. C'est moi, et personne d'autre. » Il restait encore quelques mois de travail quand Putzi fut informé que le projet était abandonné. La somme prêtée par le Front allemand du travail avait été engloutie dans la production. De peur d'être accusé d'avoir détourné de l'argent public, il se mit en tête de la rembourser en intégralité. Il avait le sentiment que la main de Goebbels s'était refermée sur son cou.

Putzi n'eut d'autre solution que d'hypothéquer ses parts de l'entreprise familiale, d'autant qu'Helene était partie avec trois mille marks, auxquels s'ajoutaient trois cents marks supplémentaires de pension alimentaire à lui verser chaque mois. Il en était certain : Goebbels voulait sa peau. Le boiteux avait l'oreille d'Hitler et infiniment plus de pouvoir que lui. Tout cela pouvait très mal tourner.

En cherchant le sommeil, tard dans la nuit du 12 au 13 août 1936, Putzi se sentit abandonné de tous.

« Vont-ils aller jusqu'à m'éliminer ? »

Putzi ne pouvait confier son angoisse qu'à son journal intime. Dans cette meute nazie, avouer sa faiblesse, c'était signer son arrêt de mort. Au cours de sa vie, il ne cessa d'en noircir des pages. Chaque jour ou presque, il consignait des réflexions politiques, ses haines, plus rarement ses espoirs. Et, avec l'exil et la solitude, bientôt s'engagea une écriture intérieure, un dialogue avec lui-même.

Ce soir-là, alors que la flamme olympique brûlait encore dans Berlin, Putzi glissa dans sa valise son journal intime, son nécessaire de toilette, un maillot de corps et une chemise. Il était à l'affût du moindre bruit. Il retint son souffle. Dans la rue, des voix étouffées : deux hommes étaient devant sa porte. Puis ils s'éloignèrent. Il cédait à la paranoïa. Goebbels était prêt à tout. Une fois dehors, Putzi se promena d'un air détaché dans la ville aux couleurs des jeux. La foule le rassurait. Personne ne semblait s'intéresser à lui. Il se rendit chez son ami le sculpteur Josef Thorak, qui vivait son heure de gloire : ses statues ornaient le stade olympique. « Ils ne viendront pas me chercher ici », se dit-il. Il prit une grande inspiration, puis sonna. Il ne fallait pas que Thorak perçoive la terreur qui l'habitait. Putzi prétexta des travaux dans son logement, et s'installa chez lui pour quelques jours.

« Que le peuple allemand et son chef soient remerciés pour ce qu'ils viennent d'accomplir… » D'une voix chevrotante, le baron Pierre de Coubertin referma les jeux de la XIe olympiade. La flamme fut éteinte. En un clin d'œil, Berlin se vida. Hitler partit à Berchtesgaden et Goebbels s'offrit quelques jours de repos. S'il en avait eu le cœur, Putzi aurait apprécié la lecture de la presse étrangère. Dans le *New York Times*, Frederick Birchall s'enthousiasmait : « L'Allemagne est de retour dans le giron des nations qui comptent. Les étrangers qui ne connaissent de l'Allemagne que ce qu'ils en ont vu au cours de cette agréable quinzaine ne peuvent rapporter chez eux qu'une impression, c'est que cette nation est heureuse et prospère au-delà de toute croyance. Hitler est aujourd'hui l'un des plus grands dirigeants politiques du monde et les Allemands eux-mêmes, qui sont un peuple très décrié mais en réalité hospitalier et totalement pacifique, méritent le meilleur que le monde puisse leur donner. »

Avec quatre-vingt-neuf médailles, dont trente-trois en or, l'Allemagne avait dominé les autres nations. Avery Brundage, le président du Comité olympique américain – il dirigerait le C.I.O. pendant vingt ans entre 1952 et 1972 – déclara à la suite des jeux : « Nous avons beaucoup à apprendre de l'Allemagne. Nous aussi, si nous voulons préserver nos institutions, nous devons éradiquer le communisme. Nous aussi, nous devons prendre des mesures pour mettre un terme au déclin du patriotisme. […] L'Allemagne, qui était découragée il y a cinq ans, a progressé vers un nouvel esprit de confiance en elle-même. »

Dans cette ville désertée, Putzi errait comme une âme en peine. L'immense succès des jeux Olympiques, dont témoignerait bientôt *Les Dieux du stade*, le documentaire de Leni Riefenstahl, aurait dû le satisfaire. Il l'inquiétait. Goebbels en était sorti plus puissant que jamais. Désormais, il en était persuadé, un seul mot du boiteux pouvait le conduire dans un camp. Hitler ne le remercierait-il donc jamais de lui avoir donné sa vie ? Il ne songeait pas à partir, cependant. Jamais. Un geste du Führer aurait effacé toutes ses craintes et ses réserves. Et ce geste, il fallait lui donner une chance d'exister. Rester. Malgré les humiliations.

Son angoisse, sa tristesse et ses craintes se firent trop lourdes à porter : la digue sauta, le torrent des confidences devint intarissable. En s'exprimant librement, Putzi prenait d'immenses risques. Dans son journal, en septembre 1936, l'ambassadeur William Dodd s'en inquiéta : « Il y a quelques jours, Hanfstaengl était à Paris où il a donné une interview au sujet de la réélection de Roosevelt qui pourrait lui causer des soucis. Il a simplement confié son admiration pour un pays dans lequel il aimerait vivre un jour. Je me demande un peu ce qui l'attend à son retour. On le dit très intelligent. Je ne peux pas vraiment dire s'il l'est ou non. » William Dodd, qui depuis son arrivée en Allemagne s'était fait une idée assez précise de la nature du régime hitlérien, en était certain : Putzi devait se méfier.

Vers la fin de l'année 1936, Putzi s'épancha de nouveau. Mais cette fois une trappe s'ouvrit sous ses pieds, qui entraînerait une chute sans fin.

Unity Mitford passait désormais le plus clair de son temps en Allemagne. À une amie qui lui demandait ce qu'y faisait sa petite sœur, Diana rétorqua : « Elle pense à Hitler. » Au grand dam d'Eva Braun, le Führer l'invitait fréquemment lors de dîners officiels ou de cérémonies. Les joues d'Unity avaient fondu. La petite fille était devenue une jeune femme, certes moins belle que sa sœur, mais dont se dégageait une mélancolie troublante. Elle était habitée, tel un soldat prêt à mourir pour la cause.

Parce qu'il était passé par là, Putzi voyait clair dans le jeu de la courtisane. Au fond, elle et lui se ressemblaient. Des âmes damnées. Putzi espérait encore sauver la sienne. Celle d'Unity était déjà perdue.

Si elle n'avait été anglaise, peut-être Hitler aurait-il songé à l'épouser. Le second prénom d'Unity, Valkyrie, choisi en souvenir de l'amitié que sa famille avait nouée avec Wagner, était un signe. Pour Hitler, cette femme folle de lui était encore une expression de son lien mystérieux au compositeur, un signe de l'œuvre de régénérescence de la race allemande qu'il avait à accomplir.

Putzi avait un temps représenté ce lien. Hitler se souvenait-il du plaisir que lui procuraient les airs qu'il lui jouait au piano ? Les mains de Putzi faisaient des miracles. Les mains font des miracles, parfois. Prenez Felix Kersten, un masseur finlandais à qui Himmler fit appel deux ans plus tard, en 1938. Ses mains étaient les seules à pouvoir soulager le nazi de terribles douleurs. D'abord inquiet, Kersten se rendit compte de l'avantage qu'il pouvait tirer de sa position. Pendant les soins miraculeux, il évoquait de plus en plus souvent la situation d'amis, puis d'amis d'amis, puis de vagues connaissances, qu'Himmler pouvait améliorer d'un claquement de doigts. Près de trois mille Juifs échappèrent aux chambres à gaz grâce aux mains de Felix Kersten. Putzi, lui, œuvrait gratis. Pour le plaisir. Pour celui d'Hitler, pour le sien. Pour ne plus être seul. Ou plutôt, pour ne plus être sans Hitler.

Sa chute était totale. Du temps de sa splendeur, on se l'arrachait. Putzi, Putzi ! Il parlait du monde à Hitler, et d'Hitler au monde. À présent, il en était à quémander une entrevue avec une jeune snob anglaise qu'il avait lui-même introduite parmi les nazis quelques années plus tôt. Il mesurait sa déchéance mais se refusait à l'accepter. Peut-être répéterait-elle à Hitler ce qu'il lui dirait ? Peut-être, c'était déjà ça. Alors, Putzi se confia à Unity.

Il n'aurait pas dû.

À Munich, le téléphone sonna chez Putzi alors qu'il préparait son discours, comme chaque année, pour la réception qu'il organisait à Berlin à l'occasion de l'anniversaire de George Washington. Tout ce que la capitale allemande comptait de journalistes et de diplomates américains était invité le 22 février 1937. Putzi entretenait soigneusement ses réseaux et, qui sait, son avenir.

Il était 16 h 30 et, depuis Berlin, la voix de son secrétaire lui parvint : « La chancellerie du Reich vous cherche, Herr Hanfstaengl. Ils ont appelé quatre fois. Ils m'ont dit de vous informer que quelqu'un allait venir vous chercher demain pour vous ramener à Berlin, à la chancellerie. Là, Fritz Wiedemann vous expliquera de quoi il retourne. » Il avait le cœur battant, des questions plein la tête. Et ce discours qu'il ne pourrait jamais finir... Ses pensées se bousculèrent : « La chancellerie du Reich me cherche. Ils ont besoin de moi. » Aucun doute n'était permis. Wiedemann était l'un des aides de camp d'Hitler, l'un de ceux qui montaient la garde. S'il demandait à recevoir Putzi, c'est que l'ordre venait du Führer.

Il allait retrouver une place. Sa place.

Dans la bouche d'Hitler, son nom existait à nouveau. Il se sentait vivant et mesurait à quel point il ne l'avait plus été. Les heures sombres appartenaient au passé. Le soleil avait beau se coucher sur Munich, le jour se levait à nouveau. Pour un peu, il aurait remis son magnifique uniforme de S.S. *made in England.*

Alors qu'il rassemblait ses affaires et ses esprits, le téléphone sonna encore. Son secrétaire lui annonça qu'il allait recevoir l'appel d'Hans Baur, le pilote personnel d'Hitler, pour organiser le vol qui devait le conduire à Berlin à l'aube. Le cœur de Putzi s'emballa, le sang affluait dans ses tempes qui battaient au même rythme. La fatigue des derniers mois s'envolait. Le divorce, l'échec de son film, la peur de mourir, tout disparut d'un coup.

Après l'appel de Baur, il peina à trouver le sommeil. Seul dans son grand lit, il repensa à Harvard, au putsch, à 1933, et à cette vie qui n'est jamais telle qu'on l'imagine.

Arrivé à Berlin le lendemain matin, Putzi franchit les grilles de la chancellerie pour la première fois depuis plus de deux ans. Les fonctionnaires le saluèrent comme s'il venait tous les jours. Avait-il rêvé le purgatoire de ces années loin de la chancellerie ? Pour un peu, il l'aurait cru.

Comme prévu, Fritz Wiedemann l'attendait. Grand, brun, mâchoire carrée, l'aide de camp du Führer, soldat au sein du même régiment que lui pendant la Première Guerre mondiale, n'était pas homme à prendre des pincettes. Il martela sur un ton martial : « Hanfstaengl, Hitler vous a fait venir à Berlin parce qu'il a une mission à vous confier. Vous allez être envoyé en Espagne pour vous occuper des journalistes allemands qui s'y trouvent. Vous travaillerez en étroite collaboration avec le général Wilhelm Faupel, notre ambassadeur auprès du général Franco.» Le genre de proposition qui sonne comme un ordre. Putzi rassembla ses pensées. Faupel, il le connaissait depuis le printemps précédent, lorsque le Reich avait célébré le vol Francfort-New York qu'avait accompli le LZ 129 Hindenburg, le zeppelin qui faisait sa fierté. En revanche, l'Espagne, il n'y avait jamais mis les pieds. Comme beaucoup de nazis, tout ce qui se situait au sud lui semblait sans intérêt, sale et inférieur. Mais l'Espagne s'était invitée dans la géopolitique du continent depuis le putsch nationaliste fomenté au cœur du mois de juillet 1936 par Emilio Mola, bientôt rejoint et mené par le général Franco. Cela avait été l'un des grands sujets de conversation du festival de Bayreuth. Assuré que la victoire des nationalistes était possible, le Führer avait chargé Göring, également présent à Bayreuth, d'organiser un soutien militaire. Le 26 juillet, l'opération Sonderstab W. était lancée. La lutte contre le bolchevisme se menait partout en Europe et l'Allemagne nazie en était le fer de lance. Tout cela, Putzi le savait et l'appréciait.

«Je n'en sais pas plus, conclut Fritz Wiedemann. Je ne connais pas les détails de votre mission. Pour cela, rapprochez-vous d'Alfred-Ingemar Berndt.» Ce nom déclencha un léger rictus chez Putzi. Ce jeune journaliste était l'un des protégés de Goebbels, qui en avait fait le chef de la presse au sein du ministère de la Propagande. Ce Berndt avait plus de pouvoir que lui. Le département de la presse étrangère n'avait pour ainsi dire plus aucun intérêt, tant Goebbels avait concentré entre ses mains toute l'information qui entrait et sortait du pays.

Alfred-Ingemar Berndt avait l'assurance de ceux qui sont sous la protection des hommes de pouvoir, et qui envisagent rarement la fragilité de leur position. Putzi, l'ayant éprouvée, ne put s'empêcher de ressentir de la sympathie envers ce jeune homme qui, pourtant, n'en inspirait guère. « Votre avion décollera demain après-midi. Vous atterrirez à Salamanque et irez au Grand Hôtel. Nous avons réservé pour vous l'intégralité de l'hôtel. (Putzi eut du mal à cacher son excitation.) Vous devez essayer d'influencer le responsable de la presse espagnole, le capitaine Bolin. Ce type est un porc aux mains des reporters anglais et américains, qui le payent très bien. Nous ne pouvons évidemment rivaliser sur ce point. Mais vous devez trouver un moyen d'améliorer la situation de nos propres reporters. » Putzi enregistrait les informations sans un mot. Berndt précisa : « Nous allons vous photographier pour votre nouveau passeport. Vous voyagerez sous une fausse identité. » Il tenta de faire bonne figure et acquiesça comme l'aurait fait un espion habitué à partir en mission.

Putzi, garde ton calme. Tout est normal. Ils ont besoin de toi. Il a besoin de toi. C'est ainsi que les choses se passent parce que c'est ainsi qu'elles doivent se passer… Il tentait de se rassurer. Berndt l'acheva : « La possibilité que vous tombiez entre les mains des rouges doit être considérée. Ils savent bien que certains de nos avions s'envolent pour l'Espagne. Il se peut qu'ils interceptent le vôtre. » Tout cela était d'une logique implacable. Putzi rationalisa, afin de ne pas défaillir. La mission durerait plusieurs mois. Il lui faudrait donc des vêtements. Appeler la gouvernante de la maison de Munich, voilà l'urgence. Lui donnerait-on une arme ? Il n'en avait pas été question. Tant mieux, au fond. Cette mission n'était peut-être pas si dangereuse. Le plus difficile était de n'en parler à personne, Berndt avait été très clair sur ce point. La tentation de prévenir la terre entière était si forte ! « Hitler m'aime à nouveau ! Regardez-moi, aimez-moi, craignez-moi, vous qui m'ignoriez depuis des années. J'existe. »

Putzi était si heureux d'avoir été rappelé. Il allait leur montrer à tous de quoi il était capable. Il allait réussir sa mission. Le Führer ne regretterait pas son choix. Évidemment, le soir même, il céda à la tentation et, dans une taverne, il se confia au colonel Karl Bodenschatz, l'aide de camp de Göring. Il en parla aussi au sculpteur Josef Thorak. Putzi avait du mal à cacher son excitation. Qu'elle était loin la nuit où, terrorisé, il avait trouvé refuge chez le sculpteur. Il lui avoua ses peurs d'alors. Les deux hommes en rirent de bon cœur. Quel idiot il avait été de ne plus croire en son destin ! « Il faut toujours y croire, Josef, c'est la leçon de toute cette histoire. » Putzi écrivit aussi à sa mère qu'il partait en « mission spéciale secrète » – un frisson le parcourut en écrivant ces mots. La fête qu'il avait organisée pour son cinquantième anniversaire tombait à l'eau, mais il n'en avait cure. « Le soleil se lève à nouveau sur la chancellerie du Reich », écrivit-il, grandiloquent, à son cousin Eberhard.

Dans quelques jours, il aurait cinquante ans et il serait en Espagne. L'idée lui donna le vertige. Il adressa une lettre à son fils Egon, alors interne au lycée de Starnberg, au sud-ouest de Munich. Il ne le reverrait que dans quelques mois. Il l'aimait, mais le devoir l'appelait. Il n'eut pas une seule pensée pour Helene.

Afin de se rassurer, il fit l'acquisition du Baedeker *Espagne et Portugal* – petit ouvrage de toile rouge au lettrage doré – dans sa quatrième édition qui, bien que datant de 1913, demeurait le meilleur guide de voyage.

Le bâtiment néoclassique où Berndt avait envoyé Putzi avait longtemps accueilli le Parlement de la Prusse. Mais depuis la prise de pouvoir des nazis, c'était devenu un tribunal, appelé Preussenhaus, «maison de la Prusse», et un club d'officiers de la Luftwaffe.

«Mon vieil Hanfstaengl!» Boudiné dans son uniforme, Göring lui tendit la main. Les deux hommes ne s'étaient pas vus depuis des années. Putzi fut rassuré de savoir que Goebbels n'était pas seul détenteur du secret de sa mission. Rapidement, Göring entra dans le vif du sujet. Ils étaient seuls mais il parlait à voix basse. «Hanfstaengl, je veux que tu aies l'idée la plus claire et la plus précise possible de la situation. Tu vas tout me rapporter de manière absolument indépendante, alors fais bien attention à ce qui pourrait m'intéresser pour le Plan de quatre ans. Les aspects économiques, comme la présence de cuivre et tout ce que tu peux entendre en lien avec la production industrielle. Tu devras aussi prêter attention à ce qui pourrait te paraître inhabituel. Je veux que tu sentes l'ambiance.» Le cadre de la mission venait d'être sacrément élargi. Putzi savait à quel point le Plan de quatre ans était important aux yeux de Göring, qui l'avait défendu bec et ongles. Accélérer le réarmement de l'Allemagne et lui garantir l'autarcie en quatre ans nécessitait un effort gigantesque qu'Hitler avait finalement avalisé. Et lui, Putzi, en devenait l'un des rouages. Le doute n'était plus permis : il était bel et bien de retour en grâce.

En ressortant du bâtiment, il regardait les passants avec orgueil. «Ils ne savent pas qui ils croisent», se disait-il. Le paon était de retour. «Je suis un agent secret, un proche d'Hitler, oui, d'Hitler. Il m'a choisi pour accomplir son destin.» Il ne marchait plus, il volait.

Le 10 février 1937, à quinze heures, les hommes qui devaient le conduire à l'aéroport sonnèrent à sa porte. L'un d'eux portait une caméra en bandoulière, ce dont Putzi fut surpris. Le dénommé Jaworsky était chargé par le ministère de la Propagande de filmer la mission, depuis le départ de l'appartement jusqu'à l'arrivée en Espagne. La chose parut curieuse à Putzi, mais il se rassura : ces temps-ci, tout était matière à propagande.

Parapluie en main, chapeau sur la tête et manteau sur les épaules, il s'engouffra dans la Mercedes noire sur le coffre de laquelle sa valise fut accrochée. Le chemin fut bref, interrompu seulement par une halte pour prendre Berndt à bord. Ce dernier tendit à Putzi son faux passeport. Au cours des mois à venir, il serait August Lehmann, peintre et décorateur.

Il ne reverrait plus Berlin avant la fin d'une guerre que les démocraties espéraient encore éviter à tout prix. En une décennie, un monde aurait disparu.

Staaken était un petit aérodrome de Berlin. Ou plus exactement un très grand champ surmonté de quelques hangars où sommeillaient essentiellement des biplans. Depuis la Mercedes, Putzi reconnut la tôle ondulée caractéristique du Junkers Ju52 que les Allemands surnommaient affectueusement «Tante Ju». Tant que la mission n'existait que dans l'imagination, elle était excitante; mais lorsqu'il sortit de la voiture et aperçut plusieurs officiers au pied de l'appareil, Putzi fut pris de panique. Tout cela était donc réel. Il avait beau sourire, son teint livide trahissait sa peur. Il échangea quelques mots avec Karl Bodenschatz et le général Gustav Kastner-Kirdorf qui dirigeait l'aérodrome. Un officier installa un parachute sur le dos de Putzi, puis lui en expliqua le fonctionnement («Comptez jusqu'à huit, puis tirez là-dessus, c'est simple») pendant qu'un autre s'assurait de la solidité des sangles. Comme s'il fallait l'achever, Berndt avertit Putzi qu'il allait devoir se rendre sur la ligne de front pour sentir au plus près l'atmosphère qui régnait sur place. «Qu'on en finisse, se dit Putzi. Partons.»

Il installa sa grande carcasse aux côtés de Jaworsky, qui filmait tout. Le pilote, le capitaine Fritz Frodel, fit les vérifications d'usage dans le vacarme des moteurs. Un mécanicien l'accompagnait. Deux autres hommes se glissèrent à l'arrière. Un certain Neumann, du ministère de la Propagande, ainsi qu'un technicien dont le temps a effacé le nom.

Enfin, l'avion décolla. Les champs étaient enneigés. C'était une belle journée d'hiver. Mais à bord, rien ne se passa comme prévu. S'y joua un huis clos bruyant dont les voix nous sont parvenues grâce aux témoignages de Frodel, de Jaworsky et de Putzi lui-même. Une pièce tragi-comique aérienne, dans laquelle ce dernier serait celui dont on rit de bon cœur. Le pilote et le cameraman avaient été prévenus dans la journée de ce qui se tramait. Tel un comédien, Frodel avait dû retenir dans l'urgence le texte qu'il devait servir à Putzi. Quant à Jaworsky, son rôle était d'imprimer sur la pellicule ce moment qui promettait d'être savoureux : « Ne ratez rien, Jaworsky, et, dès demain, rendez-vous au laboratoire à Berlin pour développer le film. Si tout se passe bien, il sera entre les mains de Berndt d'ici une petite semaine. Puis entre celles d'Hitler ! »

Jaworsky, caméra en bandoulière, haussa la voix pour couvrir le bruit des moteurs :

— Herr Lehmann, le pilote veut vous dire un mot…

Putzi s'approcha péniblement. La carlingue n'était guère adaptée à sa taille.

— Vous vouliez me parler, capitaine ?

Sur le ton de la confidence, Frodel se pencha vers son interlocuteur :

— Vous ne seriez pas plutôt Herr Hanfstaengl, Herr Lehmann ? (Rires dans l'assemblée.) Je vous ai vu dans les journaux, je vous ai reconnu tout de suite !

Gêné de voir sa couverture si rapidement compromise, Putzi dut admettre que le pilote avait vu juste. Frodel poursuivit, fouillant dans sa mémoire et restituant mot pour mot le texte découvert juste avant le décollage, sous la forme d'une lettre cachetée et signée de la main de Göring.

— Quelles sont les instructions qu'on vous a données ?

Putzi prit le ton détaché de celui qui est habitué à ce type de mission. Tout pour ne pas apparaître comme un amateur.

— Salamanque. Grand Hôtel. C'est là que je vais rencontrer le général Faupel. (Il insista sur «général», ce qui fit sourire les autres.)

Frodel, dont la comédie n'était pas le métier, roula les yeux et ouvrit la bouche comme il s'imaginait qu'un homme choqué l'eût fait. Après de longues secondes qui firent la joie des spectateurs, le pilote accabla Putzi :

— Salamanque ? Salamanque ? Vous êtes sûr ?

Feignant l'agacement mais non sans fierté, Putzi répliqua :

— Oui, je suis sûr. L'opération a été décidée par le Führer. (D'un coup d'œil, Putzi observa l'effet produit sur le pilote – il était nul.) Nos correspondants sont en difficulté là-bas.

Avec un sens certain du rythme, Frodel assena :

— Je n'ai pas reçu l'ordre de vous emmener à Salamanque ; je suis censé vous lâcher au-dessus des lignes communistes entre Barcelone et Madrid.

C'était le coup de grâce. Putzi, le visage blême, toucha machinalement les sangles de son parachute. (Hurlements de rire.) Après un court silence au cours duquel les pensées se percutèrent dans son crâne, il s'écria :

— Mais c'est insensé, Frodel ! C'est me condamner à mort, purement et simplement ! Qui vous a donné ces directives ?

Il était comme fou. Le public, qui savait ce qui se jouait, s'amusait beaucoup de cette réaction guidée par la colère et la peur. Frodel bredouilla que c'était un ordre de Göring – c'était la stricte vérité. Putzi se décomposa. «C'est comme ça qu'ils veulent m'éliminer», se lamenta-t-il à haute voix, pour lui-même plus que pour Frodel, qui avait encore quelques répliques à donner. Les spectateurs, cruels et impatients, jouissaient de le voir ainsi tourmenté.

La suite prit toutefois un tour que les auteurs de ce sketch n'avaient pas prévu. Frodel avait pour ordre de poser son avion à Bork, un petit village de Rhénanie du Nord, à cinq cents kilomètres de Berlin, où une équipe des actualités filmées attendait, frigorifiée, l'arrivée de Putzi. Mais en raison du mauvais temps et de la nuit qui tombait, les plans changèrent. Après une bonne heure de vol, le capitaine préféra poser l'aéronef à Brandis, non loin de Leipzig. Göring comprendrait. Le pilote était le seul maître à bord. Putzi accueillit la nouvelle de l'atterrissage avec soulagement. La triste fin promise s'éloignait.

La forêt de sapins entourant le champ où l'avion se posa lui offrit un horizon rassurant. La fuite était possible. Leipzig n'était pas loin. L'évasion, la disparition, l'exil – tout, plutôt que la mort.

L'été 1978 s'achevait et, avec lui, la bourse dont David Marwell avait bénéficié afin d'étudier les archives de Berlin et de Munich. Cinq ans plus tôt, après avoir rendu visite à Putzi avec sa fiancée Judith, David avait tenté de trouver des financements pour le film qu'il projetait de faire sur l'ancien nazi. Mais personne n'avait voulu y consacrer le moindre dollar. « Qui ? Hanfstaengl ? Vous savez, les nazis, les gens en ont marre. Ou bien il faudrait Hitler, du sexe, des secrets… Vous n'auriez pas ça ? (Clin d'œil appuyé.) Mais Hanfst… comment dites-vous, déjà ? Hanfstaengl, c'est non, désolé. »

Il n'avait pas pour autant abandonné son projet. L'idée d'un travail universitaire fit son chemin. Nombre des témoins de l'époque étaient encore vivants et à Munich s'entassaient des monceaux d'archives. Egon, avec qui il était resté en contact malgré le fiasco du projet de film et la mort de son père, lui offrit un accès complet aux archives familiales s'il voulait bien les classer. Au printemps 1977, quand une bourse d'étude pour une thèse d'histoire lui fut accordée, David Marwell se rendit immédiatement en Allemagne.

De retour à New York, il rencontra un homme qu'il avait cherché de l'autre côté de l'Atlantique. Heinz von Jaworsky était devenu Henry V. Javorsky. David Marwell avait retrouvé sa trace en feuilletant un annuaire professionnel. Le «cameraman volant» n'était pas le vieillard qu'il s'attendait à voir. Il avait la soixantaine et officiait encore pour le compte d'une chaîne de télévision locale. Il avait changé de nom, mais n'avait perdu ni son accent ni sa mémoire. Juif, il avait traversé sans encombre la période nazie, au cours de laquelle il avait toujours travaillé, comme en témoignait son rôle dans la mission Hanfstaengl de 1937. Le miracle portait le nom de Leni Riefenstahl, qui l'avait employé comme assistant sur le tournage de *La Lumière bleue* en 1932, ce film qu'Hitler avait tant aimé. Devenue intouchable, la réalisatrice n'avait eu de cesse de le protéger, notamment pendant la guerre. Le talent du cameraman dans les scènes aériennes lui avait permis, par exemple, de participer au tournage de *Quax, der Bruchpilot*, une comédie de 1941 réalisée par Kurt Hoffmann. À la fin de la guerre, il avait filmé «la marche de la mort» des déportés de Sachsenhausen devant l'avancée soviétique, puis travaillé dans les années 1950 pour l'Allemagne de l'Est, ainsi que pour des journalistes français à Berlin-Ouest.

Mais David s'intéressait surtout à la mission de 1937. Cet épisode et ses suites occupaient une place considérable dans les archives et les Mémoires de Putzi. Deux versions s'opposaient. Les dirigeants nazis : «Ce n'était qu'une blague pas méchante»; Putzi : «Ils ont voulu me tuer». Bien vite, David s'était fait une religion. Non seulement les nazis disaient vrai, mais Putzi le savait. Pour des raisons évidentes, après la guerre, son intérêt avait été de prétendre le contraire.

« Bien sûr, c'était une blague, sinon pourquoi filmer ? Pourquoi une équipe l'aurait-elle attendu à Bork ? Monsieur Marwell – c'est bien monsieur Marwell, n'est-ce pas ? –, avouez que c'était drôle, non ? Hitler trouva cela hilarant. Je ne sais pas s'il était avec Goebbels, mais mon boss, Egon Gotzek, m'a raconté à l'époque que le Führer a tellement ri, devant les images que j'avais tournées, qu'à un moment il a sauté, tapé dans ses mains et, parce qu'il avait oublié que son siège se repliait, est tombé à la renverse ! » Jaworsky exultait. Mais, soudain plus grave, il confia à David que cette histoire avait failli lui coûter très cher. Encouragé par la réaction d'Hitler, il s'était mis à raconter l'aventure à quelques amis, dans une brasserie populaire de l'aéroport de Tempelhof, si bien qu'il avait été convoqué par la Gestapo. « Cette plaisanterie nous fait tous rire, monsieur Jaworsky, mais nous vous prions de bien vouloir signer cette déclaration par laquelle vous affirmez avoir tout inventé. Évidemment, nous vous conseillons de ne plus jamais raconter cela à personne. »

L'entretien s'achevait quand Jaworsky ajouta, pensif : « Je dois tout de même avoir une copie du film, attendez... » Il disparut au fond de son appartement. David, dont le cœur se mit à battre plus vite, l'entendait farfouiller et pester. Lorsqu'il revint, il tenait entre les mains une boîte métallique. Le film ! David eut une telle expression de joie que Jaworsky lança, confiant : « Cinquante dollars et il est à vous. » Il les valait, largement.

Je retrouve à mon tour ce film sur Internet. Une notice en précise la provenance : « Ce film a été réalisé à l'origine pour le ministère allemand de la Propagande et a ensuite été conservé par le cameraman Henry (Heinz) V. Javorsky. David Marwell, ancien directeur de la Division des collections de l'United States Holocaust Memorial Museum, a acheté une copie en 16 mm du film de M. Javorsky, et l'a donnée à l'United States Holocaust Memorial Museum le 22 novembre 2000. »

Sur l'image encore figée, je reconnais Putzi. Le film n'attend qu'un clic pour s'animer sous mes yeux. Du bout du doigt, je lui donne vie. Les images correspondent aux descriptions lues dans les archives. Je m'attarde sur les détails. Ce parapluie que Putzi pointe vers la Mercedes qui l'attend au bas de son immeuble berlinois. L'inquiétude qui perce dans son regard. À mesure que le film avance, la terreur s'empare de lui. Ils lui parlent, le laissent à l'écart, reviennent vers lui. Un jeu pervers, qui me rend Putzi sympathique. Il est une proie d'autant plus misérable qu'il est flatté d'être là, projeté dans une mission dont il a rêvé, mais qui l'effraie.

Puis vient la scène du parachute : l'officier l'installe dans le dos de Putzi, et le tire vers l'arrière. Le géant tangue un instant, qui dure une éternité.

La nuit était tombée sur la campagne de Leipzig.

Putzi prétexta un malaise et prit congé. Sa valise à bout de bras, il s'éloigna en hâte de l'auberge où ses compagnons de voyage s'étaient installés. La peur lui fit oublier le froid et la boue qui s'accrochait à ses souliers. Il marchait. Il courait, presque, lorsqu'une paysanne arrêta sa charrue à son niveau. La vieille femme, qui ne semblait pas étonnée de croiser dans son champ cet homme élégant, valise à la main, l'informa que la gare du village se trouvait à deux kilomètres et lui proposa de l'y conduire.

Par chance, lorsqu'il arriva, un train s'apprêtait à partir pour Leipzig.

La seule personne que Putzi pouvait appeler était Erna, sa sœur. Que fallait-il faire, une fois à Leipzig ? Se rendre à Berlin ? Munich ? Le bruit de sa fuite avait déjà commencé à se propager, l'informa sa sœur. Le mieux serait de se rendre à Zurich. « Ne rentre pas en Allemagne tout de suite. Calme-toi, fais-moi confiance, on va trouver une solution. Je te rejoindrai en Suisse. »

Erna était inquiète. La nouvelle de la fuite de son frère était catastrophique. Elle aurait des conséquences fâcheuses, tant pour l'entreprise familiale que pour Erna elle-même au sein de la haute société munichoise. Himmler ne s'éloignerait-il pas d'elle ? Resterait-elle dans les bonnes grâces d'Hitler ? Le petit duo qu'elle formait avec Unity Mitford, qui désormais vivait chez elle, résisterait-il au coup de tête de son frère ? La fuite ne devait pas devenir un exil. Putzi devait revenir en Allemagne, le plus tôt serait le mieux.

Erna sauta dans le premier train pour Zurich. Il fallait agir rapidement. Durant le trajet, elle élabora un récit crédible : son frère avait craqué. Il était épuisé psychologiquement. Une dépression, oui, voilà, une dépression nerveuse. Il se reposerait, puis reviendrait, et tout serait effacé. Zurich ne serait pas un exil sans retour, mais juste un port où le navire fatigué d'avoir trop vogué ferait halte. Et le choix de cette ville s'expliquerait aisément. Son frère allait consulter Carl Jung, le seul qui saurait soigner ses tourments. Il reviendrait à Berlin guéri. Quand le train d'Erna arriva en gare de Zurich, le plan était parfaitement ficelé. Putzi l'attendait sur le quai. Le frère et la sœur tombèrent dans les bras l'un de l'autre, puis prirent la direction de l'hôtel où Erna dévoila son plan. Putzi était si désemparé qu'il acquiesça sans un mot.

« Appelé ou non appelé, Dieu sera présent. » Ayant remarqué l'inscription latine surmontant la porte d'entrée du 228 Seestrasse, à Küsnacht, non loin de Zurich, Putzi y vit un signe. En fuite et presque sans un sou en poche, tout était bon à prendre.

La porte s'ouvrit sur le sourire de Mary Foote. Putzi marqua un temps d'arrêt. La beauté diaphane de la jeune femme qu'il avait connue et aimée à New York, avant la guerre, s'était fanée. Elle avait aujourd'hui soixante-quatre ans : ses cheveux noirs étaient devenus gris, ses yeux s'étaient creusés et sa belle minceur s'était changée en maigreur. Ce n'était plus non plus la femme recroisée au début des années 1930 à Berlin, où elle s'était liée d'amitié avec Erna. Quand, quelques heures plus tôt, celle-ci lui avait demandé ce service, introduire Putzi auprès de Carl Jung, Mary avait accepté de bonne grâce. Elle tendit la main à Putzi qui s'apprêtait à l'embrasser. Ils n'échangèrent aucun mot ou presque.

D'un geste, elle le fit entrer dans le vestibule de la maison que Carl Jung avait en partie construite de ses mains. Le docteur allait bientôt le recevoir. Il ne refusait rien à Mary, dont l'un des tableaux lui avait tant plu qu'il avait accepté, des années plus tôt, de la prendre pour patiente, à Zurich, afin de soigner une profonde dépression. À l'époque, Mary Foote était une excellente peintre, une portraitiste reconnue, jamais à court de commandes, mais ayant sans cesse des difficultés d'argent. Il arrivait fréquemment qu'elle dût renoncer à chauffer son appartement au cœur de l'hiver. Küsnacht devint son seul horizon. De patiente, elle devint la secrétaire de Carl Jung. C'est elle qui, patiemment, prit en notes les propos qu'il tint lors de ses séminaires du mercredi à Zurich entre 1930 et 1934, regroupés et publiés des décennies plus tard sous le titre *L'Analyse des visions*.

Épuisé et nerveux, Putzi avait accepté sans discuter le plan fomenté par sa sœur. Passer pour dépressif lui permettrait de gagner du temps et de ne pas apparaître aux yeux du Reich comme un exilé volontaire, avec les conséquences dramatiques qu'il imaginait pour ses finances et, plus encore, pour son fils. Erna avait évoqué la perspective d'une carrière universitaire qu'un retour en Allemagne pourrait lui offrir. La politique, c'était fini ; de cela, au moins, il était certain.

Quand il ouvrit la porte de son bureau, Carl Jung sembla ravi de recevoir ce faux patient à qui il allait servir d'alibi. Rencontrer un officiel nazi lui offrait l'occasion d'approfondir sa compréhension du mécanisme de fascination suscité par Hitler. Putzi remarqua l'impeccable costume beige du psychanalyste et se désola des plis formés sur le sien.

Comme il arrive quand deux personnes font connaissance, ils évoquèrent d'abord des relations communes. Harold McCormick était l'une d'elles. Avant la guerre, Putzi avait été quelques mois son assistant personnel et il se trouvait être l'un des proches amis de Carl Jung. L'immense fortune des McCormick, acquise grâce aux machines agricoles inventées par le père d'Harold, avait permis la fondation du Club psychologique inauguré à Zurich, au numéro 27 de Gemeindestrasse, au début de l'année 1916. Jung s'était aussi rapproché de l'un des fils d'Harold, Fowler, avec qui il s'apprêtait, en 1937, à entreprendre un grand voyage d'étude en Inde. Il s'y rendrait en train et en bateau. Jung détestait l'avion. La mésaventure qui avait conduit Putzi devant lui dut l'amuser... Décidément, le voyage par les airs ne produisait que des désagréments. La seule fois que Jung avait pris l'avion, c'était deux ans plus tôt, pour revenir d'Angleterre. Malgré la brièveté du vol, il avait pu en mesurer les effets : tout était allé tellement vite qu'il avait eu la sensation de laisser derrière lui quelques morceaux de sa psyché. Dans les années 1950, quand l'avion se démocratiserait, Jung conseillerait à ses étudiants américains de prendre plutôt le bateau, s'ils voulaient être pleinement eux-mêmes pour suivre les séminaires qu'il donnait à Zurich. Je ne sais si cette pensée traversa Putzi, mais nul doute qu'il avait laissé des bouts de lui-même en Allemagne, quelque part entre Berlin et Brandis.

— Vous êtes diplômé d'Harvard? Mlle Foote me l'a confié...

— Oui, de la promotion 1909. J'étais d'ailleurs il y a quelques années l'un des invités d'honneur de l'anniversaire de cette promotion...

— J'en reviens justement! Quel campus extraordinaire, n'est-ce pas? Pour le trois centième anniversaire de la Conférence des arts et des sciences, j'y ai prononcé un discours qui a, je crois, fait son effet, sur «les facteurs qui déterminent le comportement humain».

Putzi songea que, dans son cas, c'est la peur de mourir qui avait déterminé son exil. Il n'alla pas jusqu'à se formuler que, plus encore, c'était le sentiment d'avoir été trahi par l'homme qu'il admirait par-dessus tout.

Puis ils entrèrent dans le vif du sujet : Goebbels, que l'un et l'autre haïssaient.

— C'est lui qui a tout planifié, je le sais. Qui d'autre que ce boiteux pour inventer un stratagème d'une telle perversité? Il voulait m'éliminer. Depuis des années, il n'a que cette idée en tête. Il a peur de moi, de mes talents – pardonnez ma prétention, docteur Jung....

Jung ne portait pas Goebbels dans son cœur non plus. Il avait rencontré le ministre de la Propagande en juillet 1933, quand il avait été invité à prononcer une série de conférences à Berlin. Il venait de prendre la tête de la Société générale médicale de psychothérapie, regroupant des praticiens allemands et étrangers, dont la revue ne tarderait pas à être nazifiée. Les nazis s'étaient en effet pris de passion pour ce psychanalyste qui avait rompu avec ce Juif de Freud. Et Goebbels avait bien perçu l'usage politique – aliéner davantage les masses – qu'il pouvait faire des réflexions de Jung sur l'inconscient collectif. S'était alors tenu entre eux un dialogue faustien : «Vous avez voulu me voir, docteur Jung? — Non, c'est vous qui avez voulu me voir, docteur Goebbels... — Non, c'est vous qui avez voulu me voir.» Jung comprit le pacte que Goebbels lui proposait : son âme, contre tout ce que le régime pouvait lui offrir. Ce pacte, Putzi l'avait scellé sans même s'en rendre compte, des années plus tôt. Comme des dizaines de millions d'Allemands. Jung, lui, s'y refusa. Il s'était levé, s'était précipité aux toilettes vomir, puis avait filé chez James Kirsch, un ancien patient juif de Zurich devenu son ami.

— Parlez-moi d'Hitler, Herr Hanfstaengl, l'encouragea Jung.

— Je n'ai aucun grief contre lui, coupa Putzi. Comme je vous le disais, c'est Goebbels qui...

— Mmm, fit le psychanalyste. Ce qui est impressionnant, avec le phénomène allemand, c'est qu'un homme manifestement possédé est parvenu à infecter une nation entière...

Putzi l'écoutait attentivement, sans mesurer à quel point il était lui-même possédé; il ne voyait pas en Hitler un malade contagieux mais un sorcier, un medicine-man. Des dizaines de millions d'Allemands percevaient ainsi leur leader. «Leur attitude à l'égard d'Hitler est caractéristique de celle d'un peuple victime d'un complexe d'infériorité», considérait Jung. Hitler n'avait un pouvoir magique que parce qu'il était écouté par les Allemands, et qu'il leur obéissait. On le croyait maître, il n'était qu'esclave. « Hitler est l'inconscient de soixante-dix-huit millions d'Allemands. C'est ce qui le rend si puissant. » Puis Jung acheva, clinique et glaçant : « Sans le peuple allemand, il ne serait rien. »

L'entretien était terminé. Le psychanalyste se leva de son fauteuil et demanda à Putzi de revenir le lendemain après-midi. À défaut d'être soigné, ce spécimen fanatique, qui n'en voulait pas à l'homme qui l'avait peut-être condamné à mort, méritait d'être écouté. Avant de prendre congé, Jung lui glissa ce conseil : « N'écrivez pas à Berlin. Faites tout pour sortir votre fils d'Allemagne. Et, s'il vous plaît, ne révélez à personne que vous êtes mon patient. Ça ne me causerait que des ennuis. » *Étrange*, songea Putzi qui croyait, à écouter Erna, que le traitement de sa prétendue dépression par le grand docteur Jung serait le précieux sésame pour rentrer en Allemagne.

Peut-être Jung avait-il soudain pris conscience des risques qu'il courait en acceptant de le recevoir chez lui.

Putzi suivait les recommandations d'Erna. « Ne fais rien, Putzi. Je me charge de tout. Oui, je préviens ta secrétaire pour les papiers ; je m'occupe d'Egon, bien sûr ; à ton retour, tu pourrais trouver un poste à l'université, et pourquoi pas écrire un livre ? » Attendre revenait à se murer dans l'ennui et les pensées sombres. Le sublime hôtel Baur au Lac, où, grâce à son allure et à son nom, il avait pu prendre une chambre sans la régler, était une prison dorée. Il était enfermé au grand air ; l'infinie beauté du lac de Zurich s'offrait à son regard perdu. La rencontre avec Jung l'avait bouleversé. Il ne s'était jamais demandé ce que sa fascination à l'égard d'Hitler disait de lui. Ce que son désir de lui plaire révélait de sa personnalité. Peut-être le moment viendrait-il. Pour l'heure, il lui fallait sauver sa peau.

Mais malgré l'incognito, il ne put profiter de la discrétion qui fait aujourd'hui encore la réputation du palace. À la fin du mois de février 1937, en effet, un attaché militaire de la marine américaine reconnut l'immense silhouette de Putzi dans le hall de l'hôtel. La nouvelle fit le tour de l'ambassade, puis s'envola vers l'Allemagne et les correspondants américains, dont Louis Lochner, qui fit parvenir sur-le-champ un télégramme à son ami pour le prévenir que sa présence à Zurich était sur le point d'être dévoilée. Putzi se décomposa. Il aurait décidément été un espion catastrophique.

Erna était repartie. Il ne pouvait compter que sur lui-même.

Sans attendre, il se précipita sur un téléphone. Egon. Il devait prévenir Egon, désormais en danger. Ils n'hésiteraient pas à se servir de lui afin de le contraindre à rentrer en Allemagne. Putzi appela le lycée de Starnberg. Pour la première fois depuis près de six semaines, il parla à son fils, et lui indiqua qu'il allait peut-être devoir le rejoindre en Suisse très prochainement, à condition qu'on puisse lui faire parvenir un passeport. « Ne me pose pas de questions, Egon, ne rends pas les choses plus compliquées qu'elles ne sont déjà. Bientôt, nous serons ensemble. C'est tout ce qui compte, mon fils. » C'était le 19 mars 1937.

À peine eut-il raccroché que le téléphone de sa chambre sonna. « Je vous attends en bas, dans le hall de l'hôtel. » Putzi reconnut instantanément Karl Bodenschatz, l'aide de camp de Göring. Il avait prononcé cette phrase d'une voix très calme, semblable à ce petit vent frais dont seuls les locaux savent qu'il augure une tempête. Mais Putzi était justement familier de ce paysage nazi où l'apparente douceur étreint jusqu'à la mort. « Je descends », répondit-il d'une voix blanche. Fuir à nouveau n'était pas une option.

« Hanfstaengl ! » Bodenschatz écarta les bras en le voyant approcher. Sa poignée de main franche et chaleureuse désarma Putzi.

— Vous êtes bien, ici, Herr Hanfstaengl…

Bodenschatz balaya du regard le hall luxueux.

— Oui, aussi bien que possible pour un homme qu'on a voulu assassiner.

— Ah ! Mais quel malentendu, quel malentendu, Hanfstaengl ! Tout cela était une blague, rien qu'une blague...

— Écoutez, Bodenschatz, je sais reconnaître une blague. Cette mission a été montée pour m'éliminer... Et vous le savez parfaitement, puisque vous étiez là, sur le tarmac. Je vous considère comme l'un des acteurs de ce complot !

— Bon, nous n'allons pas nous chamailler ici, au milieu de tous ces gens... Le mieux, très cher, est que vous lisiez cette lettre, elle vous convaincra mieux que moi, je suppose.

Putzi reconnut la signature de Göring.

Cher Hanfstaengl,

Selon des informations que j'ai reçues aujourd'hui même, tu es à Zurich depuis quelque temps et tu n'as pas l'intention de rentrer en Allemagne. Je présume que tout cela découle de ton vol parti de Staaken. Je peux t'assurer que ce n'était qu'une blague inoffensive. Nous voulions te donner l'opportunité de réfléchir aux remarques désobligeantes que tu as pu faire ces derniers temps. Nous n'avions aucune autre intention. J'ai envoyé le colonel Bodenschatz pour te donner cette explication en personne. Je considère qu'il est urgent pour plusieurs raisons que tu rentres avec lui en Allemagne immédiatement. Je te donne ma parole d'honneur que tu seras libre de tes mouvements, comme tu l'as toujours été. Laisse tomber tes soupçons et agis intelligemment. Mes salutations amicales.

Heil Hitler

Hermann Göring

Un petit mot manuscrit avait été ajouté par Göring :

J'espère que tu me fais confiance.

Putzi replia la lettre qui n'eut pas l'effet escompté. Il l'agita sous le nez de Bodenschatz. «Alors c'est ça ? C'est censé être une blague ? La chancellerie du Reich, le ministère de la Propagande et celui de l'Air mettent sur pied une mission en Espagne pour éliminer quelqu'un et, soudain, ça devient une blague ?» Il avait du mal à se contenir. Bodenschatz jetait alentour des regards inquiets afin de s'assurer que personne ne l'entendait. Puis il posa sa main sur l'avant-bras de Putzi afin de lui signifier qu'il comprenait, et répéta qu'il pouvait rentrer sans crainte en Allemagne. Putzi l'interrompit :

— Si c'est une blague, expliquez-moi pourquoi on a fermé mon service à Berlin, et renvoyé mon personnel, en prétendant que c'était à mon initiative. Pourquoi Goebbels (il prononça ce nom avec dédain) a-t-il dit aux correspondants étrangers que j'étais en vacances quelque temps et que je recevrais de nouvelles fonctions à mon retour ? (Il tenait cela de Lochner.) Et pourquoi a-t-on lancé un mandat d'arrêt contre moi juste après la fin de la mission en Espagne ? Arrêté pour ne pas avoir compris une blague ? Sacrée blague, hein, Bodenschatz ?

— Je comprends, Hanfstaengl, mais je vous donne ma parole d'honneur d'officier : tout était prémédité. L'avion n'aurait jamais quitté l'espace aérien allemand. Le pilote avait des choses précises à dire au bout de cinq, dix, douze, quinze minutes de vol. Il avait l'ordre de vous faire croire qu'il devait vous lâcher derrière les lignes des rouges.

Putzi ne pouvait accepter cette version humiliante.

C'était pire encore que d'avoir été l'objet d'une machination visant à l'éliminer. Au fond, mieux valait être dangereux que grotesque.

Reprenant sur le ton de la confidence, Bodenschatz raconta que tout avait été planifié lors d'un déjeuner par Goebbels, Göring et Hitler. Mais cela, je ne le tiens que des notes personnelles de Putzi – or, faire d'Hitler l'organisateur de cette farce, c'était encore se raconter qu'il existait aux yeux du grand homme. Son cœur se pinça.

Ils se saluèrent avec la promesse de se revoir le lendemain.

— Ne faites pas l'idiot, Hanfstaengl. Vos ennemis auprès d'Hitler rêvent que vous ne reveniez pas en Allemagne. Ne leur faites pas ce plaisir…

— Vous savez, colonel, j'ai confiance en Göring, mais que peut-il faire ? L'ordre vient d'Hitler, et Hitler est chloroformé par Goebbels. C'est lui qui tire les ficelles, lui qui intrigue et fait tomber les têtes… Que dit la Bible, déjà ? Ah oui, « l'aveugle et le boiteux n'entreront point dans la maison ».

À nouveau seul, Putzi tenta de recouvrer ses esprits. Il savait désormais à quoi s'en tenir. Il ne pourrait revenir à Berlin tant que Goebbels s'y trouvait. Autrement dit, son exil allait s'éterniser. En se remémorant ce que lui avait dit Bodenschatz, dans le but de compléter le texte qu'il écrivait depuis son arrivée à Zurich, il se demanda soudain si les « remarques désobligeantes » que Göring évoquait n'avaient pas le doux visage d'Unity Mitford.

Putzi n'avait jamais su tenir sa langue, surtout en face d'une jolie femme. C'était un soir d'hiver, la saison des manteaux épais propices aux confidences. « Unity, tu sais, soit dit sans vouloir offenser ceux qui sont morts pour la patrie, je préférerais encore, s'il devait y avoir une nouvelle guerre, être dans les tranchées plutôt que de rester planqué à New York comme j'ai été contraint de le faire en 1914-1918 ! Sur le front, on se trouve face à face avec le danger, et l'on est au milieu de ses compatriotes. Vivre isolé en pays ennemi est un véritable cauchemar. On brisait mes vitres ; mes collaborateurs et moi étions sans cesse insultés. C'était insupportable. »

Unity avait sûrement répété cela à Hitler, qui avait explosé de colère. Putzi n'en avait pas la preuve, mais il en avait l'intuition. La nuit surtout, quand il ne pouvait trouver le sommeil et cherchait l'explication à tout ce qui lui était arrivé. La faute à Unity, à la guerre… Une machination ! Destinée à l'abattre dans le cœur d'Hitler. Putzi imaginait le Führer, écoutant attentivement Unity avant de lancer, plein d'une colère froide : « Mais pour qui se prend cet Américain qui n'a pas connu la guerre et qui prétend avoir vécu un cauchemar ? »

Peu après, Putzi avait été convoqué à Berlin pour la fameuse mission spéciale. On allait montrer à cet Américain ce qu'est la guerre, ce qu'est le risque, ce qu'est la peur.

«Exilé, vous serez un exilé, Hanfstaengl… Rentrez», lui avait lancé Bodenschatz, à court d'arguments, avant de retourner en Allemagne. «Hors de question!» avait crié Putzi. Des excuses, voilà ce qu'il voulait. De Göring, de Goebbels et d'Hitler. Parfaitement, d'Hitler. Des excuses, de sa main. Qu'elle forme des mots doux, et tout serait oublié. Putzi n'était pas un exilé politique, mais un exilé sentimental. De ceux qui peuplent les romans d'amour.

À la gare de Zurich, le col de son manteau relevé afin de se protéger du vent et des ennemis qu'il voyait partout, Putzi attendit son fils pendant des heures avant de le voir arriver. «Egon, embrasse-moi! Un bateau nous attend, nous allons à Londres. J'ai des relations là-bas, tout ira bien mon fils, tout ira bien.» Les valises étaient prêtes. Ils prirent aussitôt un train à destination de Calais.

Une île pour exil. Le temps de laisser Hitler se raviser. Il s'excuserait. Il reviendrait. Il ne pouvait en être autrement. Même déçu, même blessé, Putzi y croyait encore.

À peine arrivé à Londres, il reçut une nouvelle visite de Bodenschatz qui, les mâchoires serrées, lui donna quelques jours pour rentrer à Berlin, sans quoi il serait définitivement considéré comme un « traître », et ce serait la « guerre ». Moins d'une semaine plus tard, par son inaction, Putzi avait donné sa réponse.

Puis ce fut Diana Mitford qui se présenta, envoyée par Göring. Ses yeux transparents plantés dans ceux de Putzi : « Ne devenez pas un autre Thomas Mann. N'écrivez pas un ignoble livre contre l'Allemagne. » Il se figura les bords de l'Isar, l'immense maison de Thomas Mann, puis, un peu plus loin, en retrait, la sienne. Il fut pris de vertige. Il n'y avait plus rien, seules des ombres en exil. Mais l'écrivain brillait loin de Munich, tandis que lui se terrait comme une bête traquée, dans les ruelles de Londres et le petit appartement que ses maigres économies lui permettaient de louer.

Jamais il n'écrirait la moindre saloperie sur Hitler. Les éditeurs de Londres ou les Américains de chez Hearst pouvaient bien agiter les billets sous son nez, il ne leur donnerait rien. « Laisse ta conscience décider de ce que tu écriras au sujet d'Hitler et de l'Allemagne », lui avait écrit Djuna Barnes, à qui Putzi avait confié ses doutes. Il avait le sentiment qu'elle était la seule qui pouvait le comprendre sans le juger.

« Que ce monde est loin », songea-t-il en repensant à leurs années d'amour.

L'argent manquait. Il vivait de prêts successifs. Erna, qui avait ravalé la rancœur qu'avait provoquée en elle l'exil prolongé de son frère, lui envoya des sous, sa mère aussi l'aida, mais c'était insuffisant, compte tenu du train de vie aristocratique auquel il était habitué. Heureusement, il trouva une source de revenus. Début juillet 1937, il gagna le procès qu'il avait intenté à *Cavalcade*, un magazine anglais qui avait raconté qu'il avait été banni par le régime nazi. Quelques centaines de livres sterling pour laver l'affront et envoyer un signal à Berlin. Au lendemain de la décision de justice, interviewé par Associated Press, Putzi déclara : «Je suis ici à titre privé, je souhaite mener des recherches historiques et parfaire l'éducation de mon unique fils, Egon. Je n'ai pas l'intention de rentrer en Allemagne pour le moment. Laissez-moi toutefois préciser que je suis encore nazi, je l'ai toujours été aussi loin que je m'en souvienne. Je suis allemand, et je serai toujours allemand.»

Son exil anglais allait durer. Par l'intermédiaire de sa secrétaire à Berlin, l'Américaine Agathe von Hausberger, Putzi se fit expédier ses vêtements – à l'exception de ses tenues nazies –, ses livres et une mystérieuse valise noire à laquelle il semblait particulièrement attaché. Les documents qu'elle contenait pouvaient, à l'en croire, faire tanguer le régime. Frau von Hausberger l'ouvrit. Personne ne sut jamais ce qu'elle fit des documents. Ni ce qu'ils recelaient.

Jour et nuit, pris de paranoïa, Putzi pensait à Goebbels. Il l'imaginait, à Berlin, tirant les ficelles, unissant sa secrétaire, sa sœur Erna, son frère Edgar dans un vaste complot dont l'objectif était de précipiter sa chute. Le boiteux avait gagné la bataille. Edgar rayait le nom de Putzi de tous les documents relatifs à l'entreprise familiale. Erna prenait un malin plaisir à le faire passer pour malade. Une nuit de novembre, il rêva qu'ils étaient tous ensemble dans le bureau de Goebbels, Hitler dans l'antichambre, attendant le verdict de ce conciliabule de traîtres. Se réveillant en sursaut, la poitrine qui cognait, le cœur à l'abandon, il griffonna sur un papier, mêlant l'anglais, le français et l'allemand :

The treason of Edgar, Erna, Mama
C'est ma vie, A. H.
Herrlich ! Was ? Helene

Tous traîtres. Son frère, coupable de l'avoir exclu de l'entreprise familiale ; sa sœur, coupable de l'avoir entraîné à Zurich afin de conserver son rang dans l'entourage du Führer ; sa mère, coupable de ne pas l'avoir soutenu face à son frère ; sa femme, coupable de l'avoir quitté. Et au milieu de la famille Hanfstaengl, « A. H. », Adolf Hitler, le seul à l'avoir en réalité trahi, mais qu'il voulait sauver. Au risque de perdre les autres.

« C'est ma vie, A. H. », aveu inconscient recueilli dans l'impossible sommeil d'une nuit de novembre. « C'est ma vie, A. H. », quitte à renverser le monde.

Il se parlait à lui-même, pauvre fou en exil. « L'A. H. d'aujourd'hui n'est plus l'homme que tu connaissais. Dieu que nous étions jeunes et fins pendant les années de lutte », lit-on dans son journal intime. Et pas même un piano pour noyer sa peine dans les mélodies de l'époque. Espérant se distraire, Putzi s'était procuré un Steinway de concert, mais une semaine plus tard, incapable de le payer, il avait dû s'en séparer. Tout ce qui l'avait uni à Hitler s'échappait. Comme l'eau aspirée au fond d'un lavabo ; des tourbillons, puis plus rien. Mais il n'était pas prêt à l'oubli. Un gosse, c'est ainsi que je me le figure alors. Penché sur une radio qui ne veut pas marcher, à la fin de l'été, pendant le congrès de Nuremberg. « Jouent-ils ma musique ? L'entend-il ? M'entend-il ? Ai-je encore une place là-bas ? » Foutue radio. Il en aurait pleuré.

À Berlin, on ne l'oubliait pas ; on l'effaçait. À l'été, des décisions furent prises. Il fallait se rendre à l'évidence d'un exil définitif : ses avoirs furent saisis et son nom disparut de toutes les nouvelles publications du Reich. Von Neurath était cependant optimiste : « Hitler acceptera vos conditions, Hanfstaengl. J'attendrai le bon moment pour m'entretenir avec lui… »

Mais aux jours d'espoir succédèrent les semaines d'attente et les mois de dépit. L'année 1937 s'achevait ; l'illusion d'un retour en grâce s'éloignait. Dans son journal, Putzi était nostalgique : « Peut-être ne reverrai-je jamais l'Allemagne, Munich, le lac… Ces paysages m'accompagneront toute ma vie, qu'elle soit heureuse ou triste. »

Mille fois, il aurait pu trahir. Mille fois, il en eut la tentation. Mille fois, il recula. Hitler plutôt que l'argent, Hitler plutôt que les honneurs. Quand, n'ayant plus de sous, il cédait aux éditeurs, l'affaire tournait court : ce qu'il rédigeait les décevait. « Pas assez saignant, vous pouvez mieux faire, que diable ! Critiquez Hitler ! Des secrets, voilà ce que nous voulons ! Faites travailler votre imagination ! » Des sommes folles lui échappèrent. Il se retrouva sans un sou en poche, au point qu'il songea même à vendre son étui à cigarettes, qui était en or. À Londres, ses dettes s'accumulaient. Il survivait grâce à son nom, à son passé. Demain n'existait pas. « Je viens de finir les vingt-cinq mille premiers mots de mon livre. Je pense que je vais décevoir mes "amis". Il n'y a rien contre A. H. et l'Allemagne. Comment pourrait-il en être autrement ? C'est ma vie. »

Que vois-tu dans le miroir, Putzi ? Un homme vieillissant : les rides creusent ton visage sans que tu saches si les sillons sont ceux de l'exil ou de l'âge. Un homme seul. Un homme qui, chez lui, a tout perdu et qui, loin de chez lui, n'a rien gagné. Un bouffon dont on rit et dont l'Histoire ne veut pas. Tu longes les rives de la dépression sans t'y noyer, ne survivant qu'avec l'espoir, romantique, pathétique, de revenir à Berlin. Tu crois encore en la loyauté. As-tu déjà oublié la Nuit des longs couteaux? Il n'est pire aveugle que celui qui ne veut pas voir. Tu ne dis rien qui pourrait blesser Hitler, et tu le fais savoir. Tu hurles ton silence, ils t'entendent mais ne t'écoutent pas. Ils ont autre chose à faire. Annexer l'Autriche, brûler des synagogues, tuer des Juifs, libérer les Allemands des Sudètes, humilier les Anglais et les Français qui veulent à ce point la paix qu'ils auront la guerre… Alors, tes cris, franchement, Putzi, qui s'en soucie?

Mais ce n'est pas tout à fait juste. Hitler pense encore à toi. À ton arrestation, si tu prenais le risque de mettre un pied en Allemagne. L'ordre en a été donné, tu l'apprends depuis Londres. Mais tu ne t'y résous pas. Ta loyauté finira bien par payer.

« C'est ma vie, A. H. »

C'était au début du mois de mars 1938. Dans une lettre adressée à son amie la baronne Mary von Gersdorff, Putzi s'enthousiasmait : « Depuis lundi, il y a soudain un nouveau grand espoir qui pourrait par miracle faire tourner les choses en ma faveur. Un sujet économico-politique d'une extraordinaire importance qui remonte à 1916, 17, 18. » Toujours la guerre qui revenait, avec son cortège de cicatrices mal refermées. Que cette guerre pût le ramener en Allemagne fit sourire Putzi.

Il y croyait encore.

À la fin du mois de juillet 1916, une terrible explosion avait secoué le port de New York et fait trembler la statue de la Liberté, dont on pensa un moment qu'elle ne résisterait pas. Des agents allemands avaient saboté un dépôt de munitions américain, Black Tom, utilisé par les Alliés. En 1921, la commission mixte des réclamations germano-américaine instituée par le traité de paix de Berlin s'était penchée sur la question des dommages à payer par l'Allemagne. Ils se chiffraient en millions de dollars, à condition de pouvoir prouver la culpabilité allemande. Le nom de Putzi avait surgi une première fois en 1934 dans une déclaration rédigée par James Larkin. Ce syndicaliste irlandais, à l'époque, par détestation de la guerre impérialiste, avait conduit les dockers de New York à la grève afin d'empêcher la livraison de munitions aux Alliés. Sa déclaration sous serment visait à apporter des preuves de l'implication de l'Allemagne qui, désormais aux mains des nazis, était devenue pour lui un ennemi à abattre. Or, à en croire Larkin, Putzi avait été l'un des agents allemands responsables de l'attentat de Black Tom. Quatre ans plus tard, l'affaire connaissait un rebondissement.

Conscient de la situation financière dramatique de Putzi, l'un des principaux plaignants s'imagina pouvoir en tirer profit. L'avocat de la Lehigh Valley Railroad, Amos J. Peaslee, contacta l'avocat de Putzi, Kenneth Brown : « S'il fait une déclaration sous serment impliquant clairement l'Allemagne dans l'explosion de Black Tom, non seulement il pourra négocier une immunité le concernant mais nous saurons le récompenser. Les dettes de votre client à Londres seront épongées... » L'affaire était suffisamment grave pour qu'enfin Berlin s'inquiétât de ce que Putzi pourrait faire. Un témoignage validant la déclaration de James Larkin aurait des conséquences économiques désastreuses pour le Reich. Bien qu'il croulât sous les dettes, Putzi ne songea jamais à témoigner contre l'Allemagne ; mais il sentit qu'il pourrait tirer un bénéfice de cette histoire.

Le 28 mars, le ciel s'éclaircit. « Venez sans plus attendre, Herr Hanfstaengl » : le diplomate Ernst Woermann l'appela depuis l'ambassade d'Allemagne à Londres, où l'attendait une nouvelle excitante. L'ordre venait de Göring. Putzi, lui, le paria, était envoyé aux États-Unis pour témoigner de l'innocence allemande, au nom du gouvernement nazi. C'était la réhabilitation, enfin ! Le retour triomphal en Allemagne ! Dans son journal, deux mots jetés comme un cri : « Un tournant ! » Grisés, Putzi et son avocat s'imaginèrent que l'ambassade allait régler toutes ses dettes, la scolarité d'Egon et le billet de première classe sur un navire français ou anglais (mais en aucun cas allemand : le souvenir du dernier moyen de transport allemand qu'il avait pris était vivace). Le ministre des Affaires étrangères, Joachim von Ribbentrop, doucha leur enthousiasme : « Faites preuve de loyauté, et nous verrons. »

Le 8 avril 1938, à bord de l'*Île-de-France*, sublime paquebot de la Compagnie générale transatlantique, Putzi traversa à nouveau l'océan. En arrivant à New York, il put mesurer à quel point sa situation personnelle s'était détériorée depuis son dernier séjour, quatre ans plus tôt. Envolés les honneurs, les foules haineuses et les journalistes qui lui couraient après ! Le passé même s'effaçait. Il était devenu un inconnu. Un parking remplaçait l'immeuble où il avait vécu, et rien ne restait de la boutique face au Carnegie Hall.

Il rédigea sa déclaration avec l'aide du Dr Paulig, de l'ambassade d'Allemagne. Si la responsabilité allemande dans l'explosion de Black Tom ne faisait guère de doute, elle n'était pas prouvée, et les allégations de James Larkin concernant Putzi étaient fantaisistes et simples à contrer. Il se persuada que sa loyauté serait reconnue et récompensée à Berlin.

Mais, alors qu'il s'apprêtait à signer sa déclaration, Putzi découvrit que, dans le numéro du 27 avril de *The New Republic* évoquant sa présence à New York, on le présentait comme « le petit ami d'Hitler ». Aussitôt, il songea qu'il pouvait utiliser cette affaire en vue d'un retour sans dommage. Les plaintes pour calomnie étant devenues sa principale source de revenus, il avait pris l'habitude, avec son avocat, d'éplucher la presse quotidienne pour y débusquer tout ce qui pourrait le conduire devant un tribunal. Un procès porterait l'attention sur la sexualité du Führer. Le passé remonterait à la surface. Et quelque chose lui disait que Berlin n'en avait aucune envie.

Hitler homosexuel, la chose ne manquait pas de sel. Dans les lettres qu'il écrivit à cette époque à Göring, Putzi brandissait le spectre de la presse juive, tentaculaire, qui ferait des gorges chaudes de ces insinuations. Peut-être ressortirait-on de leurs tombes les dirigeants S.A. exécutés lors de la Nuit des longs couteaux : avait-on voulu les empêcher de parler, ces homosexuels dont la présence, longtemps, n'avait pas gêné Hitler ? Röhm, le premier. Et ces amitiés d'adolescence exclusives ? Parlerait-on d'August Kubizek et de Rudolf Häuser, avec qui Hitler avait entretenu des relations passionnelles ? Évoquerait-on ces années d'avant-guerre passées à Vienne dans Männerwahnheim, de Brigittenau, cet hôtel pour hommes à la réputation sulfureuse où des jeunes gens se prostituaient auprès d'hommes plus âgés ? Pire encore, peut-être, Hitler y avait eu des amis juifs... Putzi savait tout cela. Il savait tout. Il avait lui aussi connu la bohème de New York, où les corps graciles s'aimaient librement hors des contraintes sociales, bercés par les alcools forts et les volutes d'opium. Un procès serait désastreux pour Hitler.

L'opportunité était si belle que Putzi rentra en toute hâte en Angleterre avec la ferme intention de menacer d'attaquer *The New Republic*. La déclaration pouvait attendre. À bord du paquebot transatlantique, il sentit qu'un retour en Allemagne n'était décidément plus une chimère. Il fallait juste qu'Hitler soit mis au courant de ces possibles démarches juridiques. Dans ce but, Putzi écrivit une longue lettre à Herbert von Dirksen, le nouvel ambassadeur allemand en Angleterre. Il écrivit aussi à Göring. Il imposa un ultimatum. Hitler devait lui répondre, sinon il porterait plainte en diffamation contre *The New Republic*, et le procès serait l'occasion d'un déballage obscène. Il attendit, d'abord sûr de lui. Mais rien n'y fit.

Le silence de Berlin était un nouvel affront.

Putzi se débattait dans des sables mouvants, et l'honneur qu'il prétendait défendre s'enfonçait avec lui. Lorsqu'il apprit l'annexion des Sudètes en septembre 1938, il crut la guerre imminente. L'idée de revivre le drame intime de 1917, de déserter à nouveau, lui était insupportable. Revenir en Allemagne était la seule issue – même sans excuses d'Hitler, sans garantie aucune, et même s'il risquait d'être arrêté à la frontière. Il prévint Göring de son arrivée, en lui demandant mille livres pour rembourser ses dettes londoniennes. Mais à peine sa demande parvint-elle à Berlin que la conférence de Munich s'acheva sur le fol espoir de la préservation de la paix.

Il devenait moins urgent de rentrer. Il fallait attendre le bon moment.

Au début du mois d'octobre, Putzi reçut toutefois les mille livres. Ce fut une mauvaise surprise. Göring considérait son retour comme acquis. Le régime voyait en lui un homme vénal : *Donnez-lui ce qu'il veut, il rentrera à genoux. Un sou, un sucre.* Jusqu'au bout, ils le déshonoraient.

Il avait le sentiment d'avoir tout tenté, les menaces comme les caresses. Rien ne changerait jamais.

En novembre 1938, après y avoir souvent renoncé, Putzi se décida à écrire à Hitler. Personnellement. D'homme à homme. Comme au temps où il lui jouait du piano. La lettre s'achevait ainsi : « Vous savez que j'ai toujours fait et que je ferai toujours tout ce qui est en mon pouvoir pour vous protéger, vous et votre réputation, ainsi que celle de l'Allemagne. » Hitler ne la lut jamais. Putzi ne trouva personne d'assez téméraire pour la lui remettre en main propre. Même Unity, qui était à Londres à ce moment-là, refusa. « Putzi, vous savez très bien ce que le Führer va me répondre : "Que Putzi fasse ce qu'il veut. Tout cela m'est égal." » Putzi dut faire bonne figure, sourire afin de masquer sa douleur. C'était comme un couteau qui lui tranchait le cœur.

C'est ma vie, A. H.

Il n'y aurait plus entre eux de piano, seulement le silence de l'indifférence. « La vie sans musique est tout simplement une erreur, une fatigue, un exil », écrivait Nietzsche.

Tel était son état d'esprit lorsque, au début du mois de décembre, Wagner resurgit d'un monde que Putzi pensait à jamais perdu. « Avez-vous songé à entrer en contact avec Winifred Wagner ? Elle est très proche d'Hitler, comme vous ne l'ignorez pas. Et si je ne m'abuse, elle est fort bien disposée à votre égard... » À ces mots, Putzi sortit de sa léthargie. La visite de Wilhelm Backhaus, qui ne s'annonçait que polie, lui apparut comme une bénédiction. Quand tout semble perdu, le moindre rai de lumière a la puissance du soleil. Que cette nouvelle fût apportée par un pianiste en grâce à Berlin était un signe : Wagner pouvait encore le sauver.

Le temps était compté, mais il fallait agir avec prudence.

Une confidence d'Unity lui revint en mémoire. Quelques semaines plus tôt, la jeune Anglaise lui avait assuré que Winifred était disposée à lui verser une pension à vie à son retour en Allemagne. S'il devenait le protégé des Wagner, non seulement le régime ne pourrait rien contre lui, mais il ferait à nouveau partie du cercle des intimes du Führer. Wagner redeviendrait le lien entre les deux hommes. Putzi n'en dormait plus. L'attachement de Winifred ne l'étonnait pas. Putzi et elle ne s'étaient pas perdus de vue depuis leur rencontre de 1923. Hitler et Wagner en partage, ce n'était pas rien.

L'année 1938 s'achevait. La fin du monde était proche, mais, excepté quelques visionnaires généralement tenus pour fous, les hommes sont ainsi faits qu'ils ne prennent conscience de l'apocalypse que lorsqu'elle a eu lieu. Le 26 décembre, Putzi reçut les vœux de son amie Helen Appleton Read, critique d'art new-yorkaise, admiratrice d'Hitler, propagandiste du régime nazi qui avait organisé en 1936 une exposition de peinture allemande au Pennsylvania Museum of Art. Putzi relut plusieurs fois ces mots, craignant de mal les comprendre : « À Bayreuth, l'été dernier, Frau Wagner a demandé de vos nouvelles et m'a dit : "Quand vous le verrez, dites-lui que le Führer m'a personnellement confié qu'il voulait qu'il revienne." » Tout concordait. Putzi en aurait pleuré.

« Que de temps perdu ! l'été dernier, mon Dieu, l'été dernier... » C'était il y a mille ans, mille ans de doutes, de tourments, de menaces avortées et d'humiliations. Écrire à Winifred, ne plus perdre une seconde, voilà ce que Putzi avait en tête ; il se saisit d'une carte et, après les traditionnels vœux, demanda à son amie de confirmer les propos qu'Helen Appleton Read lui avait rapportés.

La réponse lui parvint dans les premiers jours de l'année 1939. Le cœur battant, il décacheta l'enveloppe comme si son destin y était inscrit. « Le Führer était à nouveau à Wahnfried pendant le festival, nous étions assis ensemble un soir après une représentation, et nous en sommes venus à parler de vous. Je lui ai expressément demandé s'il m'autorisait à vous dire que vous pouviez revenir sans risque en Allemagne à n'importe quel moment. Il l'a redit. » Les sentiments de Putzi étaient mêlés. Il n'en doutait pas, Hitler avait certainement tenu ces propos. Mais pouvait-on lui faire confiance ? Plus que quiconque, Putzi savait l'effet euphorisant et apaisant que Wagner produisait sur le Führer. Loin de Wahnfried, dans l'hiver rude du Berghof ou de Berlin, voudrait-il toujours de lui ?

Quel serait son destin ? Au début de l'année 1939, il eut des nouvelles de deux vieux camarades, Hermann Esser et Hans Prodinger. Elles le plongèrent dans les affres du doute.

Les souvenirs de l'exil autrichien, après l'échec du putsch de 1923, se ravivèrent lorsqu'il reconnut la photo d'Hermann Esser dans le *Beobachter* illustré qu'il recevait à Londres. Esser avait, lui aussi, connu la disgrâce et l'éloignement du pouvoir. Et voilà qu'il était nommé secrétaire d'État au ministère de l'Éducation du peuple et de la Propagande du Reich, en charge du tourisme ! Un poste subalterne, mais dans lequel Putzi vit le fol espoir de son propre retour en grâce. « Je constate avec grande satisfaction que l'entente avec le Führer est revenue. Que Dieu m'apporte aussi cela », écrivit-il à Esser.

Le cas Prodinger était tout autre. Autrichien de Salzbourg, Hans Prodinger avait lui aussi connu les premières heures du nazisme. Dès 1920, il avait partagé les estrades avec Hitler. Au moment du putsch, il avait recueilli quelques jeunes réfugiés qui avaient fui la répression policière en Allemagne. Prodinger appartenait à cette génération de paléonazis qui tendait à Hitler un miroir moins flatteur. Fervent nationaliste, après avoir applaudi l'arrivée au pouvoir des nazis en Allemagne, il s'était inquiété des projets d'Anschluss, au point qu'à côté de ses activités syndicales il avait commencé à militer au sein du fasciste Front patriotique du chancelier autrichien Dollfuss, qui défendait l'indépendance de l'Autriche. Le 12 mars 1938, jour de l'annexion, le sort du pays et celui de Prodinger furent scellés.

Putzi avait appris sa mort par des amis. Il voulut en savoir plus, craignant pour lui-même. La réponse de sa veuve envoyée depuis la Suisse lui glaça le sang. Ce n'était pas une lettre, plutôt un miroir : « J'ai cru que je pourrais rester tranquillement et sans souci dans notre mère patrie l'Allemagne. Quelle idiote j'ai été ! Mon cher mari est mort à Dachau le 5 septembre. C'est le remerciement en forme de couronnement pour trente-deux ans d'efforts en faveur de l'idéal nationaliste. » Hans Prodinger avait été arrêté le jour de l'Anschluss, puis relâché après deux semaines. Deux mois plus tard, le 23 mai, la Gestapo frappait à sa porte. Il fut conduit à Dachau où il périt.

Putzi en eut la nausée. Esser n'avait rien fait. Personne n'était intervenu. Il imaginait Prodinger agonisant, l'horizon barré de barbelés. Le passé ne faisait que passer, il n'ouvrait sur aucun avenir.

Peu de temps après, lorsque Winifred refusa son invitation à Londres (« Vous pourrez très bien régler cette histoire sans moi »), Putzi fit un rêve étrange. Il portait son uniforme S.S. *made in England* et jouait sur un Steinway de concert qui soudain prenait feu, se consumant de l'intérieur, faisant claquer les cordes dans un fracas étrangement mélodieux. Les flammes lui léchaient les doigts. Mais, insensible au drame, il continuait de jouer. Derrière le rideau de fumée et de flammes se tenait Adolf Hitler, apaisé, le regard planté dans celui de son pianiste, l'encourageant à poursuivre.

L'année 1974 touchait à sa fin.

« Grand-mère, le film de la BBC ne vous accordera que quelques minutes. C'est ridicule. Vous avez tant fait pour Bayreuth. » La vieille femme hésitait. La BBC lui proposait d'intervenir dans un documentaire produit à l'occasion du centenaire du festival de Bayreuth, mais son petit-fils faisait tout pour l'en dissuader. Gottfried avait vingt-huit ans et une idée derrière la tête : son ami Hans-Jürgen Syberberg projetait de filmer une très longue conversation avec sa grand-mère, Winifred Wagner. Le cinéaste préparait son grand film sur Hitler et peinait à entrer en relation avec des personnalités du premier cercle qui non seulement accepteraient de parler, mais le feraient librement, sans renier leurs engagements passés.

Winifred avait adoré Hitler.

« Oui, grand-mère, vous aurez le contrôle. Tout ce qui sera projeté, vous l'aurez accepté. » Winifred savait qu'en cédant elle donnerait un précieux coup de main à son petit-fils, qui travaillerait sur le film en tant qu'assistant de Syberberg. Deux appels téléphoniques achevèrent de la convaincre. À Leni Riefenstahl, qui trouva l'idée formidable, et à Syberberg, qui sut la rassurer.

L'entretien commença le 10 avril 1975 au matin. La Garden Room était baignée par la lumière du printemps. Aucun éclairage artificiel, aucune mise en scène, aucun technicien ; on eût dit une conversation entre amis. Comme sa présence rassurait Winifred, Gottfried se tenait au côté de Syberberg. La configuration favorisait les confidences que le cinéaste recherchait.

Le réalisateur semblait à ce point sous le charme de Winifred qu'il l'écoutait sans jamais l'interrompre, la laissant disserter sans fin sur ses parents et son enfance anglaise. En réalité, Syberberg agissait en charmeur de serpents. Tapi dans le contrechamp, invisible, il guettait l'ombre d'Hitler. Quand il l'apercevrait, son attention s'éveillerait soudain. Rien d'autre ne comptait.

En fin psychologue, il provoquait Winifred uniquement dans le but d'accepter ses dénégations. Il voulait lui donner le sentiment qu'elle dominait l'entretien. C'est ainsi qu'elle irait là où elle ne voulait pas aller, et il le savait. Par exemple, lorsqu'il lui demanda si elle ne pensait pas que l'extermination des Juifs était inspirée de l'œuvre de Wagner – il n'y croyait pas une seconde –, Winifred expliqua, courroucée, que le compositeur, qui avait des amis juifs, considérait simplement que l'influence juive était bien trop importante dans la culture. Et, apaisée, elle confia que dans les années 1920 « les Juifs étaient partout ». Syberberg se tut. Il la laissait parler.

Comme une confidence chuchotée sur l'oreiller, après l'amour.

Un jour enfin, l'ombre se présenta. « Hitler m'a toujours

laissé une liberté artistique totale dans toutes les questions qui pouvaient se poser, ainsi que dans le choix des opéras qui allaient se jouer et dans la nomination des chefs d'orchestre», lâcha l'ancienne directrice du festival de Bayreuth. Winifred était en confiance. Maïeuticien et confesseur, Syberberg souriait, encourageait, abondait. Maîtrisait. Le fruit était mûr. La vieille femme oubliait la caméra. C'est à un ami qu'elle s'adressait : «Le rencontrer est une expérience que je n'aurais pas voulu rater.»

Le film touchait à sa fin. Les cheveux longs et blancs de Winifred étaient attachés. Elle portait une robe sombre à motifs clairs. Aucun maquillage sur sa peau ridée. C'était le dernier jour de tournage. La proie était à portée. D'une voix douce, Syberberg se lança : «J'ai lu un jour dans un magazine français que vous et Hitler aviez prévu de vous marier.» Winifred s'agaça : «C'est ridicule! La rumeur est née au moment de la confirmation de mon fils Wieland. Hitler m'a envoyé un énorme bouquet d'œillets. C'était seulement une façon de me féliciter. Il n'a jamais songé à se marier. Il disait toujours que cela l'éloignerait de son devoir. La rumeur n'avait aucun fondement... Et de toute façon, cela aurait été impossible. Mon devoir était de rester ici, à Bayreuth. En plus, laissez-moi ajouter que mon mari avait indiqué dans son testament que je ne pourrais continuer à diriger le festival que si je demeurais célibataire. Alors Hitler savait de toute façon que c'était impossible. Et lui-même, à la mort de Siegfried, m'a dit que je ne devais pas me remarier. "Vous devez rester une reine, pour continuer à régner sur Bayreuth", ce sont les mots qu'il a employés.»

Vint l'instant décisif. Dans son film, Syberberg l'introduit ainsi : «Il y a quelque temps, j'ai lu : "Ne pas accepter le côté sombre d'une personne signifie qu'on ne l'aime pas assez."» Puis, sur des images de la pièce vide, la voix de Winifred parvient à notre conscience, transperce nos certitudes : «Je ne nierai jamais mon amitié pour lui. Mon fils Wolfgang a été gravement blessé pendant la campagne de Pologne. Il était soigné par Sauerbruch à la Charité de Berlin et Hitler lui a rendu visite. C'est incroyable, quand on songe au nombre de soldats blessés : c'est à Wolfgang qu'il a rendu visite. Il a reçu des fleurs, et la croix de fer aussi. Ce sont des choses qu'on ne peut oublier.»

Changement de plan. Une bibliothèque sert de décor à ces confidences de Winifred : «Peut-être qu'il vous est impossible de le comprendre, mais je peux différencier totalement l'Hitler que j'ai connu de celui qui est accusé aujourd'hui.» Puis, à contre-jour, de dos, assise devant la grande table du séjour, elle poursuit en déjeunant : «Imaginons que Gottfried tue une fille et l'enterre, etc., etc. Cela n'affecterait pas du tout les sentiments que j'ai pour lui. Je ne sais pas l'expliquer mais c'est ainsi. Si Hitler arrivait par cette porte aujourd'hui, je serais aussi heureuse de le voir que je l'ai toujours été. Tout le côté sombre, je sais qu'il existe. Mais je ne connais pas cette part de lui. Peut-être que cela demeurera incompréhensible pour toujours. Vous devrez laisser à un psychologue (Winifred se met à rire) le soin de comprendre ma relation avec Hitler. Cela restera un mystère pour tous les spectateurs de votre film. Je ne peux me l'expliquer moi-même.» La voix du narrateur, douce et dérangeante, s'invite alors : «Note pour les critiques de ma génération. Il est relativement aisé de ne pas être nazi quand il n'y a plus d'Hitler.»

Qu'aurait répondu Putzi à Syberberg? Aurait-il, lui aussi, ouvert les bras si Hitler avait déboulé à l'improviste chez lui à Munich, au milieu des années 1970 ? L'aurait-il accueilli avec un sourire, comme il accueillit David Marwell et Judith ? Avec plus d'enthousiasme, peut-être ? Ou bien l'aurait-il laissé à la porte, préférant disserter sur l'histoire de l'Europe avec son fils Egon ? Faut-il imaginer Hitler seul dans la rue, cognant en vain à la porte de la villa Hanfstaengl ?

Le film s'achève sur une question posée par Winifred : « Cela semble étonner le public que je me sois tue durant trente ans et on se demande pourquoi tout à coup je me mets à parler. Je demande donc : et pourquoi pas ? »

Ces propos furent ajoutés après le scandale provoqué par la projection de *Winifred Wagner et l'histoire de la maison Wahnfried de 1914 à 1975* au festival de Cannes en mai 1976. La fidélité exprimée par « la dame de Bayreuth » à Adolf Hitler collait mal à l'image que son fils Wolfgang voulait donner au centenaire du festival, célébré cet été-là. Le nouveau Bayreuth, surgi des décombres en 1951, avait officiellement rompu avec le nazisme. Les fils de Winifred, Wolfgang et surtout son frère Wieland, disparu en 1966, s'étaient escrimés à dépolitiser Bayreuth, et voilà que leur mère, au cœur de la colline verte sacrée, plantait à nouveau le portrait d'Hitler.

L'accès au palais des festivals de Bayreuth lui fut interdit. Pour le centenaire, Winifred subit le même sort qu'Hitler ou le passé : elle fut refoulée.

SOLITUDE

Le voyageur de passage découvrant la baie de Somme ne voit qu'une immense étendue de slikke et de schorre colonisée par les mouettes. Au loin, il aperçoit l'océan, seulement annoncé dans la baie par quelques mares isolées et un étroit chenal. S'il revient quelques heures plus tard, l'océan recouvrira la slikke et, en cas de grandes marées, le schorre. Mais un habitué reconnaît dans les flaques la préfiguration de l'océan qui les recouvrira toutes bientôt.

Au printemps 1939, excepté quelques fins observateurs, peu entrevirent que les traces laissées par la Première Guerre allaient bientôt être englouties par la suivante. Putzi, lui, pressentait qu'à la vitesse d'un cheval au galop, d'un moment à l'autre, la guerre déferlerait sur l'Europe. Il craignait de se retrouver pris au piège, au milieu des eaux brusquement hautes, incapable d'atteindre les rives apaisantes de la mère patrie, assistant impuissant à sa défaite.

Les jours rallongeaient, et l'acédie le guettait.

Si l'Histoire lui refusait un destin, son fils devait vivre le sien. Putzi acheta à Egon un billet de paquebot pour l'Amérique. Grâce à ses réseaux, il parvint à l'inscrire à

Harvard. L'Amérique ! La Nouvelle Jérusalem ! Reprendre là où tout avait commencé… Qui sait, Egon y arriverait-il peut-être ? Le nom d'Hanfstaengl ne disparaîtrait pas dans les ruelles sordides de Londres ou dans les poubelles de l'Histoire.

L'idée de suivre son fils lui traversa l'esprit. Mille excuses le retinrent en Angleterre. Les procès, les contrats, les dettes. Mais, à dire vrai, la promesse d'un aller simple lui était encore insupportable.

Début mai, le procès en diffamation contre *The New Republic* que Putzi s'était résolu à intenter approchait. Malgré les courriers de Bormann, Göring, Esser, Heydrich ou Thorak, Hitler demeurait silencieux. Pas un mot. Il l'ignorait.

Le souvenir de Prodinger le hantait. Début février 1939, il avait réécrit à Hitler ; mais cette lettre, comme la précédente, ne lui est probablement jamais parvenue. Le brouillon se trouve dans les archives ; l'écriture de Putzi traduit l'agitation de son âme : « J'ai récemment été accusé, vous devez sûrement le savoir, d'être en couple avec vous. Étant décidé à ne pas laisser passer une telle insulte, j'ai lancé une action en justice. Pour les auditions, je vais devoir donner des informations sur notre relation, au début et maintenant… » À quoi pensait-il ? Menaçait-il de révéler des choses au sujet de la sexualité d'Hitler ? Ces questions demeurent sans réponse. Elles ouvrent un champ de possibles. Mais excluent l'idée d'un retour imminent en Allemagne.

Dans le même temps, Putzi s'efforçait de ne pas agacer Berlin. Il refusa, par exemple, tout contrat avec un éditeur juif. Chaque jour ressemblait au précédent. Attendre, prier, espérer, supplier, menacer, crier, pleurer, attendre,

attendre, attendre. À en devenir fou. Écrire. Combien de dollars par mot ? Combien de mots par article ? Sur Hitler, c'est plus cher. Contre Hitler, ce n'est pas possible. Combien pour vendre son âme au diable ? Il l'aurait offerte. Gratis. Prêt à payer, même, un peu. Ce corps immense qui vieillissait à vue d'œil ne semblait voué qu'à l'attente. Si la guerre n'avait été déclarée, il serait peut-être mort à Londres. Son sang se serait figé dans ses veines.

Ce printemps-là, Putzi perdit son procès contre *The New Republic*. La faute à une plainte mal ficelée et, croyait-il, à la germanophobie ambiante. Tout alla très vite. On ne parla même pas de l'homosexualité d'Hitler. Il s'était fait des idées.

« Laissez-le revenir à Berlin. Il est, ici, aussi inoffensif qu'un petit chiot. » Début juin, Erna et Unity, qui partageaient le même appartement depuis des années, parlèrent à Hitler. Le Führer se montra conciliant. Prévenu, Putzi fit aussitôt parvenir à Unity une lettre destinée à Hitler dans laquelle il émettait quelques conditions financières à son retour – il avait abandonné l'espoir d'excuses écrites. Dans un restaurant de Munich, quelques jours plus tard, Unity remit la lettre à Hitler. Celui-ci décacheta l'enveloppe, lut les premières lignes de la missive, puis la déchira et la jeta au feu. « Je ne veux plus jamais entendre le nom d'Hanfstaengl ! Je ne ferai rien pour lui. Et cessez donc de vivre avec Erna. » De passage à Londres, Unity se fit un malin plaisir de lui décrire la scène. La perversité de la jeune Anglaise était sans limites ; la déchéance des autres était son triomphe. Putzi se demanda même si elle n'avait pas inventé la réaction bienveillante d'Hitler afin de lui tendre un piège.

La sentence tomba comme un couperet sur ses illusions.

Tout autre que lui aurait compris. Pourtant, passé le choc des révélations d'Unity, Putzi s'installa à son bureau et rédigea une nouvelle lettre au Führer : « Vous me connaissez, Herr Hitler, et vous savez aussi bien que moi ce qui m'a rapproché de vous en 1922-1923 : c'est à vous et à vous seul je me suis soumis car vous étiez l'élu. Personne d'autre n'a le droit de mettre en doute ma loyauté et ma soumission. Aussi longtemps que vous serez là, je ne réagirai qu'à votre voix, à aucune autre. Vous seul pouvez me rappeler. Je vous écris avec mon cœur ; faites-le vous aussi. Je vous le demande. » Et quelques jours plus tard : « Vous seul connaissez mes pensées et mes désirs. Vous seul pouvez mettre un terme à cette affaire et me ramener vers l'*Heimat*. »

Pendant plusieurs semaines, il guetta en vain une réponse. J'ai retrouvé dans ses archives cette lettre, datée de juillet :

Mein lieber Hanfstaengl, *le porteur de ces lignes est autorisé par moi à vous aider de toutes les manières à quitter Londres. Monsieur XXX vous servira d'escorte à votre retour au pays. Je n'ai pas besoin de vous assurer, mon cher Hanfstaengl, que je regrette sincèrement et que je dénonce les événements de février 1937 qui ont nécessité votre départ d'Allemagne, et que je suis heureux de pouvoir réparer les dommages moraux et matériels qu'ils ont causés. Croyez-moi : tout cela était un malentendu. Vous pouvez être assuré que rien n'est envisagé contre vous, et que je serais heureux de pouvoir vous accueillir prochainement dans le but d'une conversation au cours de laquelle nous déterminerons l'ampleur de votre futur emploi ou activité. Dans le souvenir du combat passé et avec mon affection.*

Mais ce n'est pas Hitler qui écrit. C'est Putzi qui s'est livré à un curieux exercice : il a rédigé lui-même la lettre qu'il désespérait de recevoir.

Cinq semaines plus tard, la guerre serait là, rendant tout retour en Allemagne impossible, même en rêve. C'est notre privilège de le savoir, quand Putzi, comme ses contemporains, avance à tâtons vers le précipice. Je le regarde, épuisé par l'attente et qui avance pourtant, comme les autres, hésitant peut-être un peu plus. L'envie me prend de lui crier de fuir. N'attends rien de l'Allemagne, Putzi, file, et rachète ton âme, s'il en est encore temps.

Indifférent aux tourments du monde, le festival de Bayreuth s'ouvrit comme prévu le 26 juillet 1939 avec une représentation du *Hollandais volant*. Hitler, pour l'occasion, avait quitté son refuge de Berchtesgaden.

Winifred rayonnait. Sur une photo, la maîtresse des lieux – moue joyeuse, longue robe de soie blanche, cœur au bout d'un pendentif – pose son regard sur la nuque d'Hitler, smoking noir, visage fermé. Pour rien au monde il n'aurait manqué le festival. Il avait momentanément abandonné les négociations avec les Soviétiques et les plans d'invasion de la Pologne ; ou, plutôt, il entrecoupait ses inspections des préparatifs sur le terrain de soirées passées à Bayreuth, où il n'était question que de Wagner, rien que de Wagner.

Nevile Henderson, l'ambassadeur britannique en Allemagne, prit la route de Bayreuth, malgré le cancer de la gorge qui le tuait à petit feu. La paix valait bien cet effort. Sa voiture tomba en panne, si bien que, lorsqu'il arriva au palais des festivals de Bayreuth, Hitler était déjà parti inspecter la ligne Siegfried avec Ribbentrop. Winifred accueillit chaleureusement l'ambassadeur qui, à contre-courant de Londres, croyait encore à l'apaisement. « Le

Führer va revenir, ne vous inquiétez pas, je vous garantis qu'il vous recevra. »

Hitler revint en effet, le soir d'une représentation de la *Walkyrie*. Henderson, qui avait pris place dans la salle, ne cessait de lui lancer des regards inquiets. Mais le Führer refusa de le recevoir. L'heure n'était plus à la diplomatie : c'était Wagner, puis la guerre, dans cet ordre-là. Thomas Pynchon avait tort et Woody Allen raison : ce n'est pas quand on écoute du Beethoven, mais du Wagner, qu'on a envie d'aller d'envahir la Pologne.

Le procès en diffamation que Putzi avait perdu tournait au fiasco le plus complet. Ses biens allaient être saisis, la banqueroute prononcée. L'étau se resserrait. Bientôt, Putzi serait broyé. « Quand entendrai-je à nouveau les cloches de Munich ? » se lamentait-il. Winifred était son ultime espoir, avec Bayreuth comme théâtre de la grande réconciliation. Il mettait du lyrisme dans sa détresse ; en témoigne ce télégramme écrit dans l'urgence de la nuit et adressé à Winifred : « Sans réponse, je vais devoir rompre. Envoyez-moi des nouvelles, le plus tôt possible. » Réponse presque immédiate : « La lettre demandée est promise. Ne perdez pas la tête. » Le 10 août, toujours aucune lettre d'Hitler. Quatre jours plus tard, il reçut un télégramme du conseiller d'Hitler Martin Bormann l'engageant à rentrer immédiatement en Allemagne (« Nous paierons vos dettes »), et un autre d'Erna lui déconseillant de le faire. Le 16 août, s'il ne réglait pas ce qu'il devait, il irait en prison. Pour la première fois, il y avait une date butoir, après laquelle rien ne serait plus possible.

Tempête sous un crâne.

Le jour arriva, mais la justice était lente. Le 17, Putzi appela Winifred. Il s'assura qu'Hitler était prêt à écrire une lettre, dans deux jours il serait trop tard. Millième ultimatum. *Écrivez-moi ou je fais un malheur, s'il vous plaît, je vous en prie, écrivez-moi.* Nouvel échange avec Bormann, à Berchtesgaden. « Oui, je préviendrai Hitler. Ne faites pas l'idiot, rentrez tant qu'il est encore temps. N'attendez pas de lettre ; Hitler a d'autres chats à fouetter. Vous lisez la presse, non ? »

Le 18 août, Putzi écrit dans son journal : « Il est midi. J'achève ma dernière lettre adressée à Martin Bormann. J'ai désormais rompu avec le IIIe Reich. »

Le mois de septembre avait deux jours. Un franc soleil d'été brillait sur Londres, éclaboussant l'intérieur de la petite maison de briques rouges de Gunterstone Road, à West Kensington. Putzi, nageant dans son pyjama de soie blanche, était groggy. La veille, l'Allemagne avait attaqué la Pologne. Il s'imagina au côté d'Hitler, tentant d'endiguer le flot de la presse étrangère ulcérée par cet acte de guerre. Il aurait évoqué l'incident de Gleiwitz. Il aurait convaincu : « Ce sont eux ! Les Polonais ! Hier, ils ont attaqué un émetteur radio de Gleiwitz, en Allemagne, chez nous ! Hitler ne veut pas la guerre et ne l'a jamais voulue. » (Malgré la distance et le temps passé loin de Berlin, il savait que l'histoire de Gleiwitz était une opération montée de toutes pièces par Himmler.) Il aurait été utile.

Ses divagations furent brutalement interrompues par le bruit sec du heurtoir de la porte d'entrée. Deux hommes se présentant comme des officiers de Scotland Yard le prièrent de les suivre : « J'arrive, laissez-moi juste le temps de passer un costume, je ne vais pas traverser Londres en pyjama ! » Leurs traits étaient durs, leurs visages fermés.

L'heure n'était plus aux plaisanteries. « Monsieur, nous n'allons pas traverser Londres. »

Putzi enfila son manteau avec le sentiment que l'Histoire se répétait. Le Royaume-Uni venait de lancer un ultimatum à l'Allemagne. L'Amérique ne tarderait pas. D'une guerre mondiale à l'autre, il se trouvait toujours au mauvais endroit, au mauvais moment. Et une fois de plus, il assistait à l'explosion du monde qu'il rêvait de voir uni. Père et mère à nouveau déchirés par l'Histoire.

Loin de là, au cœur de l'Allemagne brûlant de lancer ses offensives, Unity Mitford vivait le même drame : l'alliance dont elle rêvait entre le Royaume-Uni et l'Allemagne nazie ne viendrait pas. À Munich, dans le Jardin anglais, elle sortit un petit pistolet Walther de son sac à main et se logea une balle dans le crâne. Sur ses genoux, une enveloppe contenait une photographie d'Hitler et un insigne du parti nazi. Miraculeusement, alors qu'on l'avait déjà transportée à la morgue, Unity donna des signes de vie. Elle ne mourut que bien plus tard, en 1948.

Ennemi de l'intérieur, Putzi, lui, ne songeait pas à la mort alors qu'il suivait les policiers. Les trois hommes se rendirent, à une dizaine de minutes de marche, au parc des expositions de l'Olympia, qui avait l'habitude d'accueillir sous son immense verrière d'importantes foules de visiteurs. La veille encore, les Londoniens se pressaient à l'exposition « Radiolympia » où ils rêvèrent devant les radios et téléviseurs d'avant-garde. En toute hâte, dans la nuit, le matériel avait été transporté ailleurs. L'Olympia avait été réquisitionné. Fini de rire. Fini de rêver.

Tout ce que la ville comptait d'Allemands et d'Autrichiens, fascistes comme antifascistes, débarquait au compte-gouttes. Putzi, qui fut l'un des premiers à arriver, fut interrogé puis conduit dans l'immense salle où s'alignaient de simples lits. À peine avait-il rompu avec le IIIe Reich qu'il était emprisonné.

Le lendemain matin, à neuf heures, Nevile Henderson se présenta au ministère des Affaires étrangères pour signifier à Ribbentrop que si l'Allemagne n'avait pas évacué la Pologne dans deux heures, le Royaume-Uni lui déclarerait la guerre. Henderson n'eut accès qu'à Paul Schmidt, l'interprète du ministre, qu'il connaissait bien et avec qui il échangea quelques plaisanteries malgré le tragique du moment. Deux heures plus tard, en l'absence de réponse de Berlin, le Premier ministre Neville Chamberlain annonça à la radio que la guerre était déclarée. Les derniers espoirs, minces il est vrai, d'une libération rapide s'envolèrent parmi les captifs de l'Olympia. Ils étaient désormais officiellement considérés comme des ennemis.

« Vous allez devoir élire un représentant ! » hurla un officier anglais qui parlait allemand. « Ils ne perdent pas de temps », se dit Putzi. Le Royaume-Uni était en guerre contre l'Allemagne depuis moins d'une heure. Les détenus, tous les Allemands de la ville, se regardèrent en chiens de faïence. Nazis et antinazis allaient s'affronter, démocratiquement.

Putzi prit la parole. Nul n'ignorait qui était ce géant qui s'exprimait si bien. « Camarades, nous devons montrer à ces Anglais que nous sommes des Allemands disciplinés. Nous voulons par-dessus tout maintenir l'ordre et faire preuve de rigueur, comme de véritables soldats allemands sur un champ de manœuvres. » Putzi désigna un homme élégant à l'allure toute britannique : inutile de voter, c'est lui qu'il fallait choisir.

Hitler, Goebbels et Göring auraient hurlé de rire s'ils l'avaient entendu parler ainsi. «Voilà que Putzi se prend pour un soldat! Qu'il aille donc derrière les lignes républicaines en Espagne, ou, tiens, sur la ligne de front en Pologne, qu'on rigole un peu! Putzi, voyons... Tu n'as jamais fait la guerre.»

Schiffer, le candidat désigné par Putzi, avait fui l'Allemagne en 1934, après la Nuit des longs couteaux, et vivait du commerce des armes à Londres, bien qu'officiellement il y apprît le droit. Il était également espion à la solde de la Gestapo, mais personne ne le savait. Reste que, pour les autres captifs, il appartenait au camp des nazis. Putzi l'avait bien connu en Allemagne, et les deux hommes pouvaient se flatter d'avoir été proches d'Hitler, au moins durant les premières années.

«Un nazi ne parlera jamais en mon nom, ni hier, ni maintenant, ni jamais!» Eugen Spier marmonnait pour lui-même. Ce Juif, né en 1891 dans le sud de l'Allemagne, s'était installé à Londres avec sa famille après la Première Guerre mondiale, au cours de laquelle il avait combattu pour son pays. Dès la prise de pouvoir d'Hitler, il était devenu l'une des voix antinazies du Royaume-Uni, participant à la création de la branche britannique de l'A.N.C., le Conseil antinazi, basé aux États-Unis, un groupe hétéroclite comptant aussi bien des communistes que des patrons d'industrie. En 1936, Winston Churchill avait rejoint l'organisation, qui s'appelait désormais «Focus for the Defence of Freedom and Peace». Quelques jours avant son arrestation, Spier avait reçu l'assurance de sir Robert Vansittart, sous-secrétaire aux Affaires étrangères et membre du Focus, que rien ne lui arriverait. Spier voyait la main des adversaires de Churchill dans toute cette affaire.

C'est lui qui déjoua les plans de Putzi. Il osa se lever. «Non, il faut voter, librement.» Le candidat que présenta Spier était Bernhard Weiss, dont le visage émacié, les petites lunettes cerclées de métal et le nez prononcé avaient été maintes fois caricaturés par les nazis. Avec ses frères, dont l'un avait été tué et l'autre grièvement blessé, Weiss avait combattu au sein des forces allemandes pendant la Première Guerre mondiale, si bien qu'il avait reçu le grade de capitaine et obtenu la croix de fer de première classe. Juriste de formation, dans le chaos berlinois des lendemains de la guerre, il avait gravi jusqu'au sommet les échelons au sein de la direction de la police de la ville. Jamais un Juif n'avait eu de telles responsabilités avant lui. Dès 1926, ce fervent défenseur de la république de Weimar s'était farouchement opposé à Joseph Goebbels. Il obtint en 1927 l'interdiction du parti nazi dans la capitale allemande. Goebbels, dès lors, n'avait plus cessé d'attaquer ce Juif, consacrant deux livres haineux à celui qu'il appelait «Isidore Weiss», «Bernhard» sonnant certainement trop allemand à son goût. Insulté, moqué, menacé, Weiss n'avait rien cédé à ses adversaires, qu'il avait traînés en justice des dizaines de fois. Quelques jours avant que les nazis prennent le pouvoir, il s'était enfui. Fou de rage, Goebbels avait offert une énorme récompense à qui l'arrêterait. Mais la police, désormais aux mains d'Hermann Göring, avait échoué. D'abord réfugié en Tchécoslovaquie, Weiss avait pris le chemin de l'Angleterre où il avait appris, le 25 août 1933, qu'il était déchu de la nationalité allemande par le nouveau régime. Pourtant, au début du mois de septembre 1939, il était encore suffisamment allemand aux yeux des Anglais pour qu'ils l'internent à l'Olympia.

Au grand dam des nazis qui maudirent une fois de plus la démocratie, Bernhard Weiss fut élu porte-parole des prisonniers. Putzi avait perdu.

L'humiliation fut de courte durée. Dès le lendemain, la légitimité de Weiss fut mise en miettes par l'arrivée d'hommes débraillés hurlant des *Heil Hitler* virils. Menés par le capitaine Siebert, ils venaient d'être débarqués du *Pomona*, un navire marchand allemand qui avait tenté de se saborder dans le port de Londres après qu'on lui eut interdit de naviguer. À peine arrivés, ils se mirent à insulter les Juifs et à jurer à qui voulait l'entendre qu'à Noël la guerre serait gagnée par l'Allemagne nazie. Ils reviendraient à bord d'un navire de la Royal Navy. De toute évidence, Weiss ne pouvait être leur porte-parole.

Tous les détenus furent conduits dans le camp de Clacton-on-Sea, à une centaine de kilomètres de là, où une nouvelle élection fut organisée. Adolf Pilar von Pilchau, un aristocrate russe d'extrême droite qui avait combattu au sein des armées tsaristes durant la Première Guerre mondiale avant d'embrasser avec ferveur les thèses nazies en Allemagne, remporta cette fois le suffrage. Il fit du capitaine Siebert son adjoint. Les Juifs n'avaient qu'à bien se tenir.

Dans ce nouveau camp, les croix gammées fleurirent dans les cabanes de bois colorées. Un dimanche matin, le pasteur Wehren pria pour la victoire nazie. Putzi était mal à l'aise. Était-il encore un nazi parmi les nazis ? Était-il déjà un exilé parmi les exilés ? Dans les regards, il pouvait lire la suspicion. Personne ne lui tendait la main. De toute façon, il n'aurait pas su laquelle saisir.

Plus que jamais, il était seul.

À Berlin, où l'on ignorait qu'il était interné, on ne l'avait pas oublié. Pendant plusieurs semaines, les autorités tentèrent à nouveau de le joindre pour le convaincre de rentrer en Allemagne. La guerre avait commencé. Craignait-on qu'il ne fît définitivement le choix de l'ennemi, que sa langue ne se libérât, qu'il ne travaillât pour les Alliés ? Hitler, semble-t-il, regretta de ne pas l'avoir laissé revenir lorsqu'il en était encore temps.

Après Clacton-on-Sea, ce fut Seaton, un camp aux conditions bien plus rudes, mais où les nazis furent traités avec plus d'égard que les autres par les gardiens. Putzi eut droit à de l'eau chaude et des draps propres. Pour eux du moins, il était nazi.

À la fin du mois d'octobre, Putzi fut conduit à Chelsea, un quartier de Londres, afin d'y être entendu par le Comité consultatif, qui avait le pouvoir de lui rendre sa liberté. Le grand récit qu'il tiendrait jusqu'à la fin de sa vie naquit ce jour-là aux yeux du monde. Celui d'un homme qui avait tout fait pour civiliser Hitler.

La décision devait être rendue quinze jours plus tard. En attendant, Putzi et les autres prisonniers furent transférés à Lingfield, un champ de courses au sud de la capitale. L'ambiance redevint délétère lorsque de nouveaux équipages allemands dont les navires marchands avaient été capturés furent internés. Sur la porte du bâtiment qui leur servait de dortoir, ils accrochèrent une immense affiche : « Entrée interdite aux Juifs ». Putzi passa souvent devant. Il avait tant de fois lu ces mots sur les murs de Berlin et de Munich qu'il n'en éprouvait aucune émotion particulière.

Le 27 novembre, il reçut la nouvelle qu'il redoutait. Rien ne justifiait sa libération. Sa position dans le camp était ambiguë. S'il ne hurlait pas «*Heil Hitler*» ni ne répondait aux bras tendus que lui adressaient des nazis impressionnés de croiser un ancien ministre et proche du Führer, il n'était pas pour autant un antinazi. Ceux-ci étaient rares dans le camp. Sa position ne lui demandait aucun courage. «C'est ainsi que l'on survit», se disait-il. Suivre le mouvement, épouser le courant, sans effort.

Quelques jours avant la fin de l'année 1939, Putzi participa activement aux célébrations du Wintersonnenwende, le solstice d'hiver, culte païen que les nazis avaient substitué au Noël des chrétiens. Dans le silence glacial de la nuit, le visage éclairé par des torches dansant au vent, il récita de mémoire des passages de la saga nordique *Edda*.

Les jours passaient et, avec eux, l'espoir d'une libération rapide. La guerre était aux portes de l'Angleterre. De l'autre côté de la mer, Paris tombait, de braves gars se transformeraient bientôt en salauds, d'autres, plus rares, en héros, la plupart courberaient l'échine, les Allemands défileraient, pinçant les cuisses des Parisiennes, Hitler visiterait l'Opéra Garnier, au petit matin gris, rêvant d'y entendre du Wagner. Mais à Lingfield, les prisonniers étant privés de journaux et de radios, seules des rumeurs se propageaient. «Les Allemands viennent de débarquer en Cornouailles», «Bientôt, la croix gammée flottera sur Westminster, nous serons libres, et vainqueurs». Les nazis y croyaient. Putzi enrageait de ne pas savoir. Si l'Allemagne envahissait l'Angleterre, il serait sans doute en danger.

Il crut un instant que les Allemands avaient débarqué sur les côtes britanniques quand, dans la hâte, tous les prisonniers prirent le chemin de Liverpool où le *Duke of York*, un paquebot, les attendait. Ils pensaient s'embarquer pour l'île de Man; c'est au Canada qu'ils se rendaient.

Au camp de Red Rock, allongé sur la couche trop dure qui lui servait de lit, Putzi songeait aux événements qui l'avaient conduit là. La mission spéciale secrète, Zurich, Jung, Londres, les procès et les nuits à chercher le sommeil, Egon, Winifred, les espoirs, les perfidies et les attentes déçues, tout se mélangeait. C'est alors qu'une proposition du Bureau de guerre britannique lui parvint. En substance : « Hanfstaengl, enregistrons votre témoignage, votre voix, diffusons-les dans les salons des Allemands ; que les radios crachent la vérité, qu'elle fasse se lever le peuple. En échange, nous vous offrirons la liberté. » Mais pour Putzi, il n'était toujours pas question de trahir. Il refusa. L'Amérique n'était pas en guerre : il préférait vivre l'illusion d'un corps unifié – le père, la mère, et le Saint-Esprit Hitler. La trinité Hanfstaengl. *C'est ma vie, A. H.* Que reste-t-il d'un homme quand la cause pour laquelle il s'est engagé devient son ennemie ?

Dans son camp canadien, la vie de Putzi se réduisait à ses maquettes et à ses lectures : la Bible en cinq langues, le Coran, *Moby Dick*, H.G. Wells, Tourgueniev… Toutes le renvoyaient à son existence, qui lui semblait de plus en plus ratée. Le monde était à feu et à sang, et il passait ses journées penché sur des livres et des petites constructions en bois. Il était à contretemps.

Ses pensées le ramenaient à ses frères morts pendant la guerre. La culpabilité le rongeait, il avait le sentiment de les trahir à nouveau. Il était traversé de ces songes dont naît le dégoût de soi. «Je suis pour les gens quelque chose de similaire au gaz toxique interdit», écrivit-il alors dans son journal. Et plus loin : «Dehors, le blizzard canadien fouette de nouveaux nuages de neige, des vagues tourbillonnantes dans la cour de notre prison… Je pense à la Bavière et à l'hiver dans les montagnes et je vous vois dans mon cottage d'Uffing… La maison, l'entrée, les marches, le salon, la chambre, la salle à manger et la chambre à coucher ainsi que mon balcon préféré avec le lit en érable viennois d'Egon, l'infinie beauté de la Bavière. Un monde d'une puissance inépuisable. Que va-t-il devenir?… Je n'ai pas besoin de répéter sans doute à quel point je déplore sans relâche l'évolution des vingt-sept dernières années – depuis la mort d'Egon près de Péronne, en mai 1915.»

«Le président accepte votre offre.»

Putzi eut un moment d'arrêt. Malgré les années, le visage de l'homme qui venait de prononcer ces mots lui était familier. C'était bien John Franklin Carter, un journaliste à qui il avait permis de rencontrer Göring, des années plus tôt. Dans le Berlin nazi des années 1930, Carter était journaliste free-lance, et rien n'était possible sans Putzi. Ils appartenaient au même monde. La mère de Putzi avait été l'une des amies du père de Carter. Sans jamais avoir été proches, les deux jeunes hommes s'étaient un temps fréquentés.

Le reporter, autrefois souple et roublard, semblait s'être rigidifié en se mettant au service du président des États-Unis. Ses nouvelles fonctions l'avaient transformé. Impeccablement ceint d'un complet de flanelle de laine gris chiné, la mèche noire plaquée en arrière et les mâchoires serrées, il tendit une main ferme à Putzi. Ce dernier, perplexe, n'avait encore pas dit un mot que déjà l'épouse de Carter se lamentait en découvrant ses conditions de détention déplorables : «Pauvre Hanfstaengl, mais comment faites-vous ?» Elle l'ignorait, mais Fort Henry était plus confortable que Red Rock, que Putzi avait quitté en novembre 1941. Cinq mois déjà qu'il était là. Le temps s'étirait sans fin.

Mentalement, Putzi refit le chemin qui avait conduit le couple Carter jusqu'à lui. Une fois encore, la grande Histoire l'avait rattrapé.

Le 7 décembre 1941, les Japonais avaient bombardé la base américaine de Pearl Harbor, précipitant l'entrée en guerre des États-Unis. Les isolationnistes, dont une partie avait vu d'un bon œil l'arrivée au pouvoir d'Hitler en 1933, s'étaient, en un éclair, transformés en de convaincus interventionnistes. Leur puissant lobby, America First, avait été dissous, et le sénateur Gerald Nye, l'un de ses grands animateurs, qui affirmait encore quelques semaines plus tôt que « les Juifs constituent l'un des principaux facteurs de la guerre », chercha à s'engager dans l'armée américaine malgré son âge avancé.

Pour Putzi, il n'avait plus été envisageable de s'en tenir à une position de neutralité : son fils s'était enrôlé dans l'armée américaine et faisait face à la Luftwaffe. Au diable les sentiments ! La guerre effaçait les amours passées. Putzi avait repris contact avec les journalistes qui le harcelaient depuis des années. Cette fois, il parlerait. Ses lettres étaient lues par les autorités du camp, mais il était libre d'échanger avec qui il voulait.

Il écrivit en particulier à Donald Keyhoe, rédacteur en chef du *Cosmopolitan*, un magazine qu'il savait généreux et qui fut intéressé par son offre. Keyhoe obtint, à sa grande surprise, le droit de lui rendre visite. L'autorisation fut accordée par l'ambassadeur américain au Canada, Jay Pierrepont Moffat, qui l'avait lui-même requise auprès du Département d'État à Washington. Keyhoe était chanceux. Quatre jours plus tôt, l'ambassadeur avait reçu dans ses bureaux d'Ottawa un archéologue américain, Arthur Upham Pope, qui avait fondé en 1940 le Comité pour le moral de la nation, un organisme destiné à diffuser une propagande propre à maintenir la cohésion nationale en temps de guerre. Pope, qui avait bien connu Putzi dans ses jeunes années américaines, avait expliqué à l'ambassadeur que ce dernier pourrait être d'un précieux secours dans la guerre psychologique qu'il fallait mener contre l'Allemagne.

Putzi fut étonné de voir Donald Keyhoe se présenter à Fort Henry trois mois après lui avoir écrit. Les deux hommes négocièrent un deal très avantageux pour Putzi : trois articles de cinq mille mots chacun, payés un dollar par mot. Et, surtout, des détails croustillants sur Hitler : le journaliste n'avait pas oublié les conditions émises par l'ambassadeur Moffat. Alors qu'il s'apprêtait à prendre congé de Putzi, Donald Keyhoe avait baissé le ton : « Monsieur Hanfstaengl, il y a autre chose... » Putzi avait cru d'abord qu'il lui proposait un nouvel article, mais le journaliste, toujours à voix basse, avait précisé : « Non, ce n'est pas cela. C'est, disons, plus diplomatique. L'ambassade des États-Unis au Canada me charge de vous faire une proposition... » Putzi avait froncé les sourcils : « Vous aiguisez ma curiosité, Keyhoe » ; alors le journaliste s'était lancé : « Voilà, accepteriez-vous de vous mettre au service des États-Unis ? De vous engager auprès du pays pour lequel votre fils combat actuellement ? La nature de votre engagement serait évidemment différente. Ils songent à du renseignement, des rapports, vos souvenirs, ce genre de choses, vous voyez ? »

Quelques mois plus tôt, cette proposition aurait plongé Putzi dans un embarras sans fin. Mais tout avait changé. À peine Keyhoe était-il parti que Putzi s'était installé à son bureau et avait rédigé une offre en bonne et due forme, comme une déclaration de guerre à l'Allemagne :

Il m'est apparu que mes services pourraient être mis à profit par les nations alliées. En raison de ma connaissance personnelle des méthodes hitlériennes et de la propagande de Goebbels, je pense pouvoir contribuer à la préparation de la contre-propagande destinée à être utilisée dans les émissions de radio à ondes courtes en Allemagne et dans les pays occupés. Mon fils, Egon Sedgwick-Hanfstaengl, est un citoyen américain né aux États-Unis, et il est maintenant sergent au sein du corps aérien de l'armée américaine, posté à Macon, en Géorgie. En me mettant à votre service, je soutiendrai pleinement mon fils dans sa lutte contre l'hitlérisme. J'offre mes services librement dans l'espoir de pouvoir participer plus activement à la crise actuelle. Bien entendu, je comprends que la liberté totale ou la libération conditionnelle limitée accordée à cette fin soient subordonnées à la prestation des services que j'ai offerts.

Il avait adressé cette lettre à Cordell Hull, le secrétaire d'État aux Affaires étrangères.

En écrivant ces lignes, Putzi en crevait. *Ouvrez-moi les portes de l'Histoire... Elle m'a pris mes frères, demain peut-être mon fils, elle me nargue, et moi je meurs d'être au spectacle.*

John Franklin Carter était entré au service de Roosevelt en 1941 en prenant la tête du service du renseignement personnel du président. Onze personnes travaillaient sous ses ordres. Lorsqu'il eut vent de la proposition écrite de

Putzi, il comprit l'usage qu'il pourrait faire de lui dans la guerre psychologique. Voilà donc comment Carter s'était retrouvé face à lui, porteur de la nouvelle qui allait bouleverser sa vie au printemps 1942 : « Le président accepte votre offre. »

Carter n'eut aucun mal à convaincre Roosevelt de l'intérêt de s'attacher les services d'un homme qui connaissait de l'intérieur, intimement, les rouages du régime nazi. Les Anglais furent en revanche très réticents à l'idée de céder leur prisonnier, qui n'était selon eux qu'un aventurier, un homme indigne de confiance, un menteur. Mais Roosevelt le voulait. Il assura ses alliés britanniques que Putzi demeurerait sous la surveillance permanente d'un gardien et que le lieu de sa détention serait gardé secret.

De mauvaise grâce, Londres céda.

En ce jour de juin 1942, il volait vers sa nouvelle vie. À l'étroit dans le petit avion qui le conduisait en Virginie, Putzi savourait l'instant. Certes, ce n'était pas la liberté qui l'attendait aux États-Unis. Mais il aurait un rôle à jouer dans cette guerre.

L'avion se posa sur la piste bosselée. La grande carcasse de Putzi s'extirpa de l'appareil et, du pied droit, il foula le sol de ce pays qu'il avait toujours considéré comme le sien. L'Allemagne s'effaçait. Il avait trop souffert pour s'imaginer y revenir. L'Amérique, elle, avait besoin de lui.

Escorté d'un soldat américain, il reconnut à sa descente John Franklin Carter, qui le conduisit au camp militaire de Fort Belvoir en Virginie. Les bâtiments de briques rouges, l'herbe fraîchement tondue et les drapeaux américains rassurèrent Putzi. Il avait fait le bon choix. Il vivrait là, parmi les milliers d'ingénieurs de l'armée américaine qui résidaient ici et travaillaient à la découverte de nouvelles armes. En l'installant dans la chambre où Putzi se réjouit de trouver une radio et une machine à écrire, Carter lui rappela qu'il était encore prisonnier. Ses déplacements ne seraient pas libres, et sa présence sur le sol américain dépendrait de la qualité de son travail.

Putzi se mit rapidement à l'ouvrage. « Sedgwick », le nom de sa mère, devint son nom de code. Et bientôt, dans l'entourage du président, on parla du « S-Project ». Il sourit à cette idée. Il n'était plus Putzi ni Hanfstaengl. C'était une nouvelle identité, pour une nouvelle vie.

Dès les premiers jours, Roosevelt exigea de lui une note biographique sur quatre cents dirigeants nazis et une analyse précise des discours d'Hitler. La tâche était titanesque, mais Putzi s'y plia de bonne grâce, avec le sentiment de faire son devoir de soldat.

Sa présence à Fort Belvoir posa bientôt problème. Parce qu'il servait directement le président des États-Unis, Putzi se comportait avec arrogance envers les soldats chargés de le surveiller. Il exigeait du vin, des mets délicats, de l'encre d'une qualité particulière, et n'hésitait pas à tenir des propos racistes sur le ton de la plaisanterie. Les Noirs étaient sa principale cible. À Washington, la rumeur de la présence d'un nazi particulièrement bien traité sur le sol américain commença à se propager.

En toute hâte, Carter prit la décision de déplacer Putzi dans une ferme, à Bush Hill, toujours en Virginie, dont le confort rustique lui rappela les étés de son enfance bavaroise. Chaque jour ressemblait au précédent. Au réveil, on lui apportait un café et les journaux du matin. Il avait là aussi une radio, qui captait les programmes allemands et qu'il écoutait continuellement, souvent jusque tard dans la nuit. Il noircissait des pages et des pages de commentaires, qu'il mettait ensuite en forme afin de les transmettre aux autorités. Il était plongé au cœur de l'Allemagne nazie.

Il pensait nazi, écrivait nazi, rêvait nazi peut-être même. C'était une nouvelle prison, mentale celle-ci. Sa puissance de travail impressionnait Washington, où les rapports arrivaient à un rythme effréné. « Cet homme est une machine ! »

Un matin, un soldat frappa à la porte de sa chambre. Sans lever la tête de ses notes, Putzi grogna que la porte était ouverte. « Herr Hanfstaengl, je vous apporte le café et les feuilles blanches que vous avez demandés… » La voix de l'homme lui fit un choc : elle ressemblait à celle de son fils. Le même timbre, les mêmes intonations. « Ce n'est pas possible, se dit Putzi, c'est lui ! » C'était bel et bien Egon, ceint de l'uniforme de l'armée américaine. Ils ne s'étaient pas vus depuis près de trois ans. Putzi se précipita vers lui, le serra dans ses bras et l'embrassa. « Un vrai Américain », songea-t-il avec fierté.

Egon avait été rapatrié du Pacifique Sud où il servait avec le grade de sergent. L'idée d'envoyer Egon à Bush Hill pour surveiller son père avait probablement germé dans l'esprit de Carter afin d'offrir au prisonnier le confort mental qu'exigeait la trahison pleine et entière de son engagement envers le Reich. Egon avait en outre pour tâche d'écrire ses propres Mémoires, où la contre-propagande espérait trouver du grain à moudre. Il proposa même d'être envoyé à Berchtesgaden, où sa connaissance intime des lieux et des hommes lui permettrait d'approcher Hitler et de l'assassiner. Même si cette idée fut balayée, les autorités américaines purent constater que sa conversion était totale.

Un Steinway arriva peu de temps après. Quand Putzi ne travaillait pas, il jouait à en perdre la tête. À quoi pensait-il quand il entamait le prélude de *Lohengrin* ? Au-delà des souvenirs que cet air réveillait, le fait même de le jouer était plus fort que lui ; il relevait de l'inconscient, là où se nichent le désir, la fascination, l'amitié et l'amour, qui lui étaient désormais interdits.

Durant six mois, Carter eut le plaisir de constater que non seulement Roosevelt ne remettait pas en cause le S-Project, mais qu'il attendait avec impatience les rapports qu'on lui rapportait de Bush Hill.

L'attitude du président américain agaçait ses alliés britanniques, Churchill au premier chef, pour qui la guerre psychologique prônée par l'Amérique reposait sur la croyance erronée selon laquelle la propagande pourrait suffire à renverser le pouvoir nazi. Du temps perdu... Faisons plutôt la guerre, nous vaincrons par le sang, le labeur, les larmes et la sueur. Et cet Hanfstaengl ? Un nazi qui ne pense qu'à sauver sa peau en prétendant nous aider ! Roosevelt, qui aimait varier les sources et s'appuyer sur le renseignement humain, considérait à l'inverse que le détenu de Bush Hill était un formidable pourvoyeur d'informations.

Décembre 1942 marqua l'apogée du S-Project. Le premier jour du mois, Putzi répondit pour la première fois à une question que lui avait posé à distance le président américain : « Quel serait le meilleur moyen de s'adresser directement à la population allemande ? » Il suggéra, au lendemain de la victoire alliée en Afrique du Nord, qu'un haut gradé de l'armée américaine prît la parole sur les ondes allemandes. Eisenhower, par exemple, pourrait, drapé dans sa légitimité soldatesque, faire comprendre au peuple que son sacrifice était vain et qu'il était temps de songer à un avenir sans les nazis. Putzi parlait de lui. Parce qu'il n'avait jamais cessé de penser aux tranchées, il aurait été ému par un tel discours, à coup sûr.

Deux jours plus tard, Roosevelt reçut un long mémo de plus de cinquante pages que Putzi avait consacré à la personnalité d'Hitler. Le président américain fut à ce point fasciné qu'il en fit envoyer des copies à ses proches collaborateurs Harry Hopkins, Sumner Welles et Harold Ickes, avec ordre de lire séance tenante ce qu'il appelait désormais son «livre de chevet».

Cette plongée dans la tête d'Hitler aurait satisfait les éditeurs qui, depuis des années, couraient après les confidences de Putzi. Le mémo regorgeait d'anecdotes révélatrices de la personnalité d'Hitler; de longs passages mêlaient éléments biographiques et hypothèses plus ou moins psychanalytiques, traduisant l'influence de Jung et l'importance qu'avait eue ce voyage forcé sur les rives du lac de Zurich. Il revenait en particulier sur l'enfance d'Hitler, son adoration de sa mère, son conflit avec son père, la mort de ses parents… En 1923, Hitler aurait aussi confié à Putzi que le caractère éminemment féminin des masses ne saurait échapper à celui qui veut les conquérir pour les dominer; elles attendent de la détermination, de la force, de la conviction, de l'action. Hitler, que Putzi décrivait comme distant avec les femmes, effrayé par elles et incapable de les aimer, se comportait à la tribune comme un mâle dominant.

Plus que tout, ce furent les révélations croustillantes sur la sexualité du Führer qui captèrent l'attention de Roosevelt. Le président américain adorait les ragots. Il se délecta du passage dans lequel Putzi dépeignait la passion d'Hitler pour la pornographie. Chaque semaine, le nouveau numéro de *Der Stürmer* était attendu avec impatience.

Ce torchon antisémite publié par Julius Streicher depuis 1923 comportait quelques dessins pornographiques sur lesquels Hitler se jetait avec avidité, et qui s'ajoutaient à une collection de photographies de nus et de films qu'il regardait sur son écran de cinéma privé.

Dans ces pages dactylographiées, l'image du monstre se craquelait. Hitler apparaissait comme un être effrayé par les femmes, dégoûté par le contact physique, préférant les chiens aux hommes, et que sa libido contrariée poussait à tout détruire, afin de tout reconstruire selon ses désirs.

Roosevelt y trouva-t-il autre chose qu'un réconfort ?

Le gouvernement de Sa Majesté s'inquiéta de l'influence du prisonnier Ernst Hanfstaengl sur le président américain. Il la surestimait assurément. Mais, dans le doute, les Britanniques firent tout pour briser le S-Project. Il n'était pas question que l'idée d'une révolution interne, fomentée par l'armée allemande elle-même, et que préconisait Putzi – qui avait même songé à pousser Ernst Jünger, le héros de la Première Guerre mondiale –, devînt celle de Roosevelt. Ils informèrent donc le magazine *Cosmopolitan* de l'existence du S-Project, tout en prenant bien soin de préciser à qui le « S » se référait. Carter prévint Roosevelt, que la perspective d'une réplique du *Darlan deal* n'enchantait guère : la presse américaine venait en effet de se déchaîner contre l'alliance que l'Amérique avait scellée en Afrique du Nord avec François Darlan, le commandant en chef des forces de Vichy qui se trouvait à Alger au moment du débarquement allié.

Le mois de décembre s'éteignait. Et avec lui l'aura de Putzi. Sa grande carcasse devenait gênante. Il n'était jamais à la bonne place. Il avait été un bon soldat, obéissant aux ordres, se brûlant les yeux à force de travailler jour et nuit. Mais l'Histoire, décidément, ne lui faisait pas de cadeaux.

En janvier 1943, l'administration américaine prit les devants en dévoilant l'existence du S-Project, dans l'indifférence générale. La conférence de Casablanca occupait toute l'attention médiatique. Ce début d'année sonna le glas des espérances d'une révolution interne en Allemagne. Roosevelt s'en tenait désormais à un objectif clair : la reddition totale de l'Allemagne. La guerre, rien que la guerre. Or, à cet effet, Putzi et la psychologie n'étaient plus d'aucune utilité.

Par habitude, et parce qu'on ne savait pas très bien quoi faire de lui, il continua jour après jour à envoyer ses rapports. Roosevelt, je suppose, ne les lisait plus. Il n'avait que faire de ces saillies hostiles aux Soviétiques alors qu'il avait besoin de Staline pour gagner la guerre. Le Putzi d'alors m'apparaît en don Quichotte, excessif et s'agitant en vain, criant dans le désert qu'on lui offre un destin.

En août 1943, pourtant, lorsque, pendant la conférence de Québec, Churchill prit à part le président américain pour réclamer Putzi, Roosevelt louvoya. *Laissez-le-moi encore un peu.*

En mai 1944, Carter transmit au président le dernier projet de Putzi.

Il était glaçant. Selon lui, il fallait qu'Hitler s'adresse aux Allemands. Il leur dirait, avant la grande offensive alliée, qu'il s'était mis d'accord avec les Américains et les Anglais pour chasser, ensemble, les «hordes juives de bolcheviques». Un imitateur lirait ce discours, qui serait écrit par Putzi.

Était-ce, comme il le vendit à Roosevelt, un subterfuge à même de sauver la vie des soldats alliés, qui seraient ainsi accueillis avec enthousiasme par les Allemands ? Ou faut-il y voir l'expression de son fantasme ? Mettre ses mots dans la bouche d'Hitler était le sens de sa vie. Rassembler l'Occident contre les Juifs, les bolcheviques, ce projet était mort depuis bien longtemps, il le savait. Mais son rêve, lui, était vivant : Hitler, ou presque, l'écouterait enfin, et répéterait le texte qu'il lui aurait écrit. Il lui chuchoterait à l'oreille, comme à leurs débuts.

Une éternité avait passé en un claquement de doigts. Vingt ans. L'Allemagne serait bientôt réduite en cendres.

Au début du mois de juin, des cris de joie retentirent à Bush Hill. Le débarquement allié en Normandie était un succès. Dans quelques semaines, quelques mois tout au plus, l'ancienne patrie de Putzi serait foulée par des bottes américaines, anglaises, canadiennes et, misère, soviétiques. Son calvaire serait bientôt terminé. Il retrouverait la liberté et son fils Egon, reparti combattre dans son unité du Pacifique Sud. Que resterait-il de sa maison le long de l'Isar ? Auraient-ils épargné celle de Thomas Mann ? Qu'allait-il devenir ? De quel côté de l'Histoire allait-il retomber ? Pile, nazi tu resteras ; face, Américain tu deviendras. Il lui fallait attendre, sans aucune prise sur les événements. Les autres décideraient pour lui. Il tanguait, telle une barque dont les amarres auraient cédé.

Il crut bien perdre la face lorsqu'il apprit, à l'été 1944, que le S-Project était terminé. Carter n'avait pas osé le lui dire mais, depuis des semaines déjà, les rapports que Putzi écrivait en Virginie n'étaient même plus transmis aux services de renseignements du président. Désormais, c'était officiel. Plus rien à faire. Plus de radio à écouter, plus de comptes rendus à écrire. La dépression guettait. Même le piano, il n'en voulait plus. L'ennui pour seul horizon.

Il songea au suicide.

Roosevelt avait pris au sérieux les menaces des Britanniques de faire de la présence de Putzi à ses côtés un enjeu de la campagne présidentielle qui s'annonçait aux États-Unis. *Un boulet, ce Putzi. Je vous le rends, faites-en ce que vous voulez.* Le 24 septembre 1944, à 10 h 30, les Américains le mirent dans un avion. Pour la première fois, il traversa l'Atlantique par les airs, en direction de Londres. Sa destination finale était la côte est de l'île de Man, où l'inconfort des camps balayés par le vent lui rappela son séjour au Canada.

L'Angleterre ne lui fit pas de cadeaux. Peut-être, songea Putzi, que Churchill avait toujours voulu l'éloigner, pour que personne ne sache que le Premier ministre du Royaume-Uni avait autrefois cherché à rencontrer Hitler. Il détenait un terrible secret. Quoi qu'il en soit, plus personne ne voulait de lui. Ni les Américains, ni les Anglais, ni les Allemands, ni l'Histoire. Chaque semaine ressemblait à celle qui précédait. Ce furent bientôt des mois. Il perdit beaucoup de poids. Grand oiseau déplumé, il flottait dans des vêtements devenus trop grands, des cernes sous les yeux, les cheveux blanchis. Le temps, plus que la guerre, avait imprimé sa marque sur son corps.

Ce fut d'abord une rumeur, qui parcourut le camp au début du mois de mai 1945. «Hitler est mort, Hitler est mort...», chuchotaient les prisonniers. Putzi n'y prêta que peu d'attention. Puis les gardiens en parlèrent, et enfin les journaux. «Hitler s'est suicidé.» Putzi fut pris de vertige. Un soldat hilare lui tapa sur l'épaule : «Hey, ton copain, *kaput*!» L'homme qu'il avait tant admiré, à qui il avait, un temps, confié son destin, n'était plus. Le 29 avril, devant le bien nommé officier civil Walter Wagner, il avait épousé Eva Braun; Joseph Goebbels et Martin Bormann furent les témoins de cette union. «Je veux être un beau cadavre», aurait confié la jeune femme à Magda Goebbels. Puis le lendemain, dans leur bunker sous la chancellerie, elle avait avalé une capsule d'acide cyanhydrique sous les yeux de son mari, qui se tira une balle dans la tête. Pour qu'ils ne tombent pas entre les mains des Soviétiques, Bormann avait mis le feu à une petite bande de papier qu'il déposa sur les corps arrosés d'essence. Le visage rougi par les flammes, les rares témoins saluèrent une dernière fois leur chef qui se transformait en une cendre épaisse. *Heil Hitler.*

Putzi était incapable de concevoir un monde sans lui.

Cette nuit-là, il rêva du petit chemin enneigé longeant l'Isar.

Quelques jours plus tard, des hurlements de joie annoncèrent la fin de la guerre.

Malgré l'armistice, de nombreux prisonniers de guerre allemands arrivaient encore dans les camps britanniques. Des morts-vivants, vaincus et hagards, devinrent ses compagnons d'infortune. Aurait-il été parmi eux s'il n'avait pas quitté l'Allemagne ? Tous passèrent l'été dans le camp. Devait-il mourir là ?

« Charles de Gaulle… Stefan Zweig… Sigmund Freud… Là, Hanfstaengl, là, c'est vous ! » C'est un autre détenu qui lui annonça la nouvelle. Son nom dans la presse, comme une bénédiction, un jour de septembre 1945. La guerre venait de se finir dans le Pacifique. Il n'avait plus à se soucier du sort d'Egon, qui rentrerait sain et sauf en Amérique. Et lui serait bientôt libre. Au milieu de tant d'autres, en première page de ce journal, son nom imprimé au milieu d'une liste répertoriant les ennemis des nazis. Je l'imagine incapable de refréner un sourire. Le document avait été retrouvé quelques jours plus tôt dans Berlin libéré et détruit. La *Sonderfahndungsliste G.B.* comprenait quatre cents pages : deux mille huit cent vingt noms, suivis de leur adresse britannique, compilés à partir de la fin du mois de juin 1940. Environ deux cents exemplaires de cette liste furent tirés (il n'en reste que deux au monde) et mis entre les mains des S.S. afin qu'ils sachent qui arrêter une fois les îles Britanniques conquises et occupées par le IIIe Reich.

Interrogé à ce sujet lors du procès de Nuremberg, Ribbentrop expliquerait que l'interminable liste avait été établie grâce aux informations collectées par des agents allemands entre 1937 et 1940. Elle comprenait indifféremment des Britanniques et des exilés. Tous ennemis du Reich. Et à certains égards, Putzi ne l'était-il pas ?

Je retrouve cette liste à la bibliothèque de Sciences Po à Paris, dans les annexes d'un livre des années 1960. J'y lis le nom d'Hanfstaengl, sa date de naissance et son adresse londonienne. Puis vient la mention : « RSHA Amt IV », qui signifie : « Reich Main Security Office, Département IV ». La bureaucratie nazie s'étale devant mes yeux. Le « IV » désigne la Gestapo. C'est elle qui était en charge de Putzi.

Cette liste constituait la preuve qu'il était du bon côté de l'Histoire. Du côté des vainqueurs, ou plus précisément du côté des ennemis de leurs ennemis. Il contacta sans attendre Kenneth Brown, son fidèle avocat. Les choses allaient s'arranger, bientôt il serait libre, ce n'était qu'une question de jours, de semaines au plus.

Libre, enfin !

Les Anglais, qui ne voyaient pas les choses de cette manière, l'envoyèrent à la fin de l'année 1945 dans un nouveau camp au sud de Londres, à Wimbledon, dans l'école Beltane. L'exil se poursuivait. Il devrait patienter.

Et moi, dois-je libérer Putzi ? Sa présence dans cette liste lave-t-elle son honneur ? Dois-je militer en faveur de son retour, libre, à Munich, à Berlin, à New York, où bon lui semble ?

Que le régime ait voulu l'éliminer, cela ne fait pas de lui un héros.

Dans le camp de Wimbledon où il passa la fin de l'année au milieu d'un petit nombre d'hommes, essentiellement des S.S. et des S.A., se trouvait aussi, mystérieusement, une poignée de Juifs.

Parmi eux, Miklos Hammer, un Juif hongrois, fils de rabbin, qui avait été déporté à Auschwitz, Buchenwald et Dachau. Afin d'être rapatrié en Angleterre, il avait pris l'identité d'un Anglais – un certain Peter Howard, qui était mort de faim avant d'atteindre Dachau. Les autorités britanniques s'étaient rendu compte que l'homme, qui ne pesait qu'une trentaine de kilos, n'était pas des leurs. Alors, ils l'avaient envoyé dans le camp de Wimbledon, où il eut l'heureuse surprise de retrouver quelques Juifs dont il ne sut jamais pourquoi ils étaient là. Les autorités leur permirent de célébrer Roch ha-Shana, mais à la condition de ne pas déranger les autres détenus, ce qui déclencha la fureur de Miklos : « Major Hindmarsh, savez-vous qui nous sommes, et qui ils sont ? On nous demande à nous, les Juifs, de ne pas déranger les nazis ? »

Les nazis, eux, célébrèrent bruyamment Noël. Putzi, qui avait retrouvé avec plaisir Otto Dietrich, l'ancien chef de la presse d'Hitler, était observé avec méfiance par les autres nazis du camp. Mais, à Noël, tous se retrouvèrent, enthousiastes et rigolards, autour de lui, penché sur le piano d'où sortaient les notes d'*O Tannenbaum*. « Une autre, Putzi ! Une autre ! » Ils chantaient de bon cœur. Pendant quelques instants, ils oublièrent le camp, la guerre et la défaite.

Miklos, dans le froid de sa couche, les entendait au loin rire et chanter.

La libération de Miklos Hammer fut rendue possible par l'intervention de députés britanniques – des Juifs, uniquement. Celle de Putzi serait bientôt d'actualité. Pas question pour lui de retourner en Allemagne. Ce pays n'était plus le sien. Il l'avait combattu, et son fils aussi. S'il rentrait, que lui arriverait-il ? Et maintenant qu'Hitler était mort, pourquoi rentrer ? Egon était en Amérique. C'est là qu'il voulait aller. Il y serait accueilli avec égards. La lettre d'Eleanor Roosevelt qu'il venait de recevoir à Beltane était un passeport pour l'avenir : « Cher M. Hanfstaengl, je suis heureuse de vous savoir à Londres. Pourriez-vous me faire savoir quand votre emploi du temps vous permettra de prendre le thé avec moi à mon hôtel ? Profondément touchée par vos gentils mots au sujet de mon mari. » Peut-être le pensait-elle enseignant de l'école Beltane ? Manifestement, l'épouse du président ignorait qu'il était détenu.

Mais il apparut bientôt que l'Amérique ne voulait pas de lui. En février 1946, sa demande de visa fut refusée. Aucun Allemand n'en avait reçu depuis le début de la guerre : Eleanor Roosevelt ou pas, ils n'allaient pas faire une exception pour Herr Hanfstaengl.

Ses protestations furent sans effet. Sa place était en Allemagne. On le transféra dans un camp, encore un : Recklinghausen, dans la Ruhr, n'avait pas la douceur de la Bavière. Des photos d'hommes à la peau constellée de taches et de lésions : voilà ce que l'on découvre lorsqu'on tape le nom de cette ville sur Google. Recklinghausen, c'est aussi le nom d'une maladie. Je me représente Putzi défiguré, les mains pleines de verrues, incapable de jouer au piano. Le prix de son retour en Allemagne. Peut-être un châtiment.

À l'été 1946, lorsqu'il arriva à Recklinghausen, les conditions de vie au camp étaient bien meilleures qu'elles ne l'étaient un an plus tôt, quand les Alliés avaient décidé d'y interner de dangereux sectateurs de l'idéologie nationale-socialiste. Les adolescents avaient été libérés, et des activités artistiques et sportives étaient désormais proposées aux captifs. Il y avait à manger. Les douches, en nombre insuffisant toutefois, crachaient de l'eau chaude. La peau de Putzi ne se constella pas de verrues ; mais il perdit beaucoup de poids, et sa santé se détériora à tel point que sa libération, d'abord prévue le 4 juillet – le jour de l'Indépendance, songea-t-il –, fut repoussée par les médecins du camp : « Il faut vous remettre d'aplomb, monsieur Hanfstaengl, vous ne tiendrez pas, seul, dans cet état-là. »

Les Juifs d'Europe centrale et orientale n'avaient pas eu droit à tant d'égards.

Début septembre, les portes du camp s'ouvrirent. Putzi était libre.

Seul, il prit le chemin de la gare, traînant la valise usée qui le suivait depuis son arrestation à Londres, sept ans plus tôt. Dans sa poche, son autre main serrait plus que de raison quelques billets de banque – toute sa fortune.

Il lui fallut un jour et une nuit de train pour rejoindre Munich. Par la fenêtre défilaient les vestiges de la guerre à laquelle il avait échappé. La ville de Mayence détruite par les bombardements alliés l'impressionna. «Je ne sais revenir qu'en Allemagne vaincue», songea-t-il. Il l'avait quittée triomphale en 1905 et en 1937, il l'avait retrouvée agonisante en 1921 et aujourd'hui en 1946. Était-ce son destin sisyphéen, aider à relever une nation qui ne voulait pas de lui? Ou plutôt l'abandonner quand elle avait besoin de son aide? Il prit directement la direction d'Uffing.

Personne ne l'attendait.

L'air dans les poumons, le ciel qui se reflète dans les lacs, l'odeur de la maison, la nostalgie pour seule compagne… Putzi dut souffrir, en arrivant à Uffing. Sa mère était morte l'année précédente. Le papier peint de l'enfance. Le bruit de la porte du placard de l'entrée, que l'on ouvre juste pour le souvenir. Les larmes qu'on retient, de peur de s'y noyer.

Putzi s'en sortit. Une part des revenus de l'entreprise familiale lui revint, et, surtout, au bout de quelque temps, la justice l'innocenta. C'était le 13 janvier 1949, au tribunal de Weilheim, en Bavière, non loin d'Uffing. Sur une photo parue dans un journal de l'époque, il a fière allure avec son pantalon gris remonté sur le ventre, son gilet trop court, sa veste trop large et sa cravate fine. Il a les cheveux noirs et le même visage qu'avant la guerre. Peut-être n'avait-il pas souffert autant qu'il le prétendit face au jury qui allait décider de son sort. Il sortit des lettres américaines, notamment de Carter, d'Eleanor Roosevelt. Il martela : «Je suis du bon côté de l'Histoire. Si Hitler m'avait écouté... J'ai voulu rapprocher l'Allemagne nazie des États-Unis, mais les Goebbels, les Rosenberg, les Ribbentrop entre autres ont pris le contrôle d'Hitler. La bureaucratie a été nazifiée. Tous nazis. Il n'y avait plus rien à faire. Et puis, ils ont voulu m'éliminer, deux fois! En février 1937, et à Londres (il sortit la liste). Regardez, là, c'est mon nom : la Gestapo voulait ma peau. Comment pourriez-vous me tenir pour un nazi?»

Catégorie V. *Entlastete*. «Soulagé», en français. «Dénazifié», juridiquement. Lavé, nettoyé, disculpé, blanchi, réhabilité, innocenté, absous.

Ses pas le guidèrent alors vers Munich, où il retrouverait sa maison. Celle où Hitler avait passé un Noël, une éternité plus tôt. Putzi laissa derrière lui la vaste demeure de Thomas Mann, froide et abandonnée. Les traces de l'attentat du 25 avril 1944 visant les familles nazies qui l'occupaient s'étaient fondues avec celles des bombardements alliés de la fin du conflit. La maison était inhabitable. Au lendemain de la guerre, des dizaines de familles, russes et ukrainiennes essentiellement, y avaient trouvé refuge. De même que deux cochons et une chèvre, dans la chambre de Katia, l'épouse de Thomas. Ce dernier ne reverrait sa maison qu'en 1952 quand, chassé des États-Unis par la folie anticommuniste, il songerait un instant à s'y réinstaller. Mais il fallait se rendre à l'évidence, et vendre cette maison défigurée. Les plaies du passé ne se referment jamais vraiment.

Putzi retrouva le confort de son intérieur. Son piano l'attendait, tel le chien son maître. Toutes ces années avaient passé comme un éclair. Il repensait à ces hommes et femmes qui avaient ici discuté, ri, dansé et chanté, et qui désormais étaient morts. Il revoyait la famille Goebbels sur la plage d'Heilingendamm ; Göring lui confiant les secrets de sa mission en Espagne ; ou encore Rosenberg, manigançant pour avoir la préférence d'Hitler... Après la mort de celui-ci, refusant une reddition sans condition, Goebbels s'était suicidé par balle, avec son épouse Magda qui avait d'abord empoisonné leurs six enfants. Condamné à mort lors du procès de Nuremberg, Göring s'était tué dans sa cellule le 15 octobre 1946, en avalant du cyanure. Rosenberg fut pendu le lendemain, à Nuremberg. Leurs cendres furent jetées dans l'Isar. Tous furent rayés de la face du monde. Putzi songeait parfois au petit mot qu'Hitler lui avait écrit au début de l'année 1933 ; il en aurait pleuré. Il pensait à tous les autres, aussi : Unity Mitford, qui venait de mourir à l'abri des regards en Écosse ; Diana Mitford et son mari, Oswald Mosley, qui menaient grand train dans une belle demeure d'Orsay, en

France, avec le duc et la duchesse de Windsor; Martha Dodd, repartie en Amérique, après être devenue espionne pour le compte de l'Union soviétique; Helene, retournée vivre à New York et qui ne voulait plus entendre parler de lui. Des fantômes flottaient dans le salon de ses souvenirs.

Que faire, à présent? Putzi avait cinquante-neuf ans et assez d'énergie pour vivre quelques décennies encore. Grâce à Erna, il put travailler un peu dans l'entreprise familiale. Il réalisa quelques lithographies qu'Edgar lui permit de vendre, afin de passer le temps. Les mondanités se faisaient de plus en plus rares. Il sortait de moins en moins. Il guettait les visites de son fils Egon, devenu professeur au Brooklyn College de New York. L'histoire ne dit pas s'il revoyait souvent sa sœur Erna, dont une rumeur voudrait qu'elle ait pris part, dès 1943, à un complot ourdi par Walter Schellenberg, le chef du contre-espionnage nazi, en vue de remplacer Hitler par Himmler pour négocier la paix avec les Alliés. L'amitié d'Erna pour Randolph Churchill aurait décidé Schellenberg à l'envoyer à Paris afin d'y nouer des contacts.

Putzi se consacrait la musique, surtout. Année après année, le pianiste vieillit et se tassa sur son tabouret, mais son toucher resta précis jusqu'à la fin. Et lorsqu'il s'arrêtait de jouer, il écrivait ses Mémoires.

Étais-tu un monstre, Putzi? Étais-tu un clown? Faut-il choisir?

Seul, face à un miroir, à quoi pensais-tu?

Dans les archives, je retrouve cette lettre que lui adressa Winifred Wagner, le 29 juin 1955 :

Cher Dr Hanfstaengl,

Que vous êtes bon de penser à mon anniversaire et de m'offrir le plaisir de cette délicieuse sorte de thé. Soyez profondément remercié pour votre gentillesse !

Si je n'étais autant sollicitée par deux petits-enfants qui vivent entièrement chez moi et vont à l'école, il y a longtemps que je vous aurais envahi à Munich, mais ils iront à l'internat à partir de l'automne, et j'espère beaucoup vous revoir, si vous ne faites pas déjà une apparition au festival de Bayreuth.

Votre W.

L'amitié d'avant la guerre avait survécu.

Deux ans plus tard, les Mémoires de Putzi, dans lesquels il affirmait avoir tout fait pour qu'Hitler ne devienne pas Hitler, parurent en librairie aux États-Unis et au Royaume-Uni. Ils n'eurent aucun succès. La version allemande, sortie en 1970, connut le même sort.

À la fin de l'année 1972, quelques jours avant que David et Judith ne sonnent à sa porte, Putzi lut dans le journal une incroyable nouvelle. Des ossements avaient été excavés à l'occasion de travaux de voirie dans le quartier de l'ancienne gare de Lehrte dans Berlin-Ouest. Le prothésiste Fritz Echtman avait été appelé pour le confronter au bridge accroché à la mâchoire du corps exhumé des entrailles de Berlin. Le vieil homme n'avait eu aucun doute. Le bridge en trois parties qu'il inspecta d'un air docte était bien celui qu'il avait fabriqué en 1942 pour Martin Bormann. Echtman détermina aisément la cause du décès. Les petits morceaux de verre coincés entre les dents étaient, sans doute possible, les restes d'une capsule de cyanure. Bormann, que l'on croyait en Bolivie, n'avait survécu que quelques heures à Adolf Hitler. D'un geste las, Putzi referma le journal. Et en souriant il songea que, décidément, le passé finit toujours par remonter à la surface.

En novembre 1975, Egon appela David.

« Putzi est mort. »

Cette nouvelle attrista le jeune Américain plus qu'il ne l'aurait imaginé. Il eut une pensée pour ce géant de deux mètres que tous surnommaient « petit bonhomme », et se remémora leur unique rencontre, deux ans plus tôt, à Munich – la générosité avec laquelle Putzi l'avait accueilli, son flot de paroles exalté, son rire. Et aussi cette confidence que le vieillard lui avait faite, juste avant de refermer la porte : « J'ai tout fait pour ramener Hitler à la raison... » Ses recherches porteraient désormais sur un homme qui n'était plus. Il restait les souvenirs d'Egon et les milliers de pages d'archives. Il lui consacrerait des années de travail, jusqu'à la soutenance de sa thèse, en 1988.

Putzi est mort chez lui le 6 novembre 1975, à l'âge de quatre-vingt-huit ans. Le piano, jusqu'au bout, est resté son refuge. On l'enterra près de sa maison, dans le joli petit cimetière de Bogenhausen, sur lequel veille une charmante église baroque. Sur les tombes, la végétation a pris ses aises. Une stèle surmonte la pierre tombale. J'y lis de bas en haut les noms d'Egon, le fils (1921-2007), d'Eynon, le petit-fils (1950-1987), d'Erna, la sœur (1885-1981), et d'Ernst (1887-1975).

Non loin de là se trouve la tombe d'Alfred Delp, un jeune jésuite allemand décapité par les nazis en février 1945 pour sa participation à l'attentat manqué du 20 juillet 1944 contre Hitler.

ÉPILOGUE

Les documents s'amoncellent sur mon bureau de la Bayerische Staatsbibliothek à Munich. J'ouvre un carton, puis un autre. Une existence défile dans ces archives. Des photos de famille, des gens que je reconnais, d'autres que je devine. Des notes, quelques lettres, des journaux, des articles découpés et soigneusement collés sur des feuilles de papier jaunies.

Une vie à laquelle j'ai consacré des années de la mienne.

De nombreux documents manquent. Abandonnés en 1937, détruits, jetés, à jamais perdus. Celui qui a rêvé d'être au cœur de l'Histoire se dérobe en partie. Il nous faut écouter les silences de Putzi ; les imaginer, aussi. Rares sont dans une existence les moments pleins. Une vie, c'est aussi cet autre versant, l'ubac, les heures à attendre, le tic-tac de l'horloge un soir de novembre.

Soudain, une revue de 1950. Je l'ouvre. Une liste de livres publiés en 1949.

De son crayon rouge, Putzi a souligné quelques titres. Ceux des livres de Spengler, notamment, qu'il vénérait. En marge, j'aperçois une marque rouge ajoutée à la main. Une forme. Je n'en suis pas certain. Je crains de l'être. J'attends, suspendu, prolongeant l'illusion d'un présent qui appartient déjà au passé. Je referme un moment la revue, puis la rouvre.

Les traces rouges n'ont pas disparu, je n'ai pas rêvé. Les formes d'abord curieuses, presque anarchiques, se dessinent à présent sous mes yeux avec netteté. Le sol se dérobe sous ma chaise. Les lattes du parquet cèdent une à une. Je tombe. Un air de Wagner accompagne ma chute. Je reconnais *Lohengrin*. Mon pouls bat dans mes tempes. La revue, objet de ma sidération, est toujours ouverte sur la table.

En marge d'un titre, *Liberalism and the Challenge of Fascism*, et d'un auteur, Jacob Salwyn Schapiro, un signe rapidement tracé, comme un aide-mémoire.

Une étoile de David. Rouge.

Puis d'autres. Et d'autres encore.

Je ne vois plus qu'elles. Une constellation. Tracées avec soin, plusieurs années après la Shoah, dans le confort d'un quartier chic de Munich.

Elles s'alignent et jettent une lumière crue sur Putzi, qui flotte parmi les étoiles de David dans un ciel sans lune.

Je ne l'avais jamais vu avec une telle clarté.

Dehors, la nuit est tombée sur Munich.

Il me faut repartir.

PRINCIPALES SOURCES

Cet ouvrage procède d'un travail documentaire, fondé sur le dépouillement des archives d'Ernst Hanfstaengl conservées à la Bayerische Staatsbibliothek de Munich sous la cote Ana 405 – soit quarante-huit boîtes contenant des photos, des articles de presse annotés ainsi que d'innombrables notes manuscrites. Ariane Griessel et moi avons traduit les passages reproduits dans ce livre.

À ces documents munichois s'ajoutent les archives restées en possession de la famille Hanfstaengl. Grâce à son amitié avec Egon, le fils d'Ernst, l'universitaire américain David Marwell a pu consulter l'ensemble, notamment les journaux intimes, pour l'élaboration de sa thèse (David Marwell, *Unwanted Exile. A Biography of Ernst «Putzi» Hanfstaengl*, PhD, Université de l'État de New York, 1988). La lecture de ce travail de recherche et les discussions avec son auteur ont été pour nous déterminantes.

La Franklin D. Roosevelt Presidential Library, à Hyde Park (NY), abrite les longs et précieux entretiens que l'historien John Toland a menés avec Putzi, Egon et Helene dans le cadre de l'écriture de sa grande biographie d'Hitler (*Adolf Hitler : The Definitive Biography*, New York, Anchor Books, 1976).

Outre la documentation archivistique, nous avons consulté et étudié les Mémoires des témoins de l'époque. Ces textes ont fait l'objet d'éditions, et parfois de traductions en français. Lorsque seule l'édition originale était disponible, nous avons traduit les extraits cités dans notre texte ; lorsque les textes étaient déjà traduits en français, nous avons cité les éditions existantes :

- Ernst Hanfstaengl, *Unheard Witness*, Philadelphie, Lippincott, 1957 ; *Hitler, les années obscures*, trad. Claude Noël, Éditions de Trévise ; rééd. Perrin, 2018.
- Martha Dodd, *Through Embassy Eyes*, New York, Harcourt, Brace, 1939.
- William E. Dodd & Martha Dodd, *Ambassador Dodd's Diary, 1933-1938*, New York, Harcourt, Brace, 1941.
- Louis Lochner, *Stets das Unerwartete : Erinnerungen aus Deutschland 1921-1953,* Darmstadt, FRG, 1955 ; *Always the Unexpected : Recollections of Germany 1921-1953*, New York, Macmillan, 1956.
- Quentin Reynolds, *By Quentin Reynolds*, New York, McGraw Hill, 1963.
- Friedelind Wagner, *Heritage on Fire*, New York et Londres, Harper & Brothers, 1945 ; *Nuit sur Bayreuth*, trad. Gilberte Audouin-Dubreuil, Mémoires du Livre, 2001.

Par ailleurs, ce livre doit beaucoup aux études consacrées à la période, et en particulier aux relations entre l'Allemagne nazie et les États-Unis, qui ont fait l'objet de publications récentes. Parmi celles-ci, citons notamment :

- Klaus P. Fischer, *Hitler and America*, Philadelphie, University of Pennsylvania Press, 2011.
- Bradley W. Hart, *Hitler's American Friends : The Third Reich's Supporters in the United States*, New York, St Martin's Publishing Group, 2018.
- Andrew Nagorski, *Hitlerland : American Eyewitnesses to the Nazi Rise to Power*, New York, Simon & Schuster, 2012.
- James Q. Whitman, *Hitler's American Model : The United States and the Making of the Nazi Race Law*, Princeton, Princeton University Press, 2017 ; *Le Modèle américain d'Hitler. Comment les lois raciales américaines inspirèrent les nazis*, trad. Christophe Jaquet, Armand Colin, 2018.

Enfin, d'autres références ont nourri certains aspects particuliers du récit :

- Deirdre Bair, *Jung : A Biography*, New York, Little, Brown and Company, 2004.
- Steven Casey, « Franklin D. Roosevelt, Ernst "Putzi" Hanfstaengl and the "S-Project", June 1942-June 1944 », in *Journal of Contemporary History*, vol. 35, n° 3, juillet 2000 p. 339-359.
- Johann Chapoutot, *La Loi du sang. Penser et agir en nazi*, Paris, Gallimard, 2014.
- Fanny Chassain-Pichon, *De Wagner à Hitler. Portrait en miroir d'une histoire allemande*, Paris, Passés Composés, 2020.
- Houston Chamberlain, *Richard Wagner*, trad. Alfred Dufour, Paris, Perrin, 1899, et *La Genèse du XIXe siècle*, trad. Robert Godet, Paris, Payot, 1913.
- Peter Conradi, *Hitler's Piano Player : The Rise and Fall of Ernst Hanfstaengl*, New York, Carroll & Gray, 2004.
- Joachim Fest, *Hitler*, trad. Guy Fritsch-Estrangin, Paris, Gallimard, 2 tomes, 1973.
- Brigitte Haman, *Winifred Wagner : A Life at the Heart of Hitler's Bayreuth*, Londres, Granta, 2005.
- Ronald Hayman, *Thomas Mann. A Biography*, New York, Scribner, 1995.
- Ronald Hayman, *A Life of Jung*, New York, W.W. Norton, 2002.
- Hans-Jürgen Syberberg, *Hitler, un film d'Allemagne*, trad. Françoise Rey et Bernard Sobel, Paris, Seghers/Robert Laffont, 1978.
- Jerome Karabel, *The Chosen : The Hidden History of Admission and Exclusion at Harvard, Yale and Princeton*, Boston, Houghton Mifflin, 2005.
- Ian Kershaw, *Hitler 1889-1945*, Londres, Penguin Books, 2008, trad. Pierre-Emmanuel Dauzat, Paris, Flammarion, 2010.
- Jean Matter, *Wagner et Hitler*, Lausanne, L'Âge d'homme, 1977.
- Joseph E. Persico, *Roosevelt's Secret War : FDR and World War II Espionage*, New York, Random House, 2001.
- Volker Ullrich, *Adolf Hitler. Biographie*, Frankfurt-am-Main,

S. Fischer Verlag GmbH, 2013 ; trad. par Olivier Mannoni, Paris, Gallimard, 2016.

- Richard Wagner, *Gesammelte Schriften Und Dichtungen*, New York, HardPress Publishing, 2013.
- Ernest Robert Zimmermann, *The Little Third Reich on Lake Superior*, University of Alberta Press, 2015.

REMERCIEMENTS

À la générosité de ceux qui m'ont offert,
des souvenirs et des archives, DAVID MARWELL ;
du cinéma, des mots et un regard, HANS-JÜRGEN SYBERBERG ;
une si belle maison, un havre, KARINA HOCINE ;
du talent, des rires et de la bienveillance, CHARLOTTE VON ESSEN, l'éditrice de ce roman ;
des conseils et une précieuse amitié, OLIVIER RUBINSTEIN, mon agent littéraire ;
de la sensibilité, VIRGINIE APIOU ;
du savoir, tant de savoir, FANNY CHASSAIN-PICHON ; Munich et ses secrets, ARIANE GRIESSEL ;
de l'amour, ceux que je tais.

Composition : PCA/CMB.
Achevé d'imprimer
sur Roto-Page
par l'Imprimerie Floch
à Mayenne, en décembre 2020.
Dépôt légal : décembre 2020.
1er dépôt légal : septembre 2020.
Numéro d'imprimeur : 97296.

ISBN 978-2-07-290414-1 / Imprimé en France

379373